GUQUAN JIAGOU

股权架构

非上市公司股权设计指南

刘建军◎著

微信扫码
股权大讲堂
企业管理课
知识拓展库
阅读记录本

SPM 南方传媒 | 广东经济出版社
·广州·

图书在版编目（CIP）数据

股权架构：非上市公司股权设计指南 / 刘建军著. —广州：广东经济出版社，2024. 1
ISBN 978-7-5454-8918-7

Ⅰ. ①股… Ⅱ. ①刘… Ⅲ. ①股权管理—指南 Ⅳ. ①F271. 2-62

中国国家版本馆 CIP 数据核字（2023）第 131199 号

责任编辑：蒋先润　曾常熠
责任校对：李玉娴
责任技编：陆俊帆

股权架构：非上市公司股权设计指南
GUQUAN JIAGOU：FEI SHANGSHI GONGSI GUQUAN SHEJI ZHINAN
出版发行：广东经济出版社（广州市水荫路 11 号 11 ～ 12 楼）
印　　刷：珠海市国彩印刷有限公司
（珠海市金湾区红旗镇永安一路国彩工业园）

开　　本：787mm×1092mm　1/16　　**印　　张**：14. 75
版　　次：2024 年 1 月第 1 版　　**印　　次**：2024 年 1 月第 1 次
书　　号：ISBN 978-7-5454-8918-7　　**字　　数**：283 千字
定　　价：58. 00 元

发行电话：（020）87393830　　编辑邮箱：286105935@qq. com
广东经济出版社常年法律顾问：胡志海律师　　法务电话：（020）37603025

Preface 前言

明明白白股权，清清楚楚创业

5000 万家中小型企业路在何方

20 世纪 80 年代以来，中国经济取得了举世瞩目的成绩。从 2010 年开始，我国国内生产总值（GDP）位居世界第二。翻天覆地的变化，首先得益于改革开放的伟大政策，其次是互联网技术的发展。

1992 年，以市场为导向的经济体制改革思路确立之后，我们用 15 年左右的时间，解决了产品短缺问题。

1994 年，我国正式全功能接入国际互联网。这一年是中国改革开放的第 17 年，也是中国开启互联网时代的元年。自此之后，信息、科技、网络经济、虚拟经济、知识经济得到飞速发展。

1994 年之前，靠产品、渠道、胆量就能成就一个企业。1994 年之后，随着互联网经济的来临，国内产品日益丰富，市场渠道与信息化管理模式发生了深刻变化，这一时期，国内企业从野蛮生长走向了由市场洗牌和品牌集中的阶段，同时催生了一批像腾讯、阿里巴巴、百度等这样的知名互联网企业。这个时期，倒下的企业也数不胜数。在央视广告招标大战中产生的 18 届“标王”中，不少企业已不再风光，而爱多 VCD 等少数品牌更是彻底淡出了人们的视线。

纵观中国当前的家电、手机、汽车、日化、电商、物流等行业，除了你知道的那几个品牌，再无其他品牌。这就是今天的市场环境：多数行业基本“触顶”，未“触顶”的行业，资本正在全面布局和加速整合。

文化的繁荣可以百花齐放，但市场经济的发展规律则完全相反，市场经济的发展讲究的是优胜劣汰。未来的中国企业，尤其是近5000万家中小型企业，究竟要如何打造自己的竞争力？这是摆在所有创业老板面前的一个重要课题。

左手战略，右手股权

企业老板有两个核心任务，一是确定战略，二是用好人。如果说还有第三个的话，那就是做好资源配置。问题是，这三个任务的实施途径是什么？这是大多数老板没有弄清楚的一个问题。

过去的20多年，我有一半时间是在实体企业从事管理工作，一半时间在做管理咨询，其间，见证了很多企业的兴衰成败。

有的老板，你和他谈股权，他说："公司股权已经弄好了，有必要去调整吗？"从公司成立做到公司倒闭，股东一直都是两兄弟，或是两夫妻。封闭的股权思维使得这些企业无法整合到更多的资源与人才。殊不知，正是这种认知的局限，限制了企业的发展。

有的公司虽然不是"夫妻店"，股东们似乎更有合作意识和团队意识，但是又过于讲义气，感情用事，公司协议与章程随随便便抄个模板，结果不仅公司没有经营好，还与合伙人反目成仇，朋友也做不成了。

更多的企业处于半死不活的状态，凭借自身的客户资源或本地市场暂时还活着，但过分依赖自有资源、资金来发展企业，无法进一步发展壮大。

司空见惯的还有企业资金运转困难、银行贷不到款，于是老板天天去融资，见人就谈自己公司的宏伟目标。他们像无头苍蝇一样寻求资本，但一直与资本无缘。他们在垂死挣扎着。

像俏江南、小马奔腾的老板一样，部分老板在股权融资的道路上，因为看不懂股权投资协议中的"回购权—领售权—优先清算权"连环套，与投资方对赌失败，使好端端的公司破产，创始人"净身出户"或债台高筑。

还有一些企业老板，一直弄不明白自然人股权架构和控股公司架构适合什么情况，稀里糊涂地弄个控股公司，过几年又注销，注销也没什么，关键是还白白地多交了很多税……

因篇幅有限，还有更多股权问题，不能在此全部列举。如果您是一名职业经理人、创业者，或者是管理人员，我的建议是：请把这本书带回家。上述问题均能在本书中找到正确的解决方案。

概括来说，本书以通俗的语言，结合税务、法律、战略以及管理等方面内容，从股权设计、公司架构、股权激励和股权融资四个维度入手，将理论结合案例，融合我20多年的股权咨询实战经验，全方位介绍了非上市公司在股权架构方面的操作技巧，具有很强的实操指导意义。

在阅读的过程中，如果你有任何疑问，我期待与你共同探讨，我以万分诚意，欢迎你的批评指正。

刘建军

2023 年秋

目　录

Contents

第一章

股权控制，约法三章

很多公司的股权纠纷，其根源都在于公司设立之初，公司章程的内容草草拟定，自己给自己“挖下了坑”。有的老板后来意识到章程有问题，但是这时已经不好修改了，因为章程修改属于公司重大事项，需要召开股东大会，经代表三分之二以上表决权的股东通过才可以进行。

1.1 公司的纳税和偷税问题

1.1.1 震惊全国的一则偷税新闻

2021年12月，互联网突然冒出一个新的“计量单位”：一“薇”等于人民币13.41亿元。一夜之间，这个新的“计量单位”引起全国人民的广泛关注与议论。

经查，这一新的“计量单位”源于一则新闻。2021年12月20日，多家媒体爆料：薇娅（黄薇）在2019年至2020年间，通过隐匿个人收入、虚构业务转换收入性质进行虚假申报等方式偷逃税款6.43亿元，其他少缴税款0.6亿元。杭州市税务局稽查局依据相关法律法规，对薇娅追缴税款、加收滞纳金并处罚款，共计13.41亿元。

这个数字震惊了所有人。如果某人月薪为1万元，倘若不吃不喝，攒到这个数字也需要11175年。而我泱泱大国，从传说中的黄帝到现在，大约就是4700年。若以百元大钞的重量来计算，13.41亿元的现金重量超过15吨。

对于薇娅的违法事实，杭州市税务局稽查局有关负责人在答记者问时指出：2019年至2020年间，薇娅通过隐匿其从直播平台取得的佣金收入虚假申报偷逃税款；通过设立上海蔚贺企业管理咨询中心、上海独苏企业管理咨询合伙企业等多家个人独资企业、合伙企业虚构业务，将其个人从事直播带货取得的佣金、坑位费等劳务报酬转换为企业经营所得，进行虚假申报偷逃税款；其从事其他生产经营活动取得的收入，未依法申报纳税。

1.1.2 违法事件如出一辙

无独有偶。在此之前不到一个月的时间（2021年11月），杭州市税务局稽查局刚刚对网络主播雪梨（朱宸慧）、林珊珊偷逃税款进行了处罚。二人追缴并罚分别为6555.31万元，2767.25万元。

有意思的是，关于雪梨、林珊珊二人的违法事实，杭州市税务局稽查局有关负责人在答记者问时指出：

雪梨，在2019年至2020年间，通过设立北海宸汐营销策划中心、北海瑞宸营销策划中心、上海豆梓麻营销策划中心、上海皇桑营销策划中心、宜春市宜阳新区豆梓麻营销服务中心、宜春市宜阳新区黄桑营销服务中心等个人独资企业，虚构业务，把从企业活动中取得的劳务报酬 8445.61 万元转换为个人独资企业的经营所得，偷逃个人所得税 3036.95 万元。

林珊珊，在 2019 年至 2020 年间，通过设立北海灵珊营销策划中心、北海珊妮营销策划中心、宜春市宜阳新区玉珊企业管理中心、宜春市宜阳新区蓝珊营销服务中心等个人独资企业，虚构业务，把从企业活动中取得的劳务报酬 4199.5 万元转换为个人独资企业的经营所得，偷逃个人所得税 1311.94 万元。

对照薇娅案件的答记者问，细心的人们发现，三人的违法事实出奇地相似，均是通过虚构业务将个人的劳务报酬转换为个人独资企业的经营所得，偷逃个人所得税。

对于为什么杭州市税务部门要对雪梨、林珊珊、薇娅三人进行检查，税务部门的答案更是完全一致：通过“税收大数据分析”发现问题。

为什么明星、网红要设立这么多家个人独资企业？他们究竟是怎么偷税的？大数据查税真的那么厉害吗？

在回答这三个问题之前，我们要普及几个有关企业组织形式及税务方面的基础知识。这些基础知识将有利于你通读本书。

1.1.3 个人独资企业与有限责任公司

就目前来说，国内商业组织的形式主体主要包括 5 种：个体工商户、个人独资企业、有限责任公司、股份有限公司、合伙企业。

个体工商户、个人独资企业和合伙企业都不是独立法人，由主体自然人承担无限连带责任。

有限责任公司和股份有限公司都是独立法人，股东仅对其出资额承担有限责任。从法律意义上来说，有限责任公司的风险相对小一点。

需要注意的是，夫妻股份有限公司（股东只有夫妻二人的公司）、一人有限责任公司在某种情况下，仍然可能承担无限连带责任。承担有限责任有两个前提条件：一是必须分得清个人资产与公司资产，能够证明家庭（个人）收入与公司收入无关；二是经营合法，没有违法违规行为。

税收方面：个体工商户、个人独资企业、合伙企业没有企业所得税，只需缴纳个人所得税（经营所得），适用 5%～35%的超额累进税率（参见表 1-1）。有限责任公司、股份有限公司需缴纳企业所得税，税率一般为 25%。自然人股东在取得分红收入或转让收入时，应缴个人所得税，一般情况下税率为 20%。

表 1-1 个人所得税（经营所得）五级超额累进税率

级数	全年应纳税所得额	税率	速算扣除数
1	3 万元以内	5%	0 元
2	超过 3 万元至 9 万元的部分	10%	1500 元
3	超过 9 万元至 30 万元的部分	20%	10500 元
4	超过 30 万元至 50 万元的部分	30%	40500 元
5	50 万元以上	35%	65500 元

近年来，为鼓励中小型企业发展，国家针对小规模纳税人（包括个体工商户、个人独资企业、小微企业等）推出了很多优惠政策。例如：

对于小规模纳税人，季度销售额低于 45 万元（含）或者月销售额低于 15 万元（含），可对其免征增值税。即年度销售额 180 万元内免征。（财政部、税务总局公告 2021 年第 11 号，国家税务总局公告 2021 年第 5 号）对小型微利企业年应纳税所得额不超过 100 万元的部分，在现行优惠政策基础上，再减半征收企业所得税。小微企业减半征收后实际税负为 2.5%。对个体工商户年应纳税所得额不超过 100 万元的部分，在现行优惠政策基础上，减半征收个人所得税。（财政部、税务总局公告 2021 年第 12 号）

从 2023 年开始，新的优惠政策是：自 2023 年 1 月 1 日至 2023 年 12 月 31 日，对月销售额 10 万元以下（含本数）的增值税小规模纳税人，免征增值税；增值税小规模纳税人适用 3%征收率的应税销售收入，减按 1%征收率征收增值税；适用 3%预征率的预缴增值税项目，减按 1%预征率预缴增值税。（财政部、税务总局公告 2023 年第 1 号）小微企业年应纳税所得额 100 万元以内的部分，减按 25%计入应纳税所得额，按 20%的税率缴纳企业所得税。对个体工商户年应纳税所得额 100 万元以内的部分，在现行优惠政策基础上，减半征收个人所得税。（财政部、税务总局公告 2023 年第 6 号）

1.1.4 一般纳税人及小规模纳税人

纳税人身份，按照经营规模以及会计核算健全程度分为一般纳税人和小规模纳税人。

根据《增值税一般纳税人登记管理办法》的规定，年应征增值税销售额（不含增值税）超过 500 万元的纳税人，需要转登记为一般纳税人。这里的年应征增值税销售额是指连续12个月或4个季度的应征增值税销售额。一般情况下，登记为一般纳税人之后，没有政策的规定，不得转登记为小规模纳税人。

一般纳税人增值税计税方法采用的是一般计税方法：应纳税额=当期销项税额-当期进项税额=当期不含税销售额×适用税率-当期进项税额。对于一般纳税人而言，企业取得的当期进项税额可以抵扣增值税。

小规模纳税人计税方法采用的是简易计税法：应纳税额=当期不含增值税销售额×征收率。其取得的当期进项税额不得抵扣增值税。

除了财政部和国家税务总局另有规定外，一般纳税人根据应税销售行为的不同，适用的税率主要有4档：13%、9%、6%和零税率。小规模纳税人适用的征收率一般为3%（阶段性减按1%）和5%。

一般纳税人按月进行申报缴纳增值税，小规模纳税人可以选择按月或按季度进行申报纳税。

很多人容易混淆小规模纳税人与小微企业，这两个的区别方法是：**小规模纳税人年应征增值税销售额在500万元以内，小微企业年应纳税所得额在300万元以内**。需要注意的是，**一般纳税人也有可能是小微企业，因为它的年应征增值税销售额大于500万元，但年应纳税所得额小于300万元（同时符合“335”条件）**。同理，小规模纳税人也不一定是小微企业。

1.1.5 什么是核定征收

税务机关对所得税领域的应税行为进行征税，主要采取两种方式，一种是据实征收（查账征收），另外一种是核定征收。

据实征收（查账征收）是根据纳税人的实际应税所得额精准地计算应纳税额，即先确定应税业务的收入，然后减去允许抵扣的成本费用，再精确地计算出应纳税所得额，最后选择适用的税率计算出最终的税款数额。因据实征收的过程中不可避免地会查阅会计账簿，故又称为“查账征收”。

核定征收是指由于纳税人的会计账簿不健全，资料残缺难以查账，或者其他因素难以准确确定纳税人应纳税额时，由税务机关采用合理的方法依法核定纳税人应纳税款，简称“核定征收”。

核定征收主要是对个体户、个人独资企业、有限合伙企业进行核定征收。核定征收的前提是：年应征增值税销售额在500万元以内。

核定征收有两种方式，一种是直接核定一个综合税率，通常在0.5%～3.5%之间。

另一种是核定利润率，一般是10%～20%，然后再依据5%～35%的超额累进税率缴纳个人所得税。在实际操作中，核定利润率的方式更普遍一些。

例如，某个体户年收入100万元，若核定综合税率是3%，应纳税款就是3万元（100×3%）；若核定利润率为10%，个人所得（应纳税所得额）为10万元（100×10%），然后再按五级超额累进税率计算应纳个人所得税。

超额累进税率的标准是：应纳税所得额不超过3万元的，税率为5%；应纳税所得额超过3万元至9万元的部分，税率为10%；应纳税所得额超过9万元至30万元的部分，税率为20%；应纳税所得额超过30万元至50万元的部分，税率为30%；应纳税所得额在50万元以上的部分，税率为35%。因此，上述个体户应纳税额为：30000元×5%+60000元×10%+10000元×20%=9500元。

根据《财政部　税务总局关于实施小微企业和个体工商户所得税优惠政策的公告》（财税〔2021〕12号），2021年1月1日至2022年12月31日，对个体工商户年应纳税所得额不超过100万元的部分，在现行优惠政策基础上，减半征收个人所得税。若9500元减半，则实际纳税额为4750元。

1.1.6　明星、网红偷税的基本套路

明星、网红为什么要设立这么多个人独资企业？他们究竟是怎么偷税的？接下来，我们做一个简要的分析。

前文提到，通过虚构业务，将个人劳务报酬转换为个人独资企业的经营所得偷逃个人所得税，是明星、网红最常用的偷税手段。具体是怎么操作的呢？

众所周知，明星与网红属于高收入群体，他们的收入大部分来源于影视、演出、直播带货（佣金）等劳务所得。明星出演一部电影或电视剧，可获得动辄上千万元甚至上亿元的片酬，例如郑某出演《倩女幽魂》片酬高达1.6亿元，如果正常缴纳个人所得税，参照表1-2，税率基本上都定格在45%这一档。

表1-2　个人所得税（综合所得）七级超额累进税率

级数	全年应纳税所得额	税率	速算扣除数
1	不超过36000元的	3%	0
2	超过36000～144000元的部分	10%	2520元
3	超过144000～300000元的部分	20%	16920元
4	超过300000～420000元的部分	25%	31920元

续表

级数	全年应纳税所得额	税率	速算扣除数
5	超过 420000～660000 元的部分	30%	52920 元
6	超过 660000～960000 元的部分	35%	85920 元
7	超过 960000 元的	45%	181920 元

为了“避税”，明星、网红费尽心思，想出了一个办法：以自己的名义设立一家个人独资企业，将个人收入转换为个人独资企业的经营所得。因为个人独资企业应税率最高为 35%，按最高税率缴纳税款也节约了 10%。

但是玄机不在这里，玄机在前面谈到的核定征收上。个人独资企业通过核定征收，所得税税率直接下降到 3%左右（仅限年应征增值税销售额在 500 万元以内）。3%相对于 45%是什么概念？那就是毛毛雨了。

举例：某明星收入 500 万元，应缴纳多少所得税呢？

方案一：应缴税额＝500 万元×45%＝225 万元。（按综合所得缴纳个人所得税，忽略了速算扣除数。）

方案二：应缴税额＝500 万元×35%＝175 万元。（按个人独资企业经营所得缴纳税款，忽略了速算扣除数。）

方案三：按个人独资企业核定征收。核定征收要分两步计算，税务部门通常核定的是利润率，一般为 10%。500 万元是收入不是利润，所以第一步是计算利润（应缴税所得额），然后再根据个人所得税（经营所得）五级超额累进税率表（5%～35%）计算应缴税额。计算过程如下：

应缴税所得额＝500 万元×10%（核定利润率）＝50 万元（利润）

应缴所得税＝50 万元×35%−65500 元（速算扣除数）＝10. 95 万元（速算法）

方案三通过核定征收的方式，使某明星收入 500 万元，实际缴纳的所得税额为 10. 95 万元，税负率为 2. 19%。小规模纳税人还有一个增值税，增值税原本为 3%，2020 年开始降低到 1%，500 万元营收的增值税为 5 万元（500 万元×1%）。此外，还有一个附加税（增值税 50000 元×6%＝3000 元）。忽略附加税不计算，方案三全部的应缴纳税额为 10. 95 万元+5 万元＝15. 95 万元，综合税负率为 3. 19%。

同样是 500 万元收入，方案一纳税 225 万元，方案二纳税 175 万元，方案三纳税 15. 95 万元。如此高的落差，难怪这些明星、网红会选择铤而走险了。

核定征收政策限定了最高收入为 500 万元，500 万元限额对明星来说不够用，不够用就再开几家公司，一家不够就开 10 家。哪里有优惠政策就把公司开到哪里。由此一来，明星的企业就越开越多。据查，2021 年 12 月，薇娅名下共有关联企业 18 家，董海锋（薇娅老公）名下关联企业有 25 家。另有数据显示，新疆霍尔果斯在 2010 年推出“五免五减”的优惠政策后，引入了数万家企业，其中影视公司就有 2000 多家。这就是前些年，大部分明星、网红玩的基本偷税套路：

个人独资企业+核定征收+转换收入性质

为什么明星注册的不是有限责任公司，而是个人独资企业呢？

如果是有限责任公司，500 万元收入进来（公司）要先交 3%的增值税（按小规模纳税人身份），然后交 25%的企业所得税，交完这两项税后，才能将税后收入作为利润分配，以分红的方式将钱拿到个人手上。但是，把钱拿到个人手上时还需要交 20%的个人所得税，所以他们不能开有限责任公司，因为这样就白白交了增值税、企业所得税，最终还是要交个人所得税。若是个人独资企业，情况就不一样了，个人独资企业与合伙企业没有企业所得税，只需要交 5%～35%的个人所得税，而且可以核定征收（参见图 1-1）。

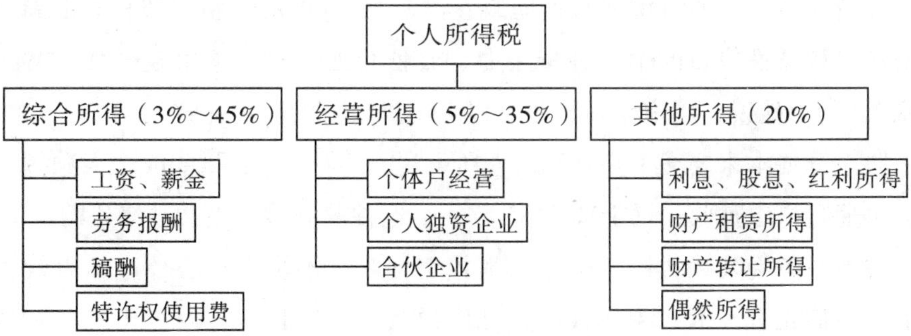

图 1-1　个人所得税税率分类对照

1.1.7　放水养鱼，浑水摸鱼，秋后算账

需要注意的是，2022 年山东、上海、江苏等地区开始加强管理，甚至取消了个人独资企业核定征收政策，核定征收政策将会越来越严格。

实施核定征收政策，原本是基于两个考虑：一是为了促进小微企业和个体户的发展，国家给予税收优惠，带动共同富裕；二是因为很多小微企业、个体户生存都很困难，确实请不起会计，无法规范财务管理，税务部门不好查账，国家干脆给其核定一个税率。

但是，一本“好经”被林珊珊、薇娅等人念歪了。

实际上，薇娅等人可以正儿八经地开家个人独资企业，招几个人运营，有一部分收入是可以纳入企业收入，按5%～35%的个人所得税（经营所得）五级超额累进税率交税的。但这些网红、明星不满足10%的节税，开二三十家公司，而这些公司都是空壳公司，只有一张纸（营业执照），不存在任何实质性的经营，再弄个假合同，把钱打进去，这个性质就严重了，涉及虚构业务、转换收入、偷逃税款等违法行为。

除明星、网红滥用核定征收政策之外，近年来还有一个比较突出的现象，就是将个人独资企业和合伙企业的核定征收政策用于股权投资收入等方面进行避税。例如：

甲持有某公司股权，税后利润是500万元，公司交完了企业所得税，这个500万元当然可以分红到个人（股东）。但个人（股东）取得公司分红需要缴20%的个人所得税100万元（500万元×20%）。

如果甲不以自然人身份持股，而是通过设立一家个人独资企业或合伙企业持股该公司，然后再取得核定征收优惠，这500万元的收入就只需要交3%左右的税（500万元×3%＝15万元）。一个是100万元，一个是15万元，落差非常大。

基于上述现象，财政部、税务总局在2021年12月30日发布了41号文件《关于权益性投资经营所得个人所得税征收管理的公告》，公告规定“**持有股权、股票、合伙企业财产份额等权益性投资的个人独资企业、合伙企业，一律适用查账征收方式计征个人所得税**”。简单地说，国家全面禁止了以上三种收益的核定征收。

个人股东分红本来要交100万元个人所得税，“穿个马甲”变成个人独资企业或合伙企业，再通过核定征收，马上节税85万元，这种漏洞显然是会被堵死的。

随着各地税务局陆续暂停、逐步取消核定征收，不少人担心核定征收政策会不会全面取消。我们先看一下《中华人民共和国税收征收管理法》第三十五条对核定征收的规定：

“纳税人有下列情形之一的，税务机关有权核定其应纳税额：

（一）依照法律、行政法规的规定可以不设置账簿的；

（二）依照法律、行政法规的规定应当设置但未设置的；

（三）擅自销毁账簿或者拒不提供纳税资料的；

（四）虽设置账簿，但账目混乱或者成本资料、收入凭证、费用凭证残缺不全，难以查账的；

（五）发生纳税义务，未按照规定的期限办理纳税申报，经税务机关责令限期申报，逾期仍不申报的；

（六）纳税人申报的计税依据明显偏低，又无正当理由的。

税务机关核定应纳税额的具体程序和方法由国务院税务主管部门规定。”

从上述条款来看，除了《中华人民共和国税收征收管理法》第三十五条当中罗列的第一种情形外，其他都出现了一定的违反《中华人民共和国会计法》的情形，这些情形通常是带惩罚性的核定征收。而第一种情况是由我国目前的经济状态决定的。如果我国的实际情况未变，那么这些按照规定可以不设置账簿的企业依然能享受核定征收政策。

发展才是硬道理，共同富裕是国之大计。实际上，核定征收的立法本意是完全没有问题的，只是被部分人钻了空子，笔者认为，核定征收不会取消，只是政策会有所收紧，收紧的方向是：区分实际情况并严格审查。

在这里，笔者想送给大家一句话：**“放水养鱼，浑水摸鱼，秋后算账。”**

1.1.8　大数据查税究竟有多厉害

税务部门公开表示，雪梨、林珊珊、薇娅的税务问题，是通过税收大数据分析发现的。大数据查税真的有那么厉害吗？

这个问题不需要怀疑，税务部门不可能故弄玄虚。薇娅之后，2022 年 3 月 15 日，上海市税务局第四稽查局经税收大数据分析，发现邓伦涉嫌偷逃税款。经查，邓伦在 2019 年至 2020 年期间，通过虚构业务转换收入性质进行虚假申报，偷逃个人所得税 4765.82 万元，其他少缴个人所得税 1399.32 万元。上海市税务局第四稽查局依据相关法律法规，对邓伦追缴税款、加收滞纳金并处罚款，共计 1.06 亿元。至此，大数据又捕获一条“大鱼”。

金税工程是经国务院批准的国家级电子政务工程，是税收管理信息系统工程的总称。大数据查税，是金税四期的一个重要升级和变化。自 2021 年下半年以来，企业界，尤其是财务、税务方面的有关人士都在议论金税四期。金税四期是金税三期的升级版，将全面实现以数治税，其数据分析、监管功能非常强大。要说清楚金税四期如何“以数治税”，我们先要说说另外两件事情——统一商用收款码与实施大金额现金管理。

2021 年 10 月，央行发布了关于加强支付受理终端及相关业务管理通知，明确了从 2022 年 3 月 1 日开始，银行卡收单和条码支付终端的管理要求：**个人收款条码不得用于经营性收款，商户应统一使用“商用收款码”**。

2022 年 1 月，央行正式下发《金融机构客户尽职调查和客户身份资料及交易记录保存管理办法》（简称《办法》），对现金存取业务做出了新规定：包括商业银行、农村合作银行等金融机构，在为客户办理现金存取业务时，需要对客户进行身份识别，同时登记客户的资金来源以及用途。《办法》**中明确规定，单笔交易金额超过 5 万元人**

民币，或超过1万美元以及等值外币的金额，均需进行身份识别并登记。《办法》原定于2022年3月1日正式实施，目前暂缓执行。但央行明确表示，暂缓实施并不是取消了规定，主要是因为很多企业还没有“准备好”。

实施大额现金管理主要是为了加大对资金安全的监管力度，防止犯罪分子利用金融机构进行洗钱等非法活动。

但是，收款码的统一管理与大额现金管理一旦同时实施起来，无形中就形成了税务部门对企业资金流的严密监管。而银行的数据一旦与税务部门共享，你想想，那些不规范的企业还敢用老板的个人卡收付货款吗？

在过去很长的一段时间里，不少中小型企业的财务不够规范。企业老板不需要学习税务知识，因为他们习惯了“两套账”“走私户”。公司账面上不需要赚钱，不需要分红，也不虚开发票，税收多少与老板都没有关系，老板直接“轻轻松松”地通过私人账户收款，就把钱弄进了自己的腰包。没有增值税，没有企业所得税，也没有个人所得税，至于其他税收，象征性地交一点就行了。

但是，随着金税四期的实施，这种不规范的现状必然会结束。银行首先把公司公账和商用收款码统一管理，然后实行现金监管，双管齐下，从而实现资金流全透明。比如你每个月收50万元现金（私账），银行要登记你的收入是从哪里来的、是不是公款、交税了没有，如果你说不清楚，你的资金流信息就有可能被推送到税务部门，那你麻烦就大了。

当然，银行可能不会问你有没有交税，因为这不是银行的职责，但数据统一、集中化管理，这已经对那些走私户的企业造成了极大的不便与风险。

这种资金监管模式一旦全面实施，企业再想走私户就行不通了。银行一旦杜绝了私户收款和账外现金交易，资金流统一了，就从根本上消灭了企业的“两套账”。

最近两年，国家给小规模企业、小微企业非常大的优惠政策：减按1%～3%征收增值税，减按2.5%～5%征收企业所得税。实际上这也是一个一举多得的措施。

一方面，对小规模企业、小微企业的优惠与扶持，是基于共同富裕的国策。

另一方面，减按1%～3%征收增值税，减按2.5%～5%征收企业所得税，你算算自己才交多少税，还有必要搞小动作吗？**大家都不搞小动作了，整个国家的税务系统就进入一种规范的状态了。**

税收优惠政策，从某种角度上来说也是国家在培养企业规范经营，主动、合法纳税的习惯，意义深远。

微信支付彻底消灭了全国的“扒手”；打开手机，你想看什么就来什么，你不喜欢的内容电脑和手机不会推送给你；那些头部网红卖了多少产品，进了多少账，税务局根本不用到公司查账，只需要将平台数据、银行数据、税务数据进行对照，电脑自动分析，例如该公司营业收入 10 亿元，总共交了 500 万元税——查！一查一个准！两家规模相当的企业，人员、营收都接近，但一家企业纳税 1000 万元，一家企业纳税 300 万元，系统通过横向的数据对比进行自动分析，然后提示某某企业纳税异常……

所以，你不用怀疑大数据查税的威力，关键在于税务局有没有空来查你而已。有时候是因为税务局要先抓“大鱼”，把你这条“小泥鳅”暂时放在一边了。千万别以为自己那点小聪明能瞒天过海。

有人告诉你，很多人夸大了金税四期的功能，最起码可以肯定银行的数据是不可能在税务系统中查得到的。这话没错，一是银行和税务系统的职责不同，二是要对个人进行隐私保护。税务部门的系统直接连通每个人、每个企业的银行数据确实不太可能。

但是，金税工程是经国务院批准的国家级电子政务工程，国家级工程要共享什么数据不能实现呢？只是共享，或者在必要时共享，就足够你“喝一壶”了。现在是数据化时代，每个人的阅读喜好与消费行为都变成了大数据，银行、海关、物流等进行数据共享与提取更是一件非常容易的事情。

金税四期要实施了，借助大数据、人工智能等信息技术，企业在金税四期系统下将会变得透明，企业的收入、资金流通、业务合同、库存、发票、人员等在系统里都是透明的，想搞“两套账”，想通过虚开、高开、低开发票来偷逃税款是不可能的。

千万不要小瞧了这一变化，金税四期的全面实施绝不只是税务监管升级那么简单，如果企业不能适时而变，加速淘汰就是必然的事情。

1.2 同股不同权是何方神圣

1.2.1 股东权利有哪些

股东权利集中体现在收益权和表决权两个方面，当然，除此之外，股东还有知情权和选择管理者等权利。

收益权的实现要通过分红、股息、股份转让、剩余财产分配权等方式。表决权是股东依据自己的投资额及投资比例对公司的重大事项进行投票表决，以及选择管理者的权利，主要通过股东会投票表决来实现。

传统观念一般认为，作为一种投资行为，两个人分别进行同样大小的投资，他们享受的权益（股权）也应该是一样的，这样才符合公平原则。但是——

《中华人民共和国公司法》（简称《公司法》）第四十二条规定："股东会会议由股东按照出资比例行使表决权；但是，公司章程另有规定的除外。"

《公司法》第四十三条规定："股东会的议事方式和表决程序，除本法有规定的外，由公司章程规定。"

上述条款实际上是说，**公司的表决权、表决程序可以是同股同权，也可以是同股不同权。具体采取什么样的方式主要看公司章程如何约定，章程约定具有法律效力。**

在分红权、增资认购优先权方面，《公司法》也有类似的条款。

《公司法》第三十四条规定："股东按照实缴的出资比例分取红利；公司新增资本时，股东有权优先按照实缴的出资比例认缴出资。但是，全体股东约定不按照出资比例分取红利或者不按照出资比例优先认缴出资的除外。"

为什么会有这样的条款？为什么两个人各投 100 万元组建一家公司，他们的分红比例、表决权可以是不同的呢？答案很简单，经营一家公司，要想赢利，稳定发展，钱不是唯一的决定因素，产品、技术、市场、管理等对它都有影响。

1.2.2 分红权与表决权

通过上一节中《公司法》的三个条款，我们很容易理解什么是同股不同权。

在有限责任公司中，分红权、表决权以及表决程序都可以通过股东协议或者在章程中约定并明确同股不同权。这充分体现了有限责任公司“资合+人合”的特点。因为现代企业的发展，除了资本之外，还包括技术、资源与人才等重要因素。你有知识、有技术、有客户资源或者管理经验等，都可以兑换为股份、股权，并得到法律的支持与保护。

相同的股份，可以享受不同的权利，包括分红权和表决权都可以不同。当然，你也可以设置某人一直拥有52%或者34%的表决权，只要在股东协议和章程中约定，就具有法律效力。

京东集团公司章程规定，董事会不得在刘强东未出席的情况下召开正式会议。这个条款的法律依据是《公司法》第四十八条：“董事会的议事方式和表决程序，除本法有规定的外，由公司章程规定。”

1.2.3 什么是AB股

这几年我们经常听到AB股云云，AB股又称“双级股权结构”，例如京东、拼多多、陌陌、唯品会、小米等公司实施的都是AB股制度。

AB股是一个非常简单的概念：公司设置两种不同的股票，即A类股与B类股。A类股向外部投资人公开发行，每股只有1票的表决权；B类股由管理阶层持有，每股拥有10票（或者更多的）的表决权。美国的AB股制度，可以采取更高的比例。

目前，内地的上市公司（一板上市公司）是不允许实施AB股制度的，执行的是同股同权原则。2018年以前，香港也不允许AB股公司上市；2018年之后香港才修改相关法律法规，允许AB股公司上市。目前，内地的科创板（2019年后）、创业板（2020年后）、新三板（2020年后）都允许AB股公司上市。

AB股制度是为保护公司创始人、管理层而设计的，通常只有公司创始团队和管理者才拥有B类股。B类股不公开交易，但可以按照1∶1的比例转换成A类股（A类股不可以转换为B类股），B类股一经卖出，将变为A类股。在AB股制度中，通常只有表决权不同，分红权和其他股东权利都是一样的。

AB股的同股不同权机制，保证了创始人和管理者的权益，创始人和管理者可以用更小的股权比例获得更多的发言权，从而实现控制公司的目的。拥有表决权就等于拥有了决策权。例如根据京东2022年度报告刘强东拥有京东12.7%的股份，但有73.9%的表决权。

1.3 控股及公司控制线

如果不考虑同股不同权，控制公司最简单、最粗暴的方法就是控制持股比例，因为持股比例的背后是收益权与表决权。无论是有限责任公司还是股份公司，以下持股比例对它们来说都具有特殊的意义。

1.3.1 绝对控股线67%

绝对控股意味着你是真正的“大掌柜”，公司所有事项，重大决策基本上都由你做主，股东会只是个形式。因为《公司法》规定，股东会会议做出修改公司章程、增加或者减少注册资本的决议，以及公司合并、分立、解散或者变更公司形式的决议，必须经代表三分之二以上表决权的股东通过。

“大掌柜”也有不能做的事情，主要有三样：

一是让公司为“大掌柜”提供担保。《公司法》第十六条限制了“大掌柜”的表决权。《公司法》第十六条规定：“公司为公司股东或者实际控制人提供担保的，必须经股东会或者股东大会决议。前款规定的股东或者受前款规定的实际控制人支配的股东，不得参加前款规定事项的表决。该项表决由出席会议的其他股东所持表决权的过半数通过。”也就是说，公司为公司的股东提供担保必须召开股东会，而且本人不可以表决。大股东更不能例外，因为这一条的立法原因就是防止大股东滥用权利，损害其他股东利益。

二是章程限制做的事。《公司法》第四十二条规定：“股东会会议由股东按照出资比例行使表决权；但是，公司章程另有规定的除外。”

三是不按出资比例分红。

当然，除此之外，你不能做违法的事情。

有很多老板认为，只要绝对控股，就可以什么事情都自己做主，小股东只能“打酱油”。因为在正常情况下，公司的股东会是多数决议，即使是重大事项的表决，只要是经代表三分之二以上表决权的股东通过，一般都没有什么问题。

四川国栋建设集团有限公司于2017年召开了一次临时股东会，拥有75%股权的股东通过了税后利润分配方案。但是，这个利润分配方案并没有按照出资比例分取红利，有两个小股东没有签字同意，之后就把公司告到法院。打了四年的官司，最高法院终审判决还是小股东赢了。这是中国裁判文书网公开的（2020）最高法民申3891号案例。这个案例，为什么是小股东赢了？

《公司法》第三十四条规定："股东按照实缴的出资比例分取红利；公司新增资本时，股东有权优先按照实缴的出资比例认缴出资。但是，全体股东约定不按照出资比例分取红利或者不按照出资比例优先认缴出资的除外。"这句话说得很清楚，**如果公司不是按照出资比例分取红利，就必须经过全体股东同意**。这是大家最需要注意的一个地方。公司的分红权与表决权可以不按出资比例确定，但是，**如果不按出资比例分红，一定要征得全体股东同意，不是三分之二的表决权通过就可以**。

1.3.2 相对控股线51%

有51%的存在，就不会再有一个67%，你仍然是大股东。但是，你没有"大掌柜"那么大的权力，只能做"二掌柜"，"二掌柜"对于公司的一般事项可以做主，但重大事项则要召开股东会，要经代表三分之二以上表决权的股东通过。也就是说，此时"大掌柜"是股东会，你是"二掌柜"。

"二掌柜"只有大事不能做主，大事之外你说了算。大事（重大事项）是指哪些事情呢？实际上只有七件事情：修改公司章程、增加注册资本、减少注册资本、公司合并、公司分立、公司解散、变更公司形式（包括经营范围重大调整）。

1.3.3 一票否决线34%

一票否决权是相对于重大事项表决而言的。《公司法》规定，重大事项表决必须经代表三分之二以上表决权的股东通过才能形成决议。你占了34%，对方最多也只有66%，不足三分之二，所以你不同意，决议就达不成，从这个意义上来说，你就是一票否决。

需要注意的是，一般事项，只要半数以上表决权，或者董事会就可以做出决议。所以，别以为什么事情你都可以一票否决，这是个误会。

1.3.4 重大影响线20%

20%的持股比例也是一项重要的指标，根据《企业会计准则》规定，当股东持股比例超过20%但低于50%时，通常被认为对被投资公司有重大影响，投资方一旦对被投资方有重大影响，将被要求以权益法对该项投资进行会计核算。

《公司法》第二百一十六条规定："控股股东，是指其出资额占有限责任公司资本总额百分之五十以上或者其持有的股份占股份有限公司股本总额百分之五十以上的股东；出资额或者持有股份的比例虽然不足百分之五十，但依其出资额或者持有的股份所享有的表决权已足以对股东会、股东大会的决议产生重大影响的股东。"由此可见，控股的概念实际上包括"50%以上的投资控股"以及"对公司表决权产生重大影响"两层意思。

对于母子公司的财务报表合并，编制合并财务报表要求母公司在被投资企业持股50%以上是一般性要求，但并非绝对。从控制意义来说，母公司持有被投资企业股份达30%以上50%以下，虽然没达到50%，但是如果母公司已经能够控制子公司的财务和经营决策了，也可以编制合并财务报表。**母公司在被投资企业持股超过50%，即使没有表决权也可以编制合并财务报表。**

了解控股和财务报表合并的前提，有助于理解后面的公司架构。

1.3.5 请求解散线10%

10%的表决权也是一个重要比例。持有公司全部股东表决权10%以上的股东，可以请求人民法院解散公司（仅适用于有限责任公司）。请求解散的权利一般在公司经营管理发生严重困难、公司继续存续会使股东利益受到重大损失的情形下行使。

1.4 掌握公司控制权的 6 种途径

追求对企业的经营控制是企业创始人或者企业经营者的普遍愿望。宝能“举牌”万科、阳光保险“举牌”伊利等事件都曾引起社会的广泛关注，但截至 2020 年 5 月，沪深两市共有逾 400 家上市公司实际控制人持股比例在 20%以下，从市值来看，既有市值千亿元的公司，也有市值几十亿元的公司。正是因为这些实际控制人股权比例低，所以股权分散的上市公司成了 A 股市场股权争夺战频发的“重灾区”。

一方面，很多中小型企业的老板在创业初期因为不懂股权设计，或者因为股权结构不合理，经过公司一轮又一轮的股权融资后丧失了对公司的控制权，或出局，或分道扬镳，这样的例子数不胜数。另一方面，刘强东以 12.7%的股份控制京东，马云以 7.6%的股份掌控阿里巴巴，而任正非作为华为的掌门人更是只有不到 1%的股份，这些成功案例常被人津津乐道。他们是如何做到分股不分权，牢牢控制自己的商业帝国的呢？概括来说，控制公司通常有以下几种方法。

1.4.1 直接控股：简单、粗暴

如果资金实力允许，实缴出资，直接通过持股比例控股公司，获取控制权，这是最简单也是最有效的方法。

直接控股适用于投资家、投资公司或者财团对上市公司的控制，也适用于集团公司、控股公司因战略发展需要新设子公司或收购其他企业的情况，一般投资者在设立家族公司的时候，直接控股也是首选方案。

1.4.2 多层架构：以小博大

多层架构，一方面可以有效地利用杠杆作用，以小博大，减轻投资（资金）压力，分散风险，另一方面可以实现对目标公司的间接控制。

先举一个简单的例子。在单层投资结构情况下，某公司拟投资 1000 万元，如果要实现对该公司的控制，无论是个人投资还是法人投资，你都至少需要投资 510 万元，只有达到占股 51%，才能控制公司。下面，我们看一下图 1-2，了解多层架构的实现途径。

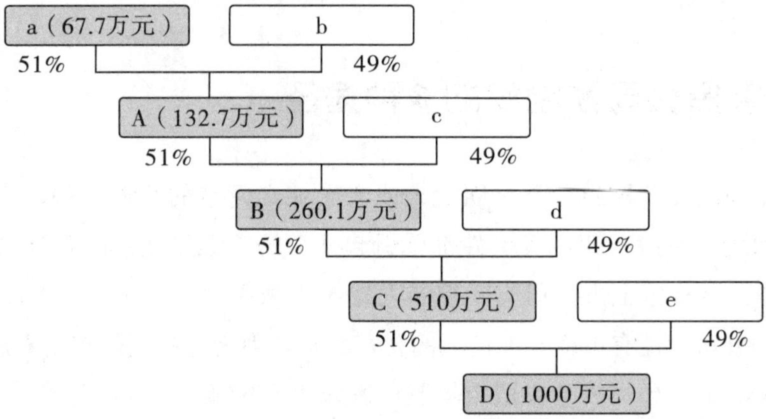

图 1-2　多层架构如何做到以小博大

参照图 1-2，通过多层架构，目标公司 D 的控股公司是 C 公司，而 C 公司的控股公司是 B 公司，B 公司的控股公司是 A 公司，A 公司的控股人是 a，a 投资了 67.7 万元，间接成了 D 公司的实际控制人，获得 51%的控制权。这种多层架构在上市公司、集团公司以及大型控股公司中比比皆是。

多层架构具有一定的资本杠杆作用，同时对控制权的使用可以起到很好的效果。

我们再举一个例子：

甲、乙、丙、丁四人计划投资 100 万元设立蜀融有限公司。甲是发起人，有一定的市场资源，乙、丙、丁能力相当，为了避免均分股权的弊端，四人商议股份划分还是要有一点差异。但如果甲的股份占 51%以上，将余下不到 49%的股份分配给另外三人，平均每人的股份只有 16%，乙、丙、丁三人感觉自己是个“打酱油”的，不太乐意。经多次商议，他们最后确定了一个股份比例，甲占股 45%，乙占股 20%，丙占股 20%，丁占股 15%。这个结构虽然不是平分股份，但是甲也无法控制公司。如果股份比例结构不变，甲有什么办法可以解决控制权问题呢?

虽然不是平分股份，但也无法形成一股独大的局面，类似的情况在实践中普遍存在。在创业初期，要想做到一股独大，要么是资金雄厚，要么是发起人具有非常大的优势资源。但现实中，发起人可能在这两方面都不具备充分的条件。这样就很可能形成类似案例中的股权结构。如何破局?

如图 1-3 所示，甲、乙、丙、丁四人已经确定的股份比例为：甲 45%、乙 20%、丙 20%、丁 15%。在不改变原有股份比例的情况下，甲可以与乙、丙、丁任何人协商。假设甲与乙协商成功并达成合作，甲、乙共同组建一家蜀创有限公司，然后用这家公司持股蜀融有限公司。对照图 1-3 上方，丙与丁原来商议的股份是 20%和 15%，不需要做任何调整，股份不变。甲、乙原计划的股份是 45%和 20%，二人合计的股份是

65%，所以蜀创有限公司占股为 65%。甲、乙原计划投资分别为 45 万元和 20 万元，他们把这 65 万元投入蜀创有限公司作为注册资金，然后再将这 65 万元全部投资到蜀融有限公司即可。

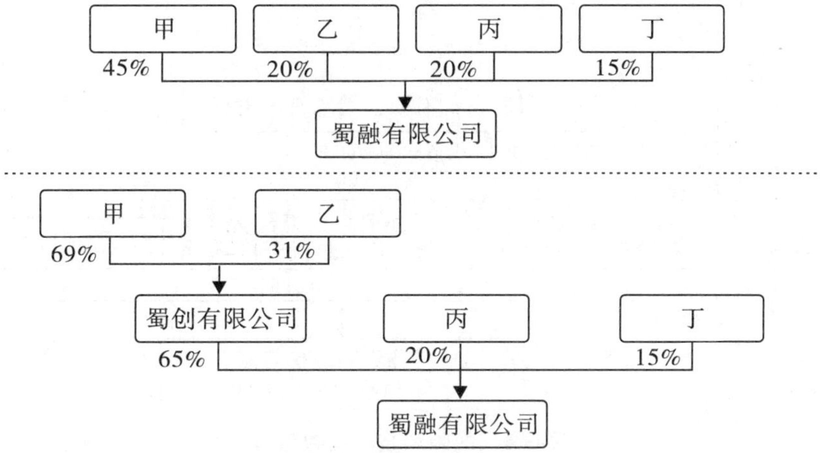

图 1-3　利用多层架构巧妙解决公司控制权

如此一来，甲占蜀创有限公司 69%的股份，乙占蜀创有限公司 31%的股份，蜀创有限公司占蜀融有限公司 65%的股份。同时，甲占蜀融有限公司的股份还是 45%（69%×65%），乙占蜀融有限公司的股份为 20%（31%×65%）也未变。甲、乙、丙、丁四人在蜀融有限公司的股权与原来计划的完全一致。基本上对四人的股份、利益都没有很大的影响。

但如图 1-3 所示，控制权变了。蜀创有限公司变成了蜀融有限公司的控股公司，而甲成了蜀创有限公司的绝对控股人，从而间接控制了蜀融有限公司。

1.4.3　有限合伙：杠杆“无限大”

从杠杆作用方面来说，比多层架构更暴力的方法是利用有限合伙企业对目标公司进行控制。杠杆“无限大”的说法虽然有点夸张，但相比其他控股方式，其描述很形象，可以给你留下深刻印象，方便记忆。

有关合伙企业，我们在“2.6 合伙企业架构分析”中会有更详细的介绍。在此，你先要了解一个基本概念：《中华人民共和国合伙企业法》（简称《合伙企业法》），将有限合伙企业所有者分为普通合伙人（GP）和有限合伙人（LP）。普通合伙人承担无限责任，有权执行合伙事务；有限合伙人承担有限责任，无权执行合伙事务。通俗地说，**合伙企业的 GP 是法定的企业控制者，其不需要控股，靠 1%的出资额也行**。这是合伙企业的一个重要特点。了解这一概念后，我们来看看马云对蚂蚁科技集团股份有限公司（简称“蚂蚁科技”）的“神操作”。

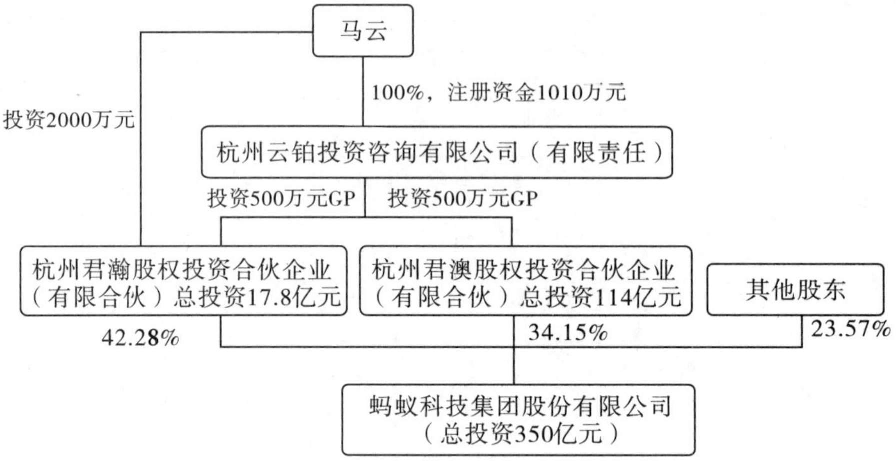

图 1-4　蚂蚁科技的股权架构

如图 1-4 所示，蚂蚁科技总投资 350 亿元。蚂蚁科技有两个大股东，分别是杭州君瀚股权投资合伙企业（有限合伙）（简称“君瀚有限合伙”）、杭州君澳股权投资合伙企业（有限合伙）（简称“君澳有限合伙”），分别持股 42. 28%和 34. 15%。其他股东持股均在 5%以内，合计持股 23. 57%。

君瀚有限合伙、君澳有限合伙的 GP 均为杭州云铂投资咨询有限公司（有限责任）（简称“云铂投资”），拥有全面的管理和控制权，并有权代表合伙基金签署法律文件。所以，蚂蚁科技的实际控制人为云铂投资，其拥有蚂蚁科技 76%的话语权（表决权）。

云铂投资最初是一人有限责任公司（马云个人独资），2020 年 8 月 21 日变更为有限责任公司，法人代表变更为蒋芳。云铂投资目前有 4 名股东：马云、井贤栋、胡晓明、蒋芳，分别持股 34%、22%、22%、22%，马云仍然是第一大股东。

马云最初成立云铂投资，注册资金为 1010 万元，然后云铂投资分别向君瀚有限合伙和君澳有限合伙各投资了 500 万元，此外，马云以自然人身份向君瀚有限合伙投资了 2000 万元。

就是这么一个简单的公司架构，马云一共投资了 3010 万元，控制了注册资金 350 亿元的蚂蚁科技。2020 年，蚂蚁科技估值高达 2. 1 万亿元。

蚂蚁科技的公司架构看起来并不复杂，但其结构的演变过程几乎包含了目前国内所有的企业组织形式（一人公司、有限责任公司、股份公司、合伙企业），也将合伙企业的资本杠杆“玩”到了极致。

为了把合伙企业的组织特点讲得更透彻一些，下面我们再看一个经典案例，这个案例被称为国内混改股权设计的经典案例，被业界称作“四两拨千斤”。

1992 年 7 月，上海市绿地开发总公司［绿地控股集团有限公司（简称“绿地集团”）前身］成立，1997 年 3 月，绿地集团按照现代企业制度要求改制，在此之前，绿地集团是一家百分之百国有控股的企业。改制后，以张玉良为代表的职工持股会以 3020.43 万元控制公司 18.88%的股权。随后的几年里，职工持股会持股比例持续提升，截至 2004 年，职工持股会持股比例已经达到 58.77%，成了绝对实控方。

2014 年，深圳市平安创新资本投资有限公司（简称“平安创新资本”）、上海鼎晖嘉熙股权投资合伙企业（有限合伙）（简称“鼎晖嘉熙”）等 5 家财务投资人拟用 120 亿元入股绿地集团，持股约 20%，进行混合所有制改革。此时，绿地集团员工持股人数已多达 982 名。

根据国务院《社会团体登记管理条例》和民政部办公厅《关于暂停对企业内部职工持股会进行社团法人登记的函》的规定，职工持股会属于单位内部团体，不再由民政部门登记管理。因此，职工持股会将不再具有法人资格，不能成为上市公司的股东。这是一个重要背景。

有人想到，通过设立合伙企业搭建员工持股平台来解决职工持股的法人身份问题。但是，合伙企业的合伙人人数是有限制的，不能超过 50 人。照此方法不仅要设立数十家公司，同时股权会非常分散。此外，管理团队股权被稀释、分散之后，还能不能继续控制公司？通过什么方法继续控制公司？这是当时绿地集团管理团队面临的两大问题。

如图 1-5 所示，2014 年 1 月 27 日，上海格林兰投资管理有限公司（简称“格林兰投资管理”）成立，注册资金 10 万元，共有 43 名股东，绿地集团董事长张玉良占股 30.28%，其余 42 名股东各占股 1.66%。

2014 年 2 月，其余持股员工组成 32 家小合伙企业，成立了上海格林兰壹投资管理中心（有限合伙）、上海格林兰贰投资管理中心（有限合伙）……上海格林兰叁拾贰投资管理中心（有限合伙），共 32 家合伙企业。格林兰投资管理在每家合伙企业中出资 1000 元，共投资 3.2 万元，以 GP 身份成为 32 家小合伙企业的执行事务合伙人，此举完成了管理权与控制权的集中。

2014 年 2 月 19 日，上海格林兰投资企业（有限合伙）成立，32 家小合伙企业成为 LP，格林兰投资管理注资 6.8 万元成为 GP，控制了上海格林兰投资企业（有限合伙），从而全部掌控了 32 家小合伙企业的控制权。

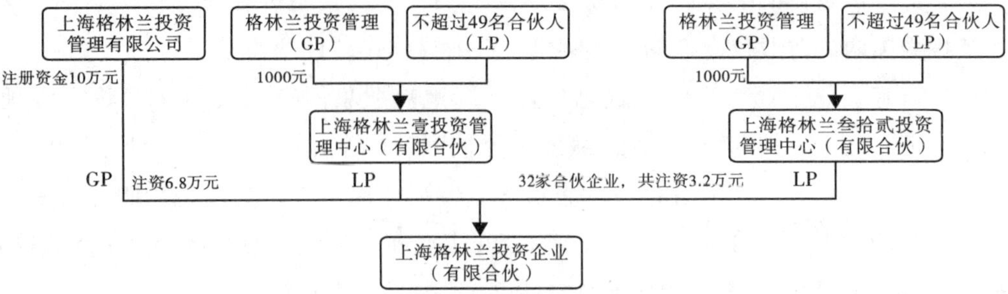

图 1-5　上海格林兰投资企业（有限合作）的股权架构

2014 年 3 月 17 日，绿地集团进行重组，借壳金丰投资上市，重组上市后，股权架构如图 1-6 所示。

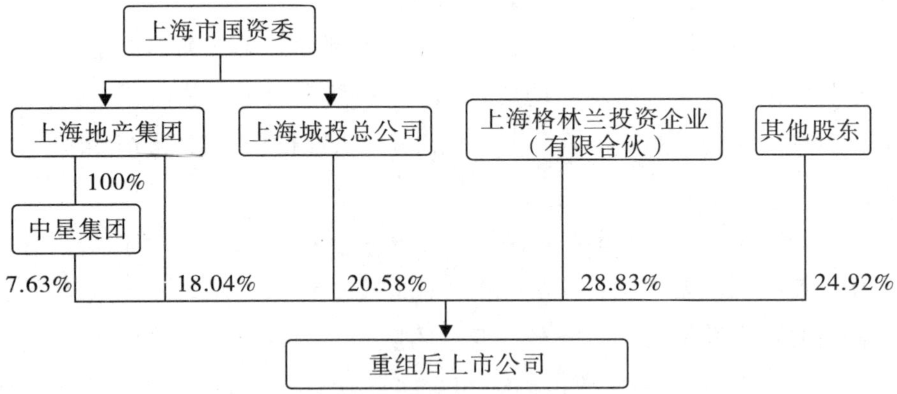

图 1-6　绿地集团重组后的股权架构

从图 1-6 可以看出，实际控制人应该是上海市国有资产监督管理委员会（简称“上海市国资委”），但事先约定国有资本只作为财务投资者，不参与公司管理。因此，绿地集团董事长张玉良顺理成章成了实际控制人。

就这样，张玉良以一家注册资本只有区区 10 万元的公司［上海格林兰投资企业（有限合伙）］，通过一系列的有限合伙架构设计，持有重组后新公司 28.83%的股权，成为最大的持股股东，控制了一家大型上市公司。

1.4.4　一致行动人协议

如果“玩不转”多层架构，也不懂有限合伙企业的运作机制，而且你的资金实力无法实现控股，那还有什么办法可以实现对公司的控制呢？一致行动人协议就是一个很好的选择。

假设你只有30%的股份（表决权），要想拿到60%的控制权（表决权），你需要再找一个或一个以上手上也有30%的股份和表决权的股东私下签订一份协议，当公司需要表决时，与你达成协议的股东根据协议约定，始终要与你的表决保持一致。这就是一致行动人协议。如果一致行动人未遵守承诺，那他会受到协议约定的条款惩罚，惩罚可以是法律允许的任何形式，例如罚金、赔偿股份等。

一致行动人协议较之直接控股、多层架构控制，对合伙企业的控制效力更弱一些。这主要表现在以下两个方面：一是协议有时效；二是协议对第三方没有约束力，协议方可能因股权转让、售出、继承等流转到第三方。因此，一致行动人协议要尽可能完善，并将重要条款载入章程。

1.4.5 “中国版”AB股

在前文中，我们对AB股做了一个简单的介绍，在此不再赘述。需要注意的是，**目前，内地股份公司法定原则是同股同权，上市公司并没有认可AB股的法定条款。所以，AB股在公司股份制改革后可能作废（无效）。**此外，B类股持有者一旦卖出股票，则卖出的这部分股票将自动转为A类股。

AB股的本质是同股不同权，在有限责任公司中，虽然没有AB股这一说法，但是《公司法》第四十二条规定：“股东会会议由股东按照出资比例行使表决权；但是，公司章程另有规定的除外。”本条款实际上是“中国版”有限责任公司的AB股。

1.4.6 委托表决权

委托表决权是股东直接将自己的投票权委托给代理人表决。

《公司法》第一百零六条规定：“股东可以委托代理人出席股东大会会议，代理人应当向公司提交股东授权委托书，并在授权范围内行使表决权。”

一致行动人协议与委托表决权有什么区别呢？**一致行动人协议是以大股东意见为准则，无论小股东同不同意，都必须与大股东保持一致意见。委托表决权是股票持有人放弃表决权利，交由代理人行使。**

1.5 有限责任公司的章程自治

1.5.1 不要套用工商部门的章程范本

注册公司首先需要两个文件：一个是股东协议，另一个是公司章程（必备条件）。

各地工商部门一般都有一个章程范本供注册人参考，但很多人在创业初期根本不理解什么是公司章程，于是拿着工商部门提供的范本简单填写一下空白，就备案了章程，注册了公司。他们认为工商部门的范本应该很完整、很专业，即使以后出了问题（例如股权纠纷），也有《公司法》保障自己的权益。

事实上，这是一个非常严重的错误。

很多公司的股权纠纷，其根源都在于公司设立之初，公司章程的内容草草拟定，自己给自己"挖下了坑"。有的老板后来意识到章程有问题，但是这时已经不好修改了，因为章程修改属于公司重大事项，需要召开股东大会，经代表三分之二以上表决权的股东通过才可以进行。

尽管《公司法》经过四次修订已相对完善，对规范经营，保护公司、股东和债权人的合法权益做了全面的规范与定义，但更重要的是，《公司法》赋予公司章程在诸多事项上自由约定的法律权利。例如：

第三十四条规定："股东按照实缴的出资比例分取红利；公司新增资本时，股东有权优先按照实缴的出资比例认缴出资。但是，全体股东约定不按照出资比例分取红利或者不按照出资比例优先认缴出资的除外。"

第四十二条规定："股东会会议由股东按照出资比例行使表决权；但是，公司章程另有规定的除外。"

类似上述条款中的"除外""公司章程另有规定的除外"，在《公司法》中涉及近30项有关条款。"公司章程另有规定的除外"的意思很明确，即以章程规定为准，只要章程条款本身不违反法律法规，它就视同为法律条款，具有法律约束作用，也正是因此，我们称章程为"公司宪法"。这也是有限责任公司"章程自治"的来由。

没有充分理解有限责任公司"章程自治"是大部分创业者不重视章程的根本原因，尤其是有限责任公司较股份有限公司有更多的"自由"和"自治"空间。下面我们简要介绍一下有关有限责任公司"章程自治"的几个重要内容。

1.5.2 分红与增资优先认购

《公司法》第三十四条规定：“股东按照实缴的出资比例分取红利；公司新增资本时，股东有权优先按照实缴的出资比例认缴出资。但是，全体股东约定不按照出资比例分取红利或者不按照出资比例优先认缴出资的除外。”

上述条款适用于有限责任公司。分红与优先认购的基本原则是依据出资比例，而且是实缴，不是认缴。当股东协议与章程没有特别约定条款时，本条文具有约束力。因此，上述条款可以用来维护实缴出资者的权益。

公司可以采取认缴比例，或者业绩贡献考核等任何方式进行分红，但前提是全体股东约定，并在股东协议和章程中注明分红与优先认购权的“游戏规则”。类似“一个出钱，一个出力”的情况更要写得清清楚楚，明确如何分钱，如何获得优先认购。

股东的核心义务是出资，最重要的权益是分钱，因此章程对分红与优先认购权等重要事项要有详细约定，万万不能套用任何模板。分钱的规则写清楚了，可以避免很多纠纷。分钱的“游戏规则”一旦载入章程，就不能随意修改，修改需经代表三分之二以上表决权的股东通过。

分钱的规则可以自由制定，但必须是全体股东的真实意思，且不损害他人利益，不违反法律和行政法规的规定。只要满足以上几个条件，任何规则都是有效的。

1.5.3 表决权

《公司法》第四十二条规定：“股东会会议由股东按照出资比例行使表决权；但是，公司章程另有规定的除外。”

《公司法》第四十三条规定：

“股东会的议事方式和表决程序，除本法有规定的外，由公司章程规定。

股东会会议作出修改公司章程、增加或者减少注册资本的决议，以及公司合并、分立、解散或者变更公司形式的决议，必须经代表三分之二以上表决权的股东通过。”

对有限责任公司来说，如果章程没有特别约定，股东按出资比例行使表决权。但《公司法》第四十二条是一条具有争议的条款，争议在于出资比例到底是实缴还是认缴？有人依据《公司法》第三十四条规定的“股东按照实缴的出资比例分取红利”推导出第四十二条规定的出资比例也是实缴；有人觉得是认缴，理由是《公司法》第三条规定“有限责任公司的股东以其认缴的出资额为限对公司承担责任”，认缴不是不缴，既然有出资义务，理应享有相应的权利。

关于表决权的出资比例是实缴还是认缴，《公司法》没有明确。稳当的办法是在公司章程中明确表决权比例及表决程序。章程可以进一步明确表决权比例按实缴或认缴确定，或不取决于两者，另外制定一个规则，这都是有效的。因为《公司法》第四十二条的后半句“公司章程另有规定的除外”是没有争议的。

如果创业者不能掌握多数表决权，可以利用《公司法》第四十二条的规定，保留一票否决权，并在章程中载明，同样具有法律效力。

重大事项需要经代表三分之二以上表决权的股东通过，一般事项通常需要经代表二分之一以上表决权的股东通过，重大事项通过的投票人数比例可以增加，但不可以减少。你不需要重新定义某个重大事项，但可以定义某个事项的表决需要经代表三分之二以上表决权的股东通过，也可以附加投票人数满足一定比例的条件来通过。这是小股东限制大股东的一个有效策略。

某公司成立于2015年，注册资本是1000万元。当时的股东是刘氏父子，父亲持股99%，儿子持股1%。2021年，刘父将99%的股权全部转让给王某，并进行了工商变更登记，王某正式成为公司持股99%的股东。

2022年，王某通知小股东刘某召开临时股东会，提出修改公司章程、增加注册资本，刘某对全部事项均投反对票。之后，王某多次通知刘某参加股东会，刘某都拒绝，导致王某无法控制公司。刘某为什么如此嚣张？原因是2020年公司曾经召开股东会，对公司章程进行了修改，并将其中一条修改为：“股东会所议事项做出决议，应由全体股东一致表决通过。”

考虑到公司股东比较分散，包括有常年在外地甚至国外的，如果按常规将所有股东聚集到一起面对面开股东会，会造成诸多的不便。股东可以在章程中规定如远程电话会议、视频会议等方式及程序。

表决权是股东最重要的权利之一，也是控制公司最直接、最有效的途径。有关表决权的规定务必写清楚，不要随随便便抄一个章程，以为这只是注册公司的一个程序。

1.5.4 限制担保

《公司法》第十六条规定：

“公司向其他企业投资或者为他人提供担保，依照公司章程的规定，由董事会或者股东会、股东大会决议；公司章程对投资或者担保的总额及单项投资或者担保的数额有限额规定的，不得超过规定的限额。

公司为公司股东或者实际控制人提供担保的，必须经股东会或者股东大会决议。

前款规定的股东或者受前款规定的实际控制人支配的股东，不得参加前款规定事项的表决。该项表决由出席会议的其他股东所持表决权的过半数通过。”

公司为公司股东或者实际控制人提供对内担保时，根据《公司法》的规定，必须经股东会或者股东大会决议，**可见，对内担保不允许公司章程自由规定**。

对外投资和担保可能使公司因承担债务而遭受重大损失，章程可以做出约定，明确并限制对外投资和担保由董事会或股东会决议，以及对外投资和担保的额度，这样才能够减少公司风险。

如果股东比较分散或董事会成员基本为各股东代言人的，可考虑授权董事会决策，一是因为股东会不常开，二是因为董事会的召开在程序要求上比股东会简单。

1.5.5 股权转让

《公司法》第七十一条规定：

“有限责任公司的股东之间可以相互转让其全部或者部分股权。

股东向股东以外的人转让股权，应当经其他股东过半数同意。股东应就其股权转让事项书面通知其他股东征求同意，其他股东自接到书面通知之日起满三十日未答复的，视为同意转让。其他股东半数以上不同意转让的，不同意的股东应当购买该转让的股权；不购买的，视为同意转让。

经股东同意转让的股权，在同等条件下，其他股东有优先购买权。两个以上股东主张行使优先购买权的，协商确定各自的购买比例；协商不成的，按照转让时各自的出资比例行使优先购买权。

公司章程对股权转让另有规定的，从其规定。”

股权可以转让，但有一个基本原则，先内后外。创业初期，创业者可能因资金不足，会以股权换取资金，经过一段时间，公司发展良好，想获取更大的股份股权，可以考虑在转让和增资中设置优先权。这种优先权在创业初期更容易达成共识，因此可以先做好筹划，并列入章程。若待到公司赢利，再想获得优先权就会困难得多，程序也更复杂。

在股权转让中，需要注意的一点是：该股权是否有一致行动人协议，公司分红权、表决权等权益是否完整。如果一致行动人协议对第三方没有约束效力，那么章程相关条款应做出详细的说明，并在股权转让协议中注明相关事项。

1.5.6 排除继承权

《公司法》第七十五条规定："自然人股东死亡后，其合法继承人可以继承股东资格；但是，公司章程另有规定的除外。"

本条规定赋予章程排除股权继承权的权利。但排除股权继承权不等于可以剥夺其所有权益。公司若限制股权继承权应约定股东去世后股权转让的细则，明确股权是转让给公司还是转让给其他股东，如何定价等。

本规定充分体现了有限责任公司"人合"的属性，举个简单的例子，某投资人投资了一家软件开发公司，投资人出钱，合伙人是软件开发工程师，出力。投资人占股60%，软件开发工程师占股40%。后来软件开发工程师因意外去世，投资人继承股权显然不利于公司发展。所以，制定公司章程要根据实际情况，尽量完善。

1.5.7 董事会议事程序

《公司法》第四十四条规定："董事会设董事长一人，可以设副董事长。董事长、副董事长的产生办法由公司章程规定。"第四十八条又规定："董事会的议事方式和表决程序，除本法有规定的外，由公司章程规定。"

表决权虽然在股东会决议上拥有决定性的作用，但事实上，公司的一般事项、经营管理大部分由董事会掌握。因此，很多上市公司的股权争夺，还会一步一步蔓延到董事会人选以及职权范围、议事程序等层面。因为对一家公司真正的控制，是对股东会与董事会，甚至包括财务管理的全面掌控。说得简单一点：你控股了某公司，当然要进一步控制董事会，因为董事会是你的代言人和执行机构，必须是"你的人"。

刘强东一直很强势，京东公司章程规定，董事会不得在刘强东未出席的情况下召开正式会议——"我不在，你们说了不算！"这种看起来非常霸气的条款列入章程同样是有效的。

有关章程可自由约定的事项还有很多，但最重要的仍然是与表决权、分红权、管理控制权等有关的事项。恰恰在这些重要事项上，《公司法》赋予了章程特别的自治权利。

需要注意的是，前述条款除担保限制同时适用于有限责任公司和股份有限公司外，其他有关条款均不适用于股份有限公司。《公司法》对有限责任公司体现更多的是自治权利，而对股份有限公司体现更多的是公平与规范，弱化了其自治条款。

此外，尽管《公司法》赋予了有限责任公司高度自治的权力，但自治不是你想怎么样就怎么样的。聘请专业的法律顾问对公司章程进行合法性审查，也是非常重要的。当年，中外合资真功夫餐饮管理有限公司章程规定："除非各方另有书面协议，否则董事长应由甲方（蔡达标）任命。"这一条款直接违反了《中华人民共和国中外合资经营企业法》第六条"董事长和副董事长由合营各方协商确定或由董事会选举产生"的规定。也正是蔡达标这种"无知者无畏"的精神，凭借这条不合法的章程条款，将公司的控制权掌握在自己的手中，结果为自己埋下了一个坑。

1.6 控制董事会和公章的相关要点

1.6.1 永远占董事会多数席位

对于董事会的控制，首先要明确的一个基本概念是：**股东会按表决权比例行使投票权利，而董事会按参会董事人数进行投票（一人一票）**，两者的决策机制完全不同。在这方面有限责任公司与股份有限公司是一致的。正是因为董事会的决策机制是由投票数确定的，所以要想实现对董事会的控制，首先要争取更多的董事提名权。

按照《公司法》第三十七条规定，股东会可以行使选举和更换非由职工代表担任的董事、监事，决定有关董事、监事的报酬事项的职权。可见，**董事不是股东可以直接任命的，董事产生的法定程序是由股东会选举产生的**。（职工代表董事由职工代表大会民主选举产生，国有独资企业的董事由国有资产监督管理机构委派。）此外，有限责任公司与股份有限公司董事长产生的办法也有所不同，有限责任公司的董事长可以由公司章程规定，但股份有限公司的董事长必须由董事会选举产生。

刘强东之所以拥有很大的控制权，不仅仅因为他拥有绝对的表决权，还因为他牢牢地把控了多数董事席位。京东的招股书显示：京东的董事会有 9 人，老虎基金、BESTALLIANCE、STRONGDESIRE 以及 DCM 分别有权提名 1 名董事，而刘强东及管理团队则不仅有权提名 5 名董事，还有权任命董事会主席。

要真正控制公司的董事会，创始团队在公司成立初期最好能控制三分之二的董事席位，而在后期最好能控制二分之一以上的董事席位。公司尽量将外部董事席位留给对公司发展具有战略意义的投资人，即使随着外部董事的增加而扩充董事总人数，也要尽可能保持创始股东对董事人数的上述控制比例，因为日常管理是董事会的职责，只有控制了董事会，才能真正地控制公司的日常经营管理。

1.6.2 白天绑在裤腰带，晚上放在被窝里

在控制公司方面，公章的管理也是一项不容忽视的重要内容。**因为如果你要代表公司行使权利，无论是发表公告、签订合同，还是到政府部门办理相关事项，都必须要有公章**。绿城中国、雷士照明、先锋新材、聚力文化等，都曾发生过“抢公章”

事件。

目前，美国所有州的法律都不强制企业刻制公章，经营者的亲笔签名具有完整的法律效力。英国在1989年修订的《公司法》中取消了强制企业刻制公章的规定。澳大利亚则更快一步。1988年，澳大利亚《公司法》规定“此后不再授权使用公章”。澳大利亚企业也是普遍使用亲笔签名。

“抢公章”事件发生后，很多法律专业人士指出：掌握公章并不等于合法掌控了公司，更不证明所有权。但是，频频发生“抢公章”事件，一方面体现了中国企业经营者的陈旧观念根深蒂固，另一方面也体现了公章在行使法人权利时的重要意义。所以才有了“‘白天绑在裤腰带，晚上放在被窝里’，47颗公章挂在腰带上”的故事。

1.6.3 公章管理注意事项

印章管理是公司管理中非常重要的一件事。一般来说，一个公司有五枚印章：公章、财务专用章、合同专用章、法定代表人章、发票专用章。

其中公章、财务专用章、合同专用章，需要在工商部门、公安部门备案。

公司无论大小，都有必要明确印章管理人员的职责权限，因私自盖印或不按规定盖印而给公司造成经济损失的，要追究责任。

公章通常由行政主管保管，财务专用章和法定代表人章一定要分开管理，这是印章管理中最重要的内容。法定代表人章由法人私自保管比较妥当。因为同时加盖财务专用章、法定代表人章可以办理支票等银行票据事项，将这两个章交由同一个人保管会存在风险隐患。

公司应建立公章使用登记簿，经济类合同的公章使用要遵循审批、登记、使用、备份保管的基本流程。

使用印章时，要确保印章由印章保管人员亲自用印，不能让他人代为用印。一般情况下，未经企业主要领导批准，不允许印章使用者将印章携带外出；禁止在空白介绍信、空白纸张、空白单据等空白文件上盖公章；加盖公章的材料，应注意落款单位与印章一致，对多页的合同等文件还要盖骑缝章。

印章遗失后必须第一时间向公安机关报案，并取得报案证明，同时，在公司当地或公司项目所在地的报纸上刊登遗失声明。

接管其他公司公章（例如收购移交公章），最好在接管时做好视频录像。将接管前的印章盖印，做好暗记，然后再去备案。这样可以有效地规避印章交接前后的相关纠纷。**另外，新公司刻章，使用暗记后再去备案也是有必要的**。

1.6.4 警惕股权过于分散

公司创始人希望控制公司的股份是一个美好的愿望，特别是在公司成长过程中，其对自己项目的发展、资源、优劣势等都有高于别人的认识。公司创始人对公司的发展起到非常重要的作用。当然，在法律与现代企业管理制度框架下，创始人必须获得足够的话语权（表决权），公司才能朝着创始团队既定的目标前进。

对于获得公司控制权的实践，京东的刘强东是最典型的代表。刘强东持有京东13.8%股份，却拿到了79%的表决权，而第一大股东腾讯持股17.8%，仅仅拥有4.5%的表决权，第三大股东沃尔玛持股9.9%，第一大股东和第三大股东的表决权几乎可以忽略不计。

在京东的股东中，今日资本的创始合伙人、总裁徐新曾要求京东专注垂直做3C产品（计算机、通信和消费类电子产品，亦称“信息家电”），京东做家电她反对，做日用百货她反对，做图书音像她还是反对。最后，刘强东不得不站出来说：“徐总，我只能很遗憾地告诉你，你的反对无效！”

刘强东曾多次说过这样一句话：“我永远要在董事会占多数席位，我要控制董事会。”在央视的《对话》栏目中，他说：“如果不能控制京东，我宁愿把它卖掉！”

说起控制权的争夺，我们不得不再聊聊一个人——吴长江。有人称吴长江的故事是中国民企踏上资本化道路的一部教科书，他用11年的时间，将雷士照明做到中国第一，又用9年的时间，三次被资本驱逐出自己一手创办的企业。吴长江的故事，堪比商战大片。

1965年，吴长江出生于重庆铜梁村。1998年底，吴长江联合同学杜刚、胡永宏合计投资100万元，在广东惠州创立雷士照明，吴长江出资45万元，持股45%，杜刚和胡永宏各出资27.5万元，对应持股27.5%，杜刚和胡永宏股权共55%。雷士照明初期搭建的股权架构为吴长江第一次失去控制权埋下了伏笔。

2004年，雷士照明跻身中国照明龙头，2005年年收入超过7亿元，拿着望远镜都找不到对手。随着公司的快速发展，3个创始人之间的矛盾也慢慢激化。吴长江希望花大钱做大事，扩大再生产，打出了“创世界品牌，争行业第一”的标语，而另外两个人却希望多分红，落袋为安。

于是，杜刚、胡永宏联手罢免了吴长江的董事长职务，吴长江拿8000万元补偿出局。这一次是55%股权与45%股权的较量。

就在吴长江签订协议退出后的第三天，事情发生了戏剧性的变化。吴长江刚离开惠州就接到了一位供应商的电话，要他赶紧回公司。一回到惠州，他就直接被带到了公司大会议厅。厅内，全国各地200多个供应商和经销商，还有公司的中高层干部，黑压压地挤满了屋子，另两个股东被围在中间。最后大家决定举手表决决定吴长江的去留，结果是全票通过，他留下，另两个股东表示退出，各拿8000万元补偿。

由供应商、经销商“倒戈”决定一家企业高层的人事变动，开创了中国企业发展史的先河，惊叹业界。此时，吴长江拥有雷士照明100%的股权。这一仗，他打得很漂亮。

雷士照明拿不出1.6亿元现金补偿杜刚和胡永宏，于是通过融资补足缺口。2006年8月，雷士照明引入赛富投资基金资本2200万美元（投资方为阎焱），占股35.71%。但根据双方协定，在公司董事会中，吴长江控制两席，阎焱控制三席。这样一来，吴长江便失去了对董事会的控制权。

随着吴、阎之间的分歧加重，2008年，吴长江又引入多方资本以制衡阎焱，然而阎焱也不是吃素的。经过多轮股份稀释，到2011年底，赛富投资基金、吴长江、施耐德电气和高盛分别约持有雷士照明18.3%、15.9%、9.1%和5.6%的股份。彼时，吴长江仅占15.9%的股份，完全丧失了对雷士照明的控制力。

2012年5月，吴长江与资本方赛富投资基金的阎焱再次闹翻，被迫离开雷士照明董事会。当时雷士照明发布的公告称：公司创始人吴长江因个人原因已辞任公司一切职务。赛富投资基金创始合伙人阎焱接任董事长，来自施耐德电气的张开鹏则接任首席执行官。

这一次，还是借助经销商的力量，吴长江又扳回一局。

由于吴长江对渠道的把控，雷士照明经销商力挺他，集体请愿，经销商威胁阎焱要注册新品牌另起炉灶。港股市场（雷士照明2010年在港股上市）上，雷士照明的股价一泻千里。与此同时，经熟人牵线，吴长江和德豪润达董事长王冬雷迅速牵手，扩大了其对雷士照明的控股权。

这次“地震”持续了整整一年，最终吴长江还是在经销商和德豪润达董事长王冬雷的支持下，再度逆转胜出。

2012年底，吴长江将手中约11.8%的雷士照明的股份转让给德豪润达，保留6.79%的股份。至此，德豪润达合计持有雷士照明20.05%的股份，成为雷士照明的第一大股东，以阎焱为首的赛富投资基金及施耐德电气合计斥资16.54亿港元，分别成为雷士照明第二、第三大股东，持股18.48%和9.21%。

在德豪润达的助力下，2013 年 1 月，吴长江被任命为雷士照明首席执行官(CEO)。2013 年 4 月，阎焱退出雷士照明董事会。

2014 年 4 月，吴长江再次向德豪润达转让 2.15 亿元的股份，股份转让完成后，吴长江仅持有雷士照明价值 7930 .9 万元的股份，占总股份的 2.54%，而德豪润达持有雷士照明价值 8.48 亿元的股份，占总股份的 27.1%，为雷士照明最大的股东。

2014 年 8 月 8 日，在雷士照明董事会电话会议上，吴长江被免去执行董事、CEO 职务。王冬雷则通过投票成为临时 CEO。这是吴长江第三次被迫离开雷士照明董事会。

这一次，也是第三次，吴长江势单力薄（雷士照明几乎所有经销商都表示支持董事会决议，他们都曾是吴长江最信赖的兄弟、战友，曾助他两次绝地反击），毫无还手之力，还摊上了经济问题——王冬雷棋高一筹，发现了吴长江违规担保的事情。

2014 年 12 月 6 日，吴长江涉嫌挪用资金被抓。2016 年 12 月，惠州市中级人民法院以挪用资金罪、职务侵占罪，判处吴长江有期徒刑 14 年。2 年后，广东省高级人民法院裁定：一审判决事实不清、证据不足，撤销一审判决，案件发回重审。2021 年 4 月 30 日，吴长江在羁押 6 年多后，重审宣判：有期徒刑 10 年，并处没收财产人民币 50 万元，退赔偿还巨款 5.6 亿元。2021 年 12 月 23 日，广东省高级人民法院做出《刑事裁定书》，驳回雷士照明前董事长、创始人吴长江上诉请求，维持原判。

吴长江的故事很长，像电影，却不是电影。吴长江的结局不仅仅是股权控制权导致的，还涉及他个人的领导风格，与他参与赌博、违规担保，以及投资方利益冲突等也有很大关系。但无论如何，股权控制都是这个故事的主线。

1.6.5 把握股权集中度

通过吴长江的故事，我们突然对当年张勇为什么要从施永宏手上买回 18%的股份有了更深一层的认识。

1994 年，海底捞的第一家火锅店在四川简阳成立，四个年轻人每人出了 2000 元，每人占 25%的股份。后来，这四个人成了两对夫妻（张勇、舒萍；施永宏、李海燕），每家各占50%的股份。

到2007年，海底捞已经变成了国内顶级的餐饮企业之一，在全国范围内拥有273家门店。这个时候，张勇突然提出了一个非常强势的要求：施永宏夫妇要将18%的股份转让给他，而转让的价格并不是按照海底捞当时的估值，而是按照原始投入的资金来计算，也就是1440元。

按照当时海底捞的表现，18%的股份少说也能值上亿元人民币，脑子正常的人都不会接受这个条件。然而事实却让人大跌眼镜，施永宏真的让出了自己的股份。媒体曾采访施永宏，问他当时为什么会同意张勇这种“强盗似的豪夺”，施永宏说：“不同意能怎么办，一直是他说了算。”

2018年9月26日，海底捞在香港上市，上市当天就达到了945亿港元的市值。施永宏夫妇虽然转让了18%的股份，但剩余的股份价值也有255亿港元，比起2007年，财富增值接近100倍。

这是一个真实而又励志的股权故事。如果当时施永宏拒绝了张勇的要求，结局可能是一场惨烈的商战。无论当时是大度也好，无奈也罢，但是张勇赢了，施永宏也赢了。

从某种意义上来说，股权必须有一定的集中度，一是便于管理，二是能够让真正有才能的人发挥他的才智。

时至今日，大多数人脑海中还是存在一个非常传统的观念，合伙开家公司，理应出多少钱就占多少股。这种根深蒂固的观念也注定了大部分人的格局无法实现自我突破。事实上，从某种角度来说，公司是人干出来的，不是钱干出来的，尤其是中小型企业在创业阶段更是如此。

1.6.6 合理设计动态股权

为了各自的利益，相互不退让，甚至对簿公堂，最终两败俱伤的惨痛教训还少吗？写到这里，我的脑海跳出当年真功夫股权之争，蔡慧婷在微博上向母亲的喊话。

真功夫的股权闹剧，是一场没有赢家的股权争夺战。下面我们来简要回顾一下真功夫的股权争夺战。

故事开篇，琴瑟和好

时间倒回1991年。蔡达标和潘敏峰是小学同学，青梅竹马。他们自由恋爱，不顾蔡家反对，偷偷领了结婚证，组建了自己的小家庭。

潘宇海是潘敏峰的弟弟，蔡达标的小舅子。他们结婚的前一年，也就是1990年，潘宇海在东莞长安开了一家名为“168甜品屋”的甜品店，1994年，168甜品屋更名为“168蒸品店”。

1994年，夫妻二人东拼西凑，各借了4万元入股潘宇海的168蒸品店。潘宇海出让了25%的股份给姐姐潘敏峰，25%的股份给姐夫蔡达标，自己保留了50%的股份。

姐夫负责做接待，管理餐厅；小舅子负责扩大菜品，在甜品、蒸品的基础上增加粥、粉、面、快餐；姐姐负责收银、财务管理。三人分工合作，生意也很火爆，两年内就在东莞连开了三家连锁店。

1997年，168蒸品店改组为东莞市双种子饮食有限公司，股权结构仍然是潘宇海占股50%，潘敏峰、蔡达标夫妻合计占股50%。潘宇海担任法定代表人、执行董事、总经理。

2002年，168蒸品店更名为“真功夫”，“真”与“蒸”同音，表示用心做“真”品。为了将“蒸”贯彻到底，他们还将店里所有的油炸食品下架。

2004年，真功夫入驻广州，选址于繁华地带，开始与肯德基、麦当劳同台竞技。仅一年的时间，真功夫就开出了100多家分店，遍布整个华南地区，开始面向全国发展。

意外婚变，股权易主

2006年，真功夫开始酝酿上市计划。同年，潘宇海的姐姐潘敏峰与蔡达标离婚，潘敏峰将其持有的东莞市双种子饮食有限公司的25%的股份转让给丈夫蔡达标。至此，东莞市双种子饮食有限公司的股权结构变为潘宇海占股50%，蔡达标占股50%。

出于对全局的考虑，二人对离婚之事绝口不提。潘敏峰愿意如此，是因为蔡达标对她说：“公司正在引进风险投资，离婚消息传出去和股权分割后，风险投资就不会进来了。”再者，虽然离婚了，孩子还是有股权继承权的。

2007年，真功夫估值50亿元，引入两家风险投资机构［中山市联动创业投资有限公司（简称“中山联动”）和今日资本（中国）有限公司（简称“今日资本”）］，以3亿元的价格出让了6%的股份，两家风险投资机构各占东莞市双种子饮食有限公司3%的股份，同时，东莞市双种子饮食有限公司改组成中外合资经营的真功夫餐饮管理有限公司。此时的股份结构为：潘宇海占47%，蔡达标占

47%，中山联动占3%，今日资本占3%。

先发制人，排斥潘氏

这时候真功夫已初具规模。

10多年来，在50%：50%的股份结构下，潘宇海和蔡达标选择“董事长轮值协议”顺理成章。但此时的姐姐和姐夫已经离婚，正副董事长都是老板，没有“老大”，冲突与矛盾与日俱增。

为了争得控制权，姐夫蔡达标先发制人，反手控制了中山联动66.67%的股份，间接地控制了中山联动持有的真功夫3%的股权。换句话说，他卖出去的3%的股权自己又买回来了（间接控制方式，并非直接买卖）。此时，姐夫蔡达标在真功夫的持股比例反超了潘宇海，其二人的持股比例为50%：47%。小舅子潘宇海大权旁落，脱离了控股的核心圈层。

蔡达标掌握了话语权，自然而然地展开了一系列的“去家族化”行动。他一边安插自己的心腹、亲戚，一边清理潘家的亲信、老臣，甚至停掉了前妻潘敏峰和小舅子爱人的工资和社保，而蔡达标的大妹妹、小妹妹，以及妹夫、弟弟等人，却分别把持了采购、供应、装修和财务大权。2009年，潘宇海委派公司管理人员的权利被剥夺，潘家人连公司的门都进不去。

密谋设局，绝地反击

前妻潘敏峰作为潘家人，眼看着弟弟节节败退，如何咽得下这口气？当年若不是弟弟大度，出让了50%的股份，又哪有今天的蔡达标呢？蔡达标甚至还过分地把自己和弟媳的工资与社保都停了，“至少，我还是孩子他妈啊”。

决不能坐以待毙，一定要从蔡达标手上拿回25%的股份，并从名誉上击夸蔡达标。

47%+25%=72%，如果能够拿回25%的股份，很显然真功夫的控制权立刻会回到潘家人手中，形成绝对控股的局面。于是，她决定委托律师拿回股权。

此时弟弟潘宇海当然也没闲着，经过一番密谋，他要和姐夫玩一个声东击西的游戏。

潘宇海对蔡达标说：“都是一家人，不必搞得你死我活，我出让一部分股权给姐夫你，由你来掌控公司，前提是你要给我7000万元。”蔡达标一听，喜出望外，立刻答应了潘宇海的要求并开始筹钱。

潘宇海真的准备退让了吗？没有，这不过是一个局而已。

蔡达标很快就将钱打到了潘宇海的账户，其中3000多万元从真功夫餐饮管理有限公司的账上直接转到了蔡达标个人名下。

钱到了，股权交易却没有开始。潘宇海一拖再拖，为的是争取时间和机会，伺机反击！

潘宇海终于抓住了机会——蔡达标通过公司账户直接给潘宇海转账涉嫌挪用公款。于是，潘宇海安排老婆以公司监事的名义，向公安机关举报蔡达标挪用公款，职务侵占……

在这个局中，潘宇海的老婆是最厉害的角色，她干净利落，一招制敌，毫不留情！既为局，相关的证据与细节，他们自然是准备得妥妥的。

抓住这一把柄，潘宇海夫妇实际上有筹码要求姐夫让步。但是他们没有选择和解，而是进一步乘胜追击，把对手置于死地。

这是一套完美的诉讼组合拳，蔡达标腹背受敌，很快就招架不住了。

前妻起诉要回股权；监事起诉挪用公款，职务侵占；小舅子起诉行使股东权知情权（查账）；还有刑事举报……

骨肉反目，没有赢家

一连串的举报和诉讼持续了很长时间，直到2014年6月6日，身穿囚服、戴着手铐的蔡达标迎来了他的终审判决：有期徒刑14年，没收个人财产100万元。

潘家人夺回了公司。遗憾的是，这场战争没有赢家。公司上市也成了泡影。

这场战争中，蔡达标与潘敏峰的女儿蔡慧婷站在了父亲与姑姑那边，与母亲、舅舅产生了严重的隔阂。

当父亲被警方带走，蔡慧婷在微博上向母亲一方喊话："你们也是我家人！大家一家人，何必自相残杀呢？我真的心碎了！"

很多公司，从注册到注销，股权从来没动过。你跟公司创始人谈股权，他说，股权已经弄好了，这东西有必要去调整吗？事实上，股权不动，公司的业绩就基本上不会动。你稍微研究一下就会发现：**那些快速成长的公司，从创业到上市的股权架构、公司架构一定不是静止不变的**。谁是因谁是果，谁是鸡谁是蛋，不必要追究。总之，合理的动态股权设计与公司业绩一定存在很大的关系。

潘宇海是一个很重感情和亲情的人，否则，他不会一开始就直接让渡50%的股份给自己的姐姐和姐夫。当然，估计那个时候的他也不懂股权，没有看过《公司法》。因为这是真功夫死局的根源所在：双方股份占比相当。

潘宇海也不懂有限责任公司的表决权与分红权可以分离。当年，蔡达标夫妇经营五金店倒闭，可以说他是出于亲情与关照，引入姐姐、姐夫成为股东，如果他能一开始就多保留25%左右的表决权，那么即使出让一半股份，可能后来的一切麻烦也不会存在。

蔡达标应该也是一个有能力的人，据说资本方对蔡达标的能力还是非常认可的，很可惜，姐夫和小舅子在利益面前各不相让，没有协商的余地。相比之下，我们不得不佩服海底捞施永宏原价出让18%股份给张勇，这是智慧的结果。

有道是“共贫贱易，共富贵难”。任何一家公司，在创立之时都应谨慎考虑股份划分与公司控制权的问题。类似真功夫、雷士照明、西少爷、泡面吧、首席娱乐官等的股权纠纷，每时每刻都在发生。

很多人喜欢研究应该选择怎样的合伙人，这很重要，但不是关键。关键是国人缺乏契约精神和学习精神，倒不是因为我们真的那么看重利益，没有格局和胸怀。

我认识一个餐厅老板，公司有7个股东，他告诉我说他们从来没有签过股东协议，包括后来加入的股东，没签协议就把10万元、20万元打到公司账户。他想告诉我的是，他的公司生意很好，投资人很看好公司的前景。我当然明白他这层意思，但是，这样的操作和管理一定是要出问题的。

相信你也见过一些第一次见面就直呼你“兄弟”的人，说实话，这种人通常是不够“兄弟”的，他们凭感情处事，随时拍胸脯，而不是凭契约。合伙开公司，先弄好合作协议，“小人做完了，再做君子”。“先做君子”，什么事情都是“好说好说”，往往后来双方都变成了“小人”。我还见过很多所谓的老板，动不动就承诺给某某高管、员工5个点、10个点的股份，但始终拿不出一套方案，签不了一纸协议，最终不了了之。

很多人都认为张勇原价收购施永宏18%的股份过于霸道。还有人说当初4个股东、4张桌子，一共投资8000元，并不是每人投资2000元，实际上张勇没有出钱，于是更替施永宏叫冤。我们不妨再捋一下他们之间的事情：

施永宏与张勇相识于一个焊工技校，当时的张勇经常逃课，施永宏就帮他解决作业、考试和老师的麻烦。毕业后，两个人不满足于做焊工，于是就开始做生意，张勇卖过游戏机，倒卖过汽油，还开过麻辣烫店，其间，施永宏一直都是张勇身边免费的小工，但可惜两人什么也没做成。

后来张勇又决定开火锅店，施永宏又一次帮助张勇解决了部分资金问题，也顺势成了股东。当时他们的经营方式就是简单的家庭作坊，有顾客时就招待，没顾客时就打麻将。

张勇很强势，他意识到这样下去没有前途。有一天，他在舒萍和李海燕沉迷打麻将时，把桌子一掀，强硬提出要求：他要做海底捞的老大，要做海底捞的经理，要绝对地做主，施永宏、舒萍、李海燕全都得听他，施永宏同意了。

到2004年初，海底捞已开设了8家分店。张勇借“女人要回家照顾家庭”的理由，提出要淘汰掉自己的妻子舒萍和合伙兄弟施永宏的妻子李海燕，让她们只做股东，不干涉海底捞的一切事务。这一次，施永宏还是照办不误。

张勇提出要收购施永宏的股权是2007年的事情，此时，海底捞分店已开遍全国多个城市，飞速发展，同年，海底捞在川菜产业20年发展成就表彰大会上，获得“川菜发展最具发展潜力品牌”称号。按原价转让股份，施永宏仍然二话没说。

后来有媒体采访张勇，问他收购施永宏夫妇的18%股份，给钱了没？张勇也如实回答：“只是象征性地给了。”

也有媒体八卦施永宏，问他对于张勇的豪夺和强制要求“下岗”有什么看法，施永宏回答得云淡风轻：“一直都是他说了算，他说要怎么办，就怎么办。”

相比之下，一个很强势，一个看似很软弱。但这才是施永宏的大智慧。

在中小型企业的发展过程中，最好的团队组建往往是能够互补的，这种互补包括资源、技能、特长、性格等各个方面。两个性格都很刚烈的人是很难走下去的，也正因如此，才有了真功夫与海底捞完全不同的结局。

海底捞成立于1994年，也就是说，早在28年前，施永宏可能没有学过股权管理，但在他的思维和认识里，技术股是可以存在的，这是非常超前的思维认知。到2007年，在海底捞蒸蒸日上的时候，经过10多年的共事，一起成长，施永宏又怎能不懂得大局与小利，短期与长远，上市溢价将会产生多大的价值以及张勇在公司有多大的分量与贡献？这一切的一切，我想施永宏心里是有数的。所以，在我看来，“一直都是他说了算”这句话不是软弱，不是无奈，而是施永宏表达了他对张勇的尊敬与认可。跟着一个有能力的老大赚钱，难道不香吗？为什么一定要平起平坐呢？

当然，张勇也不负众望，独揽大权后，张勇带着他的团队披荆斩棘、青云直上，交出两家上市公司及一家新三板挂牌公司的答卷。这不是偶然。

事实上，施永宏从没离开过张勇，从海底捞“下岗”后，施永宏专注投入火锅底料的研发、生产与市场开拓。后来发展为颐海国际控股有限公司（简称“颐海国际”）在港交所上市。

张勇为了扶持施永宏的火锅底料事业发展，让颐海国际永久性免费使用海底捞商标。依靠着海底捞这个后台，颐海国际在中国中高端火锅底料市场顺利成为行业第一。

2016 年 7 月，颐海国际在港交所主板上市，成为海底捞旗下第一家上市公司，施永宏是颐海国际的首席执行官和执行董事，上市公司公开资料显示，颐海国际上市时，施永宏持有颐海国际 8.52%的股份。

2017 年，U 鼎冒菜挂牌新三板，成为海底捞旗下的一家非上市公众公司。

2018 年，海底捞在港交所上市，那三位曾被张勇“踢出局”的创始人又悉数回归海底捞，施永宏和舒萍担任公司执行董事，李海燕担任监事。海底捞餐饮股份有限公司由简阳市静远投资有限公司控股 51%，另外三位创始人各持股 8%，张勇个人持股 25%（参见图 1-7）。

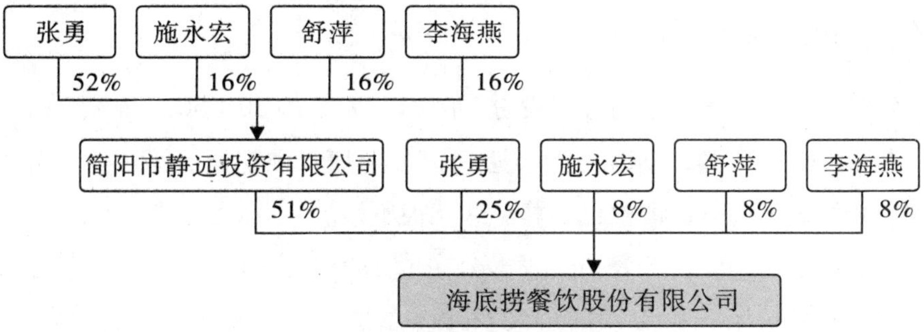

图 1-7　海底捞早期的股权结构

海底捞在港交所举行挂牌仪式时，施永宏站在张勇身旁笑得淡定而温暖。他永远都知道自己要站在什么位置，用他的忠诚与“软弱”，守护着海底捞，守护着自己的带头大哥。这是怎样的默契和情分？而张勇又是何等的深情与仁义？

一起创业的朋友，一定要有共享成果的胸怀，当我们的股东不能适应公司发展需要的时候，也要有壮士断腕的勇气和策略。有能力任职，你就任职，没有能力任职，你就应该回家做你的股东。这不是软弱，也不是大度，而是要让公司先生存下来，然后才能发展。道理很简单，但有几人真的能践行？

当前，外部环境变化太快，股权管理理应成为一项动态事项，并相应地在不同阶段调整企业的组织结构，而不是永远静态，永远都是两个或三个股东，这样的企业是很难成长起来的。

1.7 股权设计的基本原则

创业伊始，是公司进行股权统筹设计的第一个契机。在这个阶段，我们首先要弄清公司的战略目标，合理地组建股东团队，挖掘公司资源。而且要有一定的前瞻性，要为未来的合伙人预留一定的空间。以上这些都要考虑周到，事先约定，完善章程，避免后期发生争议。

1.7.1 避免均分股权

设立公司，尽可能避免平均分配股份，例如二人结构 50：50，四人结构 25：25：25：25。正如真功夫那样，到时可能会遇到很多麻烦，谁都做不了决策。公司没有一个掌舵的人，谁说了都算，谁说也不算。这就很不妙。

没有必要刻意去区分二人公司、三人公司或是多人公司，整出 N 个模型。你只要理解几条重要的股权线（股份比例）代表什么意思，对公司的股权发展做一次演练，答案就会很清晰。

67%代表什么？51%代表什么？34%代表什么？作为创业者，起码要很清楚这几个概念。说简单点，67%以上是你说了算，51%以上是普通事项你可以做主，34%是一票否决（只针对重要事项）。

一般来说，项目前期做到绝对控股（67%以上），项目中期做到相对控股（51%以上），首次公开募股（IPO）公司上市时保有一票否决权（34%以上），是比较理想的安排。

之所以强调股权要相对集中，一是考虑决策权集中有利于管理，二是随着后期资本的引入，股权会不断稀释，经过几轮稀释，如果不提前做好设计和规划，可能几轮融资之后，公司创始人就会丧失话语权。

初期做到绝对控股当然是比较理想的，但在实际运作时，你需要考虑你的资金实力、资源、能量是否具备绝对控股的资格。四个人合伙开公司，你占股 70%，其余三人每人占股 10%，模型很完美，但是别人会和你一起玩吗？

当你决定创业时，首先一定要评估自己拥有什么优势和资源，对风险也要有一个基本的评估。如果你没有资金、没有技术、没有客户资源、没有任何优势，想控股，凭什么？

优势不明显，又想实现控股目标，现实往往会将你打败。此时，你要利用我给你提供的方案，区分分红权与表决权，灵活运用。你可以牺牲一定的利益，去获取更多的表决权，这是控制公司的一个有效途径。

你可能会想，万一我牺牲了利益，结果又超过预期，那不是亏大了吗？如果你有把握，可以设置一个动态机制，提前声明如果实现了超预期的目标，需要在股权上做出怎样的变动，有目标、有预案、有评估、有约束，或许你的合作伙伴就可以接受。

在股权设计的时候，你还要注意可能出现的一种情形，即“小股东‘绑架’大股东”。举个简单的例子，三人结构，股份比例是 40∶40∶20，这样的股权结构，有可能不是大股东说了算，而是小股东说了算，或者小股东经常会“绑架”大股东。因为两个大股东的股份都不够 51%，小股东才是决定因素，他有能力决定谁才是大股东。此类情形破局，可参见“1.4.2 多层架构：以小博大”。

1.7.2　不要按投资多少划分公司股权

股份分配，不能持按投资多少划分股份的陈旧思想。一定要充分考虑人的因素，尤其是与科研、技术、市场、个人品牌有关的人力因素。“出钱不出力，出力少出钱”，应该成为当前的共识和惯例，**如果你还停留在按出资额划分股份的阶段，只能说你已经被淘汰了**。

对人力因素的考虑，投资方不能只是象征性地给点股份，要合理安排，相对公平，双方才乐意接受。“罗辑思维”项目失败的原因就是股权分配不合理。

《罗辑思维》是著名的自媒体节目，当时主讲人是罗振宇。2012 年 4 月，申音出资 110 万元，罗振宇、朱姗姗、孙佳佳三人各出资 30 万元，创立了独立新媒（北京）信息科技有限公司。2013 年 12 月，朱姗姗、孙佳佳这两位股东退出，股东及股权变更为：申音持有公司 82.35% 的股份，罗振宇持有公司 17.65% 的股份。此时，公司已经拥有了《罗辑思维》《蛮子文摘》《凯子曰》等众多节目。而在当月，《罗辑思维》进行了第二批会员招募，吸引了将近 2 万名普通会员、5000 名铁杆会员，收入接近 1000 万元。这种商业上的成功，吸引了众多投资人的注意，很多投资人估值这一品牌价值 1 亿元。对于《罗辑思维》，罗振宇是台前明星，申音是幕后英雄。当《罗辑思维》成功后，各种资源转过来找《罗辑思维》节目组，找罗振宇，罗振宇显得越来越重要。

2014 年 5 月 18 日，申音证实二人“分手”。2014 年 6 月，罗振宇与李天田、吴声等成立北京思维造物信息科技股份有限公司，开始运作“罗辑思维”项目。截至 2022

年11月，罗振宇仍然是公司最大股东，占股30.35%，第二是宁波梅山保税港区杰黄罡投资管理合伙企业（有限合伙），占股16.26%，李天田排第三，占股13.93%。

1.7.3 设计股权动态机制

对于“罗辑思维”项目的运营，很显然两个股东对各自的价值贡献存在不同的认知，你觉得你的贡献大，我觉得我很重要。一个负责节目，一个负责运营，究竟谁更重要，我们的确不好评估。

通常来说，一个新项目的启动，前期可能是钱的因素更重要一些，但在后期，主导因素可能会发生变化。对此，我们要有一定的预见，并及时做出调整。假如“罗辑思维”项目的股东双方在独立新媒（北京）信息科技有限公司的股权架构中考虑到了股权的动态调整机制，可能就不会出现双方“分手”的结果。

“罗辑思维”项目成功了，是分配失衡导致两人和平“分手”的。另一种情形也是我们经常会遇到的，那就是项目未达成预期，失败了也容易分道扬镳。科研产品开发，例如软件、游戏产品开发等，前期预期的产品可以在某个时间投入生产，但由于种种原因未能达到预期，需要追加投资。再比如营销型人力股合作，合伙人预期在1年之内可以达成1000万元的营销业绩，结果未达成。类似情形要全面考虑，并做好预案，否则，扯皮、“分手”都是必然的事情。投资人怪营销总经理未达成目标，营销总经理说公司给他配置的人手不够，品牌宣传不到位。

动态机制并不复杂，简单地说，就是要对项目的未来有一个清晰的规划、预期和评估预案。到时，双方再根据约定的规矩执行预案就可以了。当然，这种预期目标的设计可以是时间，可以是业绩，也可以是贡献值，或者综合评估。

这与内部员工激励的基本原理差不多，不同的是，我们的评估对象是公司股东，所以不能套用评估员工的方法。**所有失败的项目，大都是前期预期很乐观，结果不尽如人意，更要命的是没有预案，不能从股权结构上科学、及时地做出调整，吸收新的资源。**

千万别等到公司资不抵债的时候，才像无头苍蝇一样，到处找钱、找人、找融资。这个时候可能没有人敢融资给你。

无论是融资，还是吸收新的股东（资源），你要在公司赚钱或者比较健康的时候去做，这才是比较好的时机。如果公司既不赚钱又不值钱，融资和吸收新股东都会非常困难。满街的老板都想融资，其中一半是公司已经亏得一塌糊涂，甚至资不抵债。

也有不少公司在公司并不赚钱的时候，一边大谈理想，一边进行股权激励。这种情况通常会以失败告终。公司不赚钱，你给总经理签个股权激励计划，而且是虚股，会让对方感觉你是在“耍流氓”，不是在搞激励。

1.7.4 设计和计算人力股

前面谈到，“出钱不出力，出力少出钱”这种观念目前已经被越来越多的创业者和投资人所接受，成为共识。这是经过无数实践得到的经验。举个简单的例子：

> 李四投资70万元，张明投资30万元，两人注册了一家公司，注册资金100万元。李四的股份是70%，张明的股份是30%。李四只投钱，另有事业；张明是项目发起人，而且有思路、有能力，没日没夜地全职打理公司。两年后，公司发展迅速，第二年利润500万元，公司估值1亿元。前期公司需要投资，张明自己没有这么多资金，公司效益也不明显，所以张明也无所谓，从未提出异议。现在公司赚了500万元，自己的股份却只有30%，大部分利益都是李四的，他觉得很不公平，打算另起炉灶。

设身处地地考虑，张明觉得不公平是能够理解的。另起炉灶，与人品无关，而是公司前期对人力价值的低估造成的。人力股的低估或是不估，当然会造成“分手”的局面。另外，如果高估了人力股的价值，同样会产生问题。

> 王老板提供大部分资金，刘老师是公司的招牌老师，有一定的影响力，负责讲课，两人共同经营一家培训公司。考虑到培训业务是一个智力行业，卖的是知识，没有刘老师不行，于是两人商议好，公司股份王老板占60%，刘老师占40%。公司后来也招聘了一些其他老师，正常运转。一年后，刘老师生病了，医生说要休息一年，王老板怎么办？

从这两个案例可以看出，人力股并不是一个简单的问题，高估、低估人力股，或者“游戏规则”制定得不科学、不严谨，都会给公司的发展带来很大的问题。尤其是对人力股的评估，目前没有任何公式可用，一般都是由双方协议。

常见的情况是，出大钱的人不参与公司经营管理，出小钱的人经营打理公司，全职投入。这种情况，应适当地考虑全职经营者的劳动、能力、价值贡献，在股权上有所体现。另一种情况是，智力行业（例如培训、知识付费）、科技产品（例如软件开发)、个人 IP 或品牌(例如网红)等,因为个人拥有技术、品牌、流量、客户资源,可以带来价值转换或形成竞争力,更应对人力股有一个客观的评估,在股权上体现出来。`

第一种情况,人力股可以占 10%～30%的比例;第二种情况,人力股可以占 30%～70%的比例。具体采用哪种比例要具体情况具体分析。当然,最重要的原则是双方都能够接受。下面我们还是用第一个例子来解释。

张明投资 70 万元,李四投资 30 万元。传统的股份计算是股份=股东投资额÷公司总投资额,这个很简单,可现在我们要考虑的是,如果人力股占 15%的总股,张明与李四的股份应如何计算?

资金股股份=股东投资额÷公司总投资额×资金股权重

张明资金股股份=70 万元÷100 万元×0.85=59.5%

李四资金股股份=30 万元÷100 万元×0.85=25.5%

人力股股份=人力股股份总额×人力股系数

张明人力股股份=15%×0=0

李四人力股股份=15%×100%=15%

最终综合股份=资金股股份+人力股股份

张明综合股份=59.5%+0=59.5%

李四综合股份=25.5%+15%=40.5%

张明李四合计股份为 100%

在以上计算方式中,关键是将资金股与人力股区分,资金股与资金股同等对待,人力股与人力股同等对待。通俗地说,张明的资金股打八五折,李四的资金股也要打八五折。而人力股,张明完全不参与,也没有任何贡献,所以分配比例为 0。**对人力股分配的实际操作,关键是要设定一个比例,即资金股与人力股的占比是多少。**有时候,可能不止一个股东享受人力股待遇,也可能是一个团队。这种情况,可以依据不同岗位的重要程度再确定一个分配比例(系数),"瓜分"人力股。

甲、乙、丙、丁协议设立一家电商公司。甲出资 60 万元,任市场总监;乙出资 15 万元,负责技术;丙出资 25 万元,负责运营;丁只投资,出资 100 万元。甲、乙、丙组合非常完美,也有丰富的经验。显然,如果他们三人出资 100 万元,丁出资 100 万元,若项目进展顺利,最终三个创业股东就变成了"打工"的。于是四人商议,人力股占 55%的权重,资金股占 45%的权重;人力股系数依据岗位的重要性及个人能力水平不同，确定为市场方面 0.7（甲）、技术方面 0.1（乙）、运营方面 0.2（丙）。以此为原则，股份计算如表 1-3 所示。

表 1-3　人力股计算实例

		甲	乙	丙	丁	合计
出资情况	出资额	60 万元	15 万元	25 万元	100 万元	200 万元
	出资比例	30.0%	7.5%	12.5%	50.0%	100. 0%
人力情况	人力股系数	0.7	0.1	0.2	0	1
股份权重	资金股权重	45.0%	45.0%	45.0%	45.0%	45. 0%
	人力股权重	55.0%	55.0%	55.0%	55.0%	55. 0%
股份类别	资金股股份	13.5%	3.4%	5.6%	22.5%	45. 0%
	人力股股份	38.5%	5.5%	11.0%	0	55. 0%
合计持股	—	52.0%	8.9%	16.6%	22.5%	100. 0%

在表 1-3 中，资金股股份＝出资比例×资金股权重；人力股股份＝人力股权重×人力股系数。

通过这样的人力股设计，我们很容易解决“人合”的问题。前面谈过，有限责任公司的分红权、表决权、股票转让优先权等都有自由自治的权利。意义就在这些地方。

通过表 1-3，我们清晰地看到，如果按照出资比例，甲原来只有 30%的股份，现在变成了 52%。给出这么多人力股，公司做砸了，丁不是冤死了吗？如果他们离职了，丁的投资不是打了水漂吗？

解决这两个问题，只需要两招：一是设定人力股的解锁期为 4 年；二是设定一个目标任务，达成什么目标，可以提前解锁，目标没有达成，就要考虑人力股如何处置。下面我们继续做一个简单的设计：

解锁期为 4 年，每年解锁人力股 25%，同时要求第一年经营目标为 20 万元，第二年经营目标为 200 万元，第三年经营目标为 300 万元，第四年经营目标为 400 万元；年度目标未达成，解锁比例减半；如果 4 年之内，任何一个年度利润都达到 500 万元以上，当年全部解锁。4 年之内，甲、乙、丙任何一方离职，其人力股部分由公司原价收回，该部分股权不得转让任何第三方，除非经全体股东同意。这样一来，大家都不用担心什么了，皆大欢喜。

1.7.5 合理分配公司利润

前面，我们主要讨论了控制权设计的问题。这一节我们重点说说分钱那点事。对于利润分配，要注意三个方面：首先要遵照《公司法》的有关规定；其次要避免大股东利用公司控制权侵害小股东利益；最后是有关税收方面的考虑与安排。

《公司法》第三十四条规定："股东按照实缴的出资比例分取红利；公司新增资本时，股东有权优先按照实缴的出资比例认缴出资。但是，全体股东约定不按照出资比例分取红利或者不按照出资比例优先认缴出资的除外。"

本条款规定了利润分配的基本原则是按公司实缴资金比例分取红利（利润）。这里需要注意的是，关于利润分配第三十四条写得非常清楚，是"实缴"不是"认缴"，所以本条款对于某些资金不到位的股东来说是一个有力的约束。

对于有限公司的"自治"，分红权条款也得到充分的体现，可以"自由约定"。关于分红权的"自治"，要特别注意是"全体股东约定"，不是"三分之二表决权"。所以，一旦公司确立分红办法，列入章程，大股东也不能随意修改，即使他持有67%以上的股份。但对于什么时候分红，分红分多少，如果章程中没有特别约定条款，大股东是可以自主决定的，分红是一般事项。

《公司法》第一百六十六条规定："公司分配当年税后利润时，应当提取利润的百分之十列入公司法定公积金。公司法定公积金累计额为公司注册资本的百分之五十以上的，可以不再提取。"

提取利润的10%列入法定公积金是强制性条款。所以，对于家族控股公司（壳公司）来说，注册资本不必写得很大。如果壳公司A的注册资本为5000万元，A公司从控股公司每年分得1000万元利润，能拿走的利润只能是900万元，因为10%是法定公积金，法定公积金一直要提取到注册资本的50%（2500万元），如果壳公司的注册资本是50万元，则在提取了25万元法定公积金后都可以拿走。

与利润分配紧密相关的一个概念是成本费用。成本费用与我们要谈的利润分配看起来是两个问题，事实上并非如此。说简单一点，公司原来的利润是1000万元，但有可能因不合理的成本费用增加，利润减少了200万元。在现实中，因为中小型公司很大一部分是由某个大股东绝对控股，小股东实际上没有任何话语权，所以大股东很容易利用职务便利以公司的名义买房、买车等，然后个人（大股东）占用，这是对小股东权益的侵害。因此，小股东要充分利用章程，在知情权条款、任职条款、财务权限条款、审计条款等方面为自己争取基本的权利。对于章程中分红条款的修改，章程也可以另设条件加以限制。例如，“分红条款修改，必须经过全体股东同意”。这样就可以避免前期制定的分红条款被大股东修改。

有些公司不喜欢分配利润，喜欢在提取法定公积金后，再提取很高的任意公积金，或者干脆不分红，这对小股东是非常不公平的。**一旦公司日后出现财务问题，公司利润首先用于偿还债务，那时你想分点钱出去已经不可能了。因此，要制定一个分配方案，明确分配多少利润。例如“当年利润至少分配50%给股东”**。

参照《公司法》第七十四条的规定，关于利润分配还有一条红线：“公司连续五年不向股东分配利润，而公司该五年连续盈利，并且符合本法规定的分配利润条件的，股东有权要求公司回购其股权。”

企业分红还会涉及个人所得税方面的问题。所以，很多人不用自然人身份持股，而先设立另外一家公司，用这家公司来持股。因为“居民企业之间取得的红利”不需要重复缴纳企业所得税。但要注意，用公司持股，并不是直接省下了个人所得税，把钱拿到自己口袋。钱分红到持股公司，钱仍然在持股公司账上，你想转入到个人名下，还是要交个人所得税的。不过如果这家公司是你的家族公司，你有完全的支配权，放在公司账上与放在你自己个人卡上，几乎没什么区别。你可以再用这家公司的钱去投资，这样就起到暂缓交个人所得税和节税的目的。

也有些老板虽然没日没夜地在公司工作，但不给自己开工资，这种做法不值提倡。首先，发一份工资有利于节税，依据目前个人所得税起征点和相关优惠政策，10万元左右的工资报酬个人所得税基本上都“免了”（只需缴纳很少的个人所得税）。其次，任何人在公司工作都应该获得劳动报酬，不在公司工作是另外一说。这些简单的道理与原则，生活中往往很多人会不遵守。这是一个认知问题。

1.8 股东退出机制

1.8.1 退出机制不可或缺

企业的发展，很少有一帆风顺。有些困难可能是短期的，有些困难可能是长期的。有些股东会因为认知不同，造成其对未来的判断不尽相同，有人会打退堂鼓。特别是在认缴制度下，公司计划投资1000万元，分期投入，往往只投了一两期，后期资金就不到位，甚至会有股东提出退出。这些情况都是会经常遇到的。公司赚了钱，分配不合理，也会出问题。所以，合理的退出机制是必须的。

设置好股东的退出机制，是动态股权设计的一项重要内容。合理的退出机制有利于“换血”，保持公司持续活力和健康发展，同时可以有效地避免一些不必要的麻烦。股东之间的利益纠纷，对任何公司来说都是一件很伤神的事情。除此之外，公司在发展过程中，应允许一些阶段性投资者的进入与退出。

股东退出的情形比较复杂，最常见的包括：公司发生亏损，小股东丧失信心，要求退股；公司盈利，个别股东要求溢价退股，套现退出；股东之间理念不合产生矛盾，个别股东中途退出等。无论何种情形，如果公司没有提前做好规划、协议、章程约定，大概率会产生矛盾、冲突，打官司甚至短兵相接。

股东退出纠纷，大多数是因为事先没有对退出条件和退出价格做出约定。所以对于制定股东的退出机制，公司必须认真对待，马虎不得。

1.8.2 锁定期退出

公司前期需要一定的资金确保公司正常运转，可以事先约定一个时间，比如3年或5年，在这期间，任何股东不可以中途退出，退出则视为违约。此类情形一旦发生，公司将以1元的价格回购退出股东所有股权，退出者“净身出户”。此情形是由大股东受让还是公司受让，或者按股东实缴出资比例受让，视具体情形约定。

时间锁定规则、回购价格的设置，目的是避免股东信心不足，或因短期发生小矛盾、小亏损而随意退出，动不动就“不玩了”。也有人主张除此之外还要设置高违约金，这样可以更有效地“绑定股东”。当然，对于股东协议，只要不是胁迫签订，通常都具有法律效力。但最好还是区分一下实际情形：如果股东退出，给公司造成了损失，或者影响到公司正常运转，可以要求股东赔偿违约金；如果公司发展良好，有赢利，则可免除违约金处罚。在后一种情形中，1 元回购实际上也是一种处罚。

律师思维以法律为依据，往往是严谨的，他们可能会思考得非常细致，甚至写出了四五十页的股东协议，把能想到的问题都写进了协议里。这种做法很难说有什么问题。但合伙开公司有点像婚姻，实在是感情破裂了，设置 N 个限制条款，或动不动就让股东“净身出户”，还要赔偿，虽然合法但也会显得多少有些不合情理，这也是不可取的。

1.8.3 亏损期退出

如果公司未能赢利，股东在超过锁定时间后要求退出，公司可以 1 元回购或按净资产评估定价回购，不必强求。当然，此情形也可以原价回购。具体作价，要根据实际情况，例如：**如果退出时公司净资产大于公司投资额，可以原价回购；如果退出时公司净资产小于投资额，则可以根据净资产总额的一定折扣来评估作价。**

事实上，如果一家公司成立了 5 年还不能赚钱，你可能要考虑是不是还要坚持，是不是要解散。当然，例如生产性企业，前期可能因固定资产、拓展市场需要，成本费用较高，公司未能实现赢利，或者赢利很少，但公司实际上净资产增加了，这种情形是可能存在的。若一家公司总投资 200 万元，现在未赢利，但固定资产达到 1000 万元了，你动不动就来个 1 元回购，拿这样的协议去找人投资和合作，没有人会支持你。因为对方感觉你没有合作的诚意。

股东亏损期退出，受让人次序可以设置为大股东受让、按实缴比例受让、公司受让。

1.8.4 特殊情况退出

因股东个人、直系亲属发生重大疾病，股东失踪、丧失劳动能力，股东本人死亡等意外事故，可以原价回购退出。此类情形也可以根据公司实际情况，适当溢价退出，但溢价退出需要满足两个条件：一是公司运转良好，有赢利；二是必须经过股东会三分之二以上股东同意溢价，并对具体转让价格做出决议。否则按原价退出。

特殊情况的退出，对于转让价格，可以根据净资产价格，或者上一年度利润的 2～3 倍来计算。受让人次序可以设置为大股东受让、按实缴比例受让、公司受让。

1.8.5 因股东过错强制性退出

有限责任公司是“人合”与“资合”的共同体。“人合”要求团队目标一致，齐心协力，并且在技能上相互补充。

很多时候，前期的团队成员并非最好的组合，需要进行调整，这是在所难免的。但股东不是员工，“踢出”一名股东比辞退一名员工更困难。当然最重要的是：事先要协议好，在哪些情况下公司可以主动要求股东退出，退出时股权价格如何计算。结合实践经验，笔者总结出了几种合法合规的公司可以视为股东过错的情况，在这几种情况下，公司可以将股东“踢出”，同时以 1 元的价格回购其股份：

- 股东因严重违反公司制度、失职、营私舞弊，给公司造成重大损失的；如果证据表明股东是故意行为，股东还须承担由此带来的全部损失；
- 持有人力股股份，但经考核评估，业绩不合格的（1 元回购仅限人力股部分，实缴部分可原价转让，公司受让）；
- 股东泄露公司机密，给公司带来损失（5 万元以上）或不良影响的；
- 股东未尽竞业禁止义务，另外成立或者通过间接方式控制竞争公司，经营竞争性产品和业务，或者担任同行业竞争公司顾问或在竞争公司任职的；
- 股东因违法犯罪判处有期徒刑一年以上的。

1.8.6 自然退出

自然退出主要包括：协议期满，不再续签的，原价回购（或按当时净资产价值计算价格）；股东退休同时持有人力股股份的，原价回购人力股；公司解散情形，依据净资产计算价格，依法进行财产分割；公司 IPO 上市后，禁售期结束的，依据法律法规进行转让或出售。

对于股东的退出，关键是确定退出的情形、条件。上面列举的是一些比较常见的约束条款。在实践层面，要结合公司自身具体情形来制定相关条款。

股东退出的条件设置好了，另一个重要的问题是转让价格如何制定，要不要支付违约金？这方面要针对每一种情形，列明于协议。

上述内容中有关 1 元回购的条款，本质上是一种违约性、惩罚性条款。它存在于锁定期股东单方面要求退出、公司在亏损期股东要求退出、因股东存在过错的强制性退出等情况中，如果很难达成共识，可以考虑根据退出时的净资产五折计价来计算股份价格。1元回购的条款太多，不太能让人接受。

股权转让，受让者是谁也要写清楚，是大股东还是公司？或是依据《公司法》按比例由其他股东受让？

既为协议，最重要的原则还是要全体股东共同商议，做到合情、合理、合法，达成一致意见。这才是重中之重。

如何投票、分钱、退出，是创立公司的“约法三章”。有了这个“约法三章”，公司后期的运营可以减少很多摩擦。

第二章

公司架构，坚如磐石

公司架构好比建房子，3 层楼与 10 层楼前期的基础设计、框架设计会有所不同，必须提前做好规划。推倒重来会造成非常大的浪费。公司架构设计在实践中还会有一些不可逆的事项，一旦做错，付出的代价可能会很惨重。

2.1 从“李子柒停更事件”看股权架构

2.1.1 顶流网红状告老东家

2021 年 7 月 14 日，短视频顶流网红之一的李子柒突然停更了。没有人知道，这件事情背后究竟发生了什么。

意想不到的是，自此之后，“李子柒停更事件”引起了网友们的广泛猜想和讨论，并不断发酵。直至 2021 年 11 月 1 日，杭州微念（杭州微念品牌管理有限公司的官方账号）于社交媒体首次发声，表示 11 月 1 日已正式收到四川省绵阳市中级人民法院的诉讼通知，公司将依照法律程序应诉。

随后，中国证券网、成都商报红星新闻、《新京报》等多家媒体报道并转发了杭州微念的回应：《微念公司说明》。

针对备受网络关注的“李子柒”IP 杭州和品牌归属传闻，杭州微念在这份说明中称“从未想过、从未控制过任何@李子柒的相关平台账号”；此外，杭州微念称“曾多次与李子柒（李佳佳）就股权等权益事项展开沟通，但未有实质性进展，最终导致如今的局面”“衷心希望双方能够解开心结，继续携手前进”。

从这份说明看来，这是一件与股权和品牌有关的纠纷。

李子柒本名李佳佳，生于 1990 年，四川绵阳人。2015 年，李子柒开始拍摄美食短视频；2016 年 11 月，凭借短视频《兰州牛肉面》获得广泛关注；2017 年 6 月，获新浪微博超级红人节十大美食红人奖。此后，李子柒成为网红界的顶流代表。其在微博平台上拥有超过 2700 万粉丝，并在 YouTube（Google 公司旗下，全世界最大的视频网站）有 1500 多万名关注用户。有机构统计称，李子柒当前在全球累计粉丝数已经超过 1 亿人。

2016 年，杭州微念品牌管理有限公司创始人刘同明发现了李子柒，亲自从杭州飞往四川，希望签下这颗“明日之星”。因为刘同明一句“你负责创作内容，我负责营销”，李子柒签下了合约。双方度过了长达两年的“合作蜜月期”，“李子柒”这个 IP 也从中国走出国门，扬名于海外，甚至成为中国文化输出的一个符号。这段故事一度被业内视为“千里识伯乐”的佳话。

擅长做内容的李子柒站在台前，擅长做IP运营以及品牌管理的杭州微念品牌管理有限公司做幕后，原本“李子柒+杭州微念品牌管理有限公司”应该是一个双赢的商业合作样板。令网友们始料不及的是，在李子柒停更两个半月之后，爆出了其正式起诉老东家的新闻。

引爆舆论关注的导火线，是2021年8月29日李子柒账号在社交媒体上发表的一句回复：“资本真的是好手段。”在外界舆论看来，这场纠纷似乎是一场“傻白甜”遇到“老狐狸”的故事，是一个“弱女子”赤手对抗网红孵化机构（MCN机构）及资本力量的故事。资本早已为李子柒设好了这个局。

局从何来？要说清楚这件事情，我们先要简单梳理一下杭州微念品牌管理有限公司的股权架构和公司架构。

如图2-1所示，杭州微念品牌管理有限公司成立于2013年2月，刘同明为大股东，持股19.45%。经过5轮融资，目前共有22家投资机构持股杭州微念品牌管理有限公司。网传最后一轮融资，杭州微念品牌管理有限公司估值接近50亿元。

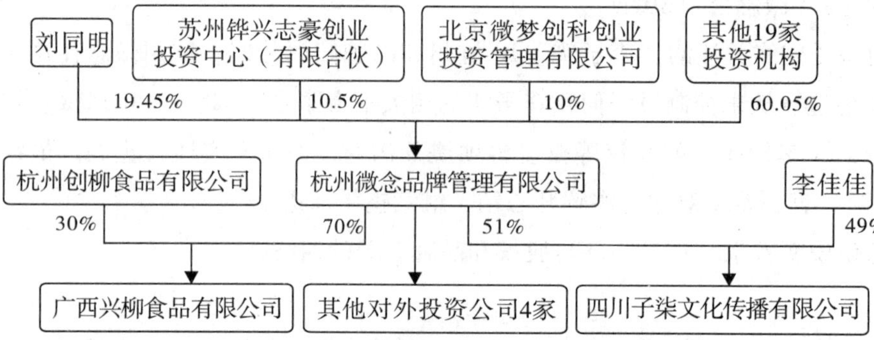

图2-1　杭州微念品牌管理有限公司的股权架构和公司架构

2016年9月至2017年12月，杭州微念品牌管理有限公司是李子柒的经纪公司，两者为经纪合约关系。2017年7月，杭州微念品牌管理有限公司与李子柒更换合作模式，共同成立了四川子柒文化传播有限公司，杭州微念品牌管理有限公司持股51%，李子柒持股49%。2018年李子柒天猫旗舰店正式上线，但运营单位为杭州微念品牌管理有限公司，不是四川子柒文化传播有限公司。

公开的工商信息显示，目前杭州微念品牌管理有限公司对外投资有6家公司。其中包括广西兴柳食品有限公司，成立于2020年7月29日，杭州微念品牌管理有限公司控股70%。广西兴柳食品有限公司是生产李子柒螺蛳粉的企业。

从杭州微念品牌管理有限公司的股权架构和公司架构中可以看出，杭州微念品牌管理有限公司与李子柒成立了四川子柒文化传播有限公司，意图是要打造“李子柒”IP 与品牌。但是，在公司的股权架构上，杭州微念品牌管理有限公司做了一个巧妙的安排，有意拆分了品牌、生产与销售。

四川子柒文化传播有限公司负责短视频与 IP 打造；生产交给了广西兴柳食品有限公司；产品销售业务放在了母公司杭州微念品牌管理有限公司。

正是通过这样一个安排，李子柒品牌的生产利润在广西兴柳食品有限公司，销售利润在杭州微念品牌管理有限公司，而在这两家公司，李子柒并没有股份。

2021 年 10 月 28 日，上海证券报发布的题为《子柒文化起诉大股东杭州微念，“李子柒”争夺战或祸起私下约定》的报道称：“2018 年 8 月，李子柒同名天猫店铺正式开业。仅上线 6 天，这家只有 5 款产品的店销售额就突破千万元；2019 年，店铺销售额近 5 亿元。海豚智库发布的数据显示，李子柒品牌 2020 年销售额高达 16 亿元，同比增长逾 200%，其中仅螺蛳粉一项产品，2020 年就为杭州微念贡献了超 3 亿元的利润。”

经过 3 年的公司化模式合作，李子柒终于发现：品牌值钱了，公司赚钱了，股票溢价了，原来都与自己关系不大，甚至没有关系。矛盾终于爆发。这就是网传局的来源。

2.1.2 母子公司架构的优点与缺点

关于“李子柒停更”事件的谁是谁非，我们不做评价。我们谈回股权架构和公司架构。

从股权架构上来说，杭州微念品牌管理有限公司采取了简单的母子公司结构。天眼查网站显示，杭州微念品牌管理有限公司对外投资有 6 家企业，其中 1 家已注销。续存的 5 家子公司中，有 2 家公司是全资子公司，另外 3 家是控股子公司。

母子公司架构是指公司并非通过单一企业组织生产经营，而是通过多层控股的形式设立多个子公司，母公司可以设立子公司，子公司又可以设立其子公司。这种组织形式在结构上形成了金字塔结构，有利于形成资金杠杆和规模效应。此外，各子公司都是独立法人，自主经营，某家公司亏损或者发生想不到的危机不影响其他公司。这样的母子公司架构可以起到均衡和降低投资风险的作用。

在母子公司结构中，母公司与子公司往往也会存在各种各样的关联，存在某种程度的横向或纵向战略。在杭州微念品牌管理有限公司的架构中，四川子柒文化传播有限公司承担了“李子柒”IP 与品牌打造，广西兴柳食品有限公司承担了产品制造与生产，母公司承担了电商运营与产品销售。这 3 家公司都与“李子柒”品牌有关。这种结构一方面有利于专业化的管理，另一方面因为母子公司之间存在控股关系，所以也能取得很好的协同效应。

母子公司结构的缺点是：对于非全资控制的子公司来说，决策层有可能注重母公司整体利益的实现，将拥有子公司少数股份的股东利益放在次要地位，通过决策权与财务支配权，向母公司或全资子公司“输送利润”。例如：现有母公司 A、A 的全资子公司 B、B 与其他公司的合资子公司 C，C 的经营决策权和财务支配权被 A 控制，高价购买 B 的商品，低价向 B 销售商品，实现 C 的利润向 B 转移，整体有利于 A 的合并报表业绩。在同一个框架内，一定程度的“高买低卖”或“低买高卖”都是可以实现的。

杭州微念品牌管理有限公司采用了母子公司架构，很显然，各子公司的经营决策必须服从母公司的战略意图与安排。

一个深受观众喜爱的美女博主将“资本”告上了法庭，美女博主在舆论中占有一定的优势，这不奇怪。但杭州微念品牌管理有限公司的股权架构和公司架构设计是不是一个局，仅从结构本身来分析，我们不能下定论。

杭州微念品牌管理有限公司成立于 2013 年 2 月。也就是说，在与李子柒合作的 3 年前这家公司已经存在了，凭什么李子柒一定要在这家公司中持有股份呢？既然李子柒在这家公司没有股份，那么公司的框架设计与李子柒又有何关系呢？所以，从这个层面来看，说杭州微念品牌管理有限公司的股权架构和公司架构是个局，理由是不充分的，它只能代表少数人的个人观点或者说是猜测，仅此而已。因为在这个架构下，李子柒同样可以实现自己的利益。

杭州微念品牌管理有限公司决定采用怎样的公司架构，与李子柒无关。核心的问题是，“李子柒”品牌归属谁？如果品牌归属确定为四川子柒文化传播有限公司，那么在这个结构中，通过四川子柒文化传播有限公司授权使用品牌的方式合理分配利润也是可以的。余下来的只是利益分配是否公平、合理的问题。

2.1.3 股权设计不是简单的“切西瓜”

很多人不太理解股权设计，以为股权设计就是股份比例分割与控制权的实现，说简单一点，无非是你多一点我少一点，像“切西瓜”这么简单。

这是一个误解。股份比例的划分与控制权的实现虽然很重要，但不是股权设计的全部内容。当然，如果没有实现对公司的实际控制，很多你想要实现的事情最终都难以实现。虽然杭州微念品牌管理有限公司与李子柒股份相差不大，只相差 2%，但这个 2%却决定了谁才是真正的决策者，如果四川子柒文化传播有限公司与杭州微念品牌管理有限公司没有特别的协议条款和章程约定，控制权就掌握在杭州微念品牌管理有限公司手上。

谁是大股东，谁是实际控制人真的那么重要吗？答案是肯定的。在现有的杭州微念品牌管理有限公司架构中，如果李子柒在四川子柒文化传播有限公司中占有控制权的话，这个架构未必能够实现，即使实现，也在很大程度上会朝着更有利于李子柒的方面发展。

双方成立公司，目标是打造“李子柒”IP与品牌形象，第一个问题是解决“李子柒”品牌的归属问题，它归属于哪家公司，是在母公司还是在子公司？品牌归属决定了后期品牌变现的实现方式、途径以及利益分配。例如，生产制造与销售，当然也可以设置为四川子柒文化传播有限公司的子公司。虽然只是在股权关系上调整了一个位置，但其意义却完全不同。

在现有架构上，四川子柒文化传播有限公司首先要服从杭州微念品牌管理有限公司的整体战略，而李子柒要实现品牌价值以及品牌带来的利益，唯一的途径是在变现环节（生产与销售），以品牌授权使用和合作的方式来实现。但问题在于，目前股权架构是杭州微念品牌管理有限公司占股51%，该公司是四川子柒文化传播有限公司的控制者，品牌授权使用的决策权与定价权都不在李子柒手上。从这方面来说，事件又与股权有些关联。

当下，很多网红通过签约MCN公司实现快速变现，这是专业化合作与市场需要。因为MCN公司不仅资金实力雄厚，还拥有专业的人才和丰富的经验，通过全方位的包装、推广、内容分发等一系列服务，往往能够快速地将单一视频创作者包装成网红，实现获利目的。

事实上，顶流网红和IP运营者，只要稍微多学习一点股权结构知识，是完全可以自立门户的。

2.2 企业价值观与股权设计

2.2.1 企业哲学的三大命题

“经营一个企业，你首先要思考这样三个问题：我是谁？去哪里？为了谁？这三个问题是要回答企业的核心价值观、愿景和使命……如果一个企业对这三个问题没有一个正确的答案，或者得不到员工的认同，这个企业将很难取得成功。其他任何组织也不例外”。这是本人拙作《认同感——如何让员工从认同到忠诚》（中国经济出版社2010年出版）第一章第二小节开篇的一段话。谈股权，扯什么企业价值观呢？是不是有点扯得远了？如果你不能充分理解上面这段话的意思，我回头再来聊聊李子柒事件。

2.2.2 是不是局，只有刘同明知道

前文我们已经谈过，杭州微念品牌管理有限公司的公司架构是没有问题的（与李子柒无关），如果李子柒与杭州微念品牌管理有限公司的股权比例是当时双方协议的结果，那也没有任何问题。品牌归属、使用权以及利益分配是否合理？存不存在侵权？这才是核心焦点。我的意思是——这个案件的核心是品牌问题，并不是股权问题。

但在很多人的思想中一定还有一个疑问：为什么李子柒不能在母公司中持有股份？这个问题很深刻，也很尖锐，但是，关于这个问题，只有该公司的控制人才能给你准确的答案。在此，我们可以做一些简单的分析。

李子柒能不能在杭州微念品牌管理有限公司持股是股东会的事情，也可以说是刘同明的事情，因为他是该公司的实际控制人。这个问题的核心是：刘同明认为李子柒这个品牌有多重要？换句话说，李子柒以及李子柒的相关品牌，对杭州微念品牌管理有限公司究竟产生了多大的价值？李子柒的相关品牌对公司是否具有战略性的意义？李子柒的价值与关系有多重要？这是刘同明首先要评估的。

如果刘同明将李子柒看成一个普通的合伙人，与李子柒在品牌方面合作，与李子柒成立一家子公司，你情我愿的也没有什么不妥；如果刘同明认为李子柒是一个战略合作者，愿意与李子柒分享更多成果（分钱），他当然也可以通过股东会将李子柒吸收为母公司的股东。所以，问题归根结底在于刘同明对李子柒品牌价值及她个人价值的

评估，以及在利益分配与处理合作伙伴关系方面，他本人持有怎样的理念与态度。

基于这个深层原因，前文我们提到的杭州微念品牌管理有限公司的架构是不是一个局，只有刘同明自己能回答。他说是就是，他说不是就不是。

2.2.3 中国只有两个企业家

任何人的行为都受自己的价值观支配。在企业文化管理中，我们常说的企业文化的核心是企业价值观。企业哪有什么价值观？企业价值观首先是企业领导人的价值观，所以我们也常听到这么一句话：企业文化的本质是企业家文化。就是这个意思。

有人说，中国只有两个企业家，一个是任正非，一个是曹德旺，其他都是商人，包括李嘉诚。从这句话可以看出，一个企业的领导人要获得社会的一致认同与尊敬是非常困难的。

任正非作为一家企业的创始人，自己持有的公司股份不到1%，其他都是员工的，能这样分配股份的，除了华为没有第二家；能捐出100亿元办一所公办理工科技大学，不以营利为目的的，除了曹德旺，也没有第二人。

当前，国内不少企业都在开曼群岛、巴哈马、维尔京群岛等地注册了公司，之所以在这些地方注册公司，一部分原因是为了在海外上市，另一部分原因可能是因为四个字：避税天堂。

所以，你需要了解的是，每一个企业家，在他们决策的背后（尤其是重大决策）是企业家本身的价值观，这种价值观包括他如何看待和处理人与人之间的关系。

马云曾经说过一句名言，“让天下没有难做的生意”。但当他决策要做社区团购的时候，他的目的是“让天下没有难做的生意”吗？

2.3 为什么要提前规划公司架构

2.3.1 公司架构是股权设计的重要内容

通过对“李子柒停更事件”的简要分析，我们知道公司的股权设计不仅仅是一个股份分配与控制权把握的问题，同时还有一个重要的内容是公司架构。

股份分配与控制权把握解决的是某家独立公司、公司股东之间的股份、股权问题。公司架构解决的是某个老板（企业），如果要组建两家以上的不同公司（或企业、其他商业组织），这些公司与公司之间的资本结构、业务范围、运营管理、资源配置等如何才能做到更好地协同及控制的问题。

当你决定组建一家公司的时候，实际上，你一定有一个目标，即这家公司你想要如何发展。因为，随着公司的不断发展，公司股权结构与公司架构在不断地变化。这就好比你要建两座房子，一座3层楼与一座10层楼，前期的基础设计、框架设计都会有所不同，必须提前做好规划，否则推倒重来，会产生非常大的浪费。甚至在实践中也会有一些不可逆的事项，一旦做错了，可能需要付出很大的代价。我们先看一个例子。

2.3.2 红星美凯龙痛苦的“乾坤大挪移”

据东宁市人民政府网发布的文章称：[红星美凯龙（家居）集团股份有限公司（简称“红星美凯龙”）是国内经营面积最大、商场数量最多的一家全国性家居装饰及家具商场运营商。] 2015年6月26日，红星美凯龙于香港联合交易所有限公司（简称“港交所”）主板挂牌上市。2018年1月17日，红星美凯龙于上海证券交易所主板挂牌上市，成为中国家居零售行业“A+H”第一股。

2018年1月2日，红星美凯龙发布的招股说明书中有这样一段文字：

公司为突出主营业务，于2011年10月28日召开2011年第五次临时股东大会，于2012年10月31日召开2012年第五次临时股东大会，于2013年12月30日召开2013年第七次临时股东大会，决定向同一控制下的关联方及无关联关系的第三方转让附带房地产开发的业务公司，并回购被转让公司的家居商场资产。

这段文字很短，但我们从时间跨度上可以看到，红星美凯龙为了剥离房地产业务，上市之路也可谓是异常坎坷，费尽周折。为了上市需要，用了整整4年的时间做架构调整，苦心剥离房地产业务又重新回购家居业务资产。

因中国房地产宏观调控加码，国家明文规定，自2011年开始，不允许房地产企业在A股上市，甚至不允许非房地产行业但有少许涉及房地产业务的公司在A股上市。但是当时，红星美凯龙主要业务板块为家居商场资产和房地产资产，旗下20多家公司的股权结构与业务板块交错复杂。

红星美凯龙在这次“乾坤大挪移”中，大致经历了以下几个过程：

（1）红星美凯龙向红星美凯龙控股集团有限公司（简称“红星控股”）平价转让其持有的重庆远洋红星企业发展有限公司（简称“红星企发”）51%的股权；

（2）红星美凯龙将持有的10家房地产公司股权与红星企发子公司上海星凯众程企业发展有限公司（简称“星凯众程”）进行股权置换；

（3）红星美凯龙分别与红星企发、星凯众程等公司签订股权转让协议，以账面投资成本价转让其持有的拥有房地产开发业务的公司或与红星美凯龙的主营业务无关的12家公司的股权；

（4）红星美凯龙回购被转让公司所持有的家居商场资产。

剥离房地产业务，回购被转让公司所持有的家居商场资产，搞几次平价转让不就完成了吗？为什么需要4年的时间，如此大费周章呢？

事情没有你想象的这么简单。根据《中华人民共和国企业所得税法》（简称《企业所得税法》）第四十一条的规定：“企业与其关联方之间的业务往来，不符合独立交易原则而减少企业或者其关联方应纳税收入或者所得额的，税务机关有权按照合理方法调整。”即如果红星美凯龙平价（转让价低于房地产公司的公允价值）转让房地产公司股权给兄弟公司，税务机关有权对其征收企业所得税，粗略估计，若以此方法进行转让，则面临的税负成本将高达数亿元。但通过上述（1）、（2）两点的操作方式，根据财税〔2009〕59号文和国家税务总局〔2010〕4号公告的规定，上述股权置换可以被税务机关认定为特殊重组，进而享受递延纳税的税收优惠。

如图2-2所示，红星美凯龙最初的公司架构是将地产业务与家居业务统统放在红星美凯龙旗下，所以才导致了长达4年的调整。事实上，如果最初在不同的业务板块上面架设不同的管理（控股）公司（家居、地产），便可以直接用家居管理（控股）公司上市，4年的重组烦恼就不复存在了。

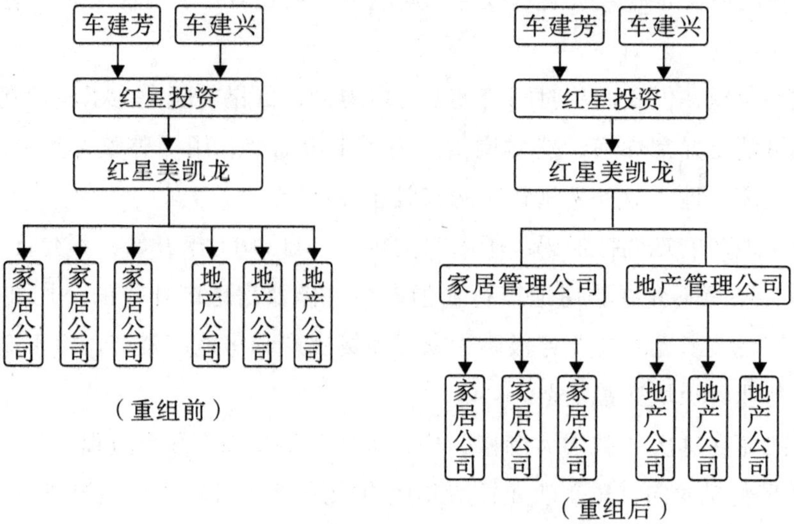

图 2-2　红星美凯龙重组前后公司架构对比

2.4 了解控股公司架构

2.4.1 什么是控股公司架构

前面，在红星美凯龙案例中，我们已经引出了一个概念——控股公司架构，如图2-3所示。下面我们接着谈什么是控股公司架构，以及控股公司架构有什么优点和缺点。

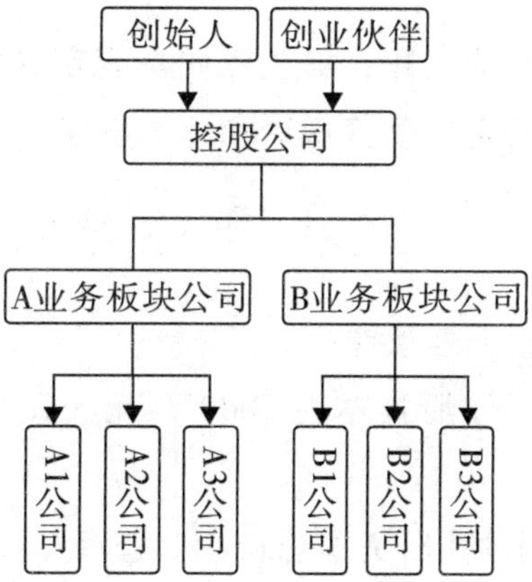

图 2-3 控股公司架构

简单地说，控股公司架构指的是公司创始人及其创业伙伴设立控股公司，控股公司再设立一个或多个业务板块，每个业务板块再管理公司投资的多家实体公司。典型的控股公司架构有华润（集团）有限公司架构等。

2.4.2 控股公司是不是企业集团

控股公司是不是集团公司？是不是企业集团？这是很多人容易搞错的一个概念。因为很多控股公司也叫“××集团公司”。

首先，在《公司法》里没有“集团公司”这个名词，只有“有限责任公司”和“股份有限公司”两种形式，一人有限责任公司与国有独资企业都属于“有限责任公司”。

其次，要明白“集团公司”与“企业集团”是两个不同的概念。有的公司叫“××

集团有限责任公司"，就不是企业集团，而是有限责任公司。例如华润（集团）有限公司旗下有华润医药集团有限公司，华润医药集团有限公司旗下还有北京医药集团有限责任公司。华润医药集团有限公司、北京医药集团有限责任公司都是有限责任公司，不是企业集团，只有华润集团是企业集团（实质性集团）。

什么是企业集团，《企业集团登记管理暂行规定》有一个明确的定义：

企业集团是指以资本为主要联结纽带的母子公司为主体，以集团章程为共同行为规范的母公司、子公司、参股公司及其他成员企业或机构共同组成的具有一定规模的企业法人联合体。企业集团不具有企业法人资格。

在这个定义中有两个重要概念："企业法人联合体""不具有企业法人资格"。同时，《企业集团登记管理暂行规定》还规定了企业集团"必须登记"和"应具备条件"：

第二条在中国境内组建企业集团，应当依照本规定办理登记。未经登记不得以企业集团名义从事活动。国家工商行政管理局和地方各级工商行政管理局是企业集团的登记主管机关。

……

第五条企业集团应当具备下列条件：

（一）企业集团的母公司注册资本在 5000 万元人民币以上，并至少拥有 5 家子公司；

（二）母公司和其子公司的注册资本总和在 1 亿元人民币以上；

（三）集团成员单位均具有法人资格。

国家试点企业集团还应符合国务院确定的试点企业集团条件。

《企业集团登记管理暂行规定》是 1998 年国家工商行政管理局制定的一个规定文件（工商企字〔1998〕第 59 号）。随着社会的不断发展，企业集团的实际作用在弱化，不必深究。

如果你实在是喜欢"集团公司"这几个字，不妨也可以取个"××集团有限责任公司"的名字（有的地方工商部门可能对集团公司的注册资金有要求），但是你仍然是有限责任公司。实际上，你要做的是认真学习好股权知识，认真经营好自己的企业——公司做大了，你不是"集团"也是"集团"；相反，你取个"集团"名字也不是"集团"。马云是富豪，穿件 T 恤还是富豪，人们说他低调；你不是富豪，戴个狗链粗的金项链仍然不是富豪，人们说你土鳖。

2.4.3 控股公司架构的优点

控股公司架构是一个典型的金字塔形架构，通过多层级、多链条的结构，创始人与创业伙伴持股控股公司，再由控股公司持股主体运营公司或拟上市公司，这种结构有以下三个优点：

第一，发挥股权杠杆作用。

控股公司的股东可以仅使用少量的自有资金控制大量的外部资金。金字塔的链条越长，杠杆作用越大。

第二，在企业分红时，缓缴和少缴个人所得税。

缓缴与少缴个人所得税是针对自然人直接持股运营公司而言的。“居民企业间免征企业所得税”是国际通用做法，其原理是运营公司已经缴纳了企业所得税，避免重复收税。

依据《企业所得税法》第二十六条规定：“符合条件的居民企业之间的股息、红利等权益性投资收益，为免税收入。”

《中华人民共和国企业所得税法实施条例》第八十三条规定：“企业所得税法第二十六条第（二）项所称符合条件的居民企业之间的股息、红利等权益性投资收益，是指居民企业直接投资于其他居民企业取得的投资收益。企业所得税第二十六条第（二）项和第（三）项所称股息、红利等权益性投资收益，不包括连续持有居民企业公开发行并上市流通的股票不足 12 个月取得的投资收益。”

需要特别注意的是，“居民企业之间”并不包括独资企业、合伙企业、非居民企业，因为个人独资企业、合伙企业不适用《企业所得税法》，而是适用《中华人民共和国个人所得税法》（简称《个人所得税法》）。

通俗一点可以这样理解：子公司缴了企业所得税，分红到母公司，母公司不再缴企业所得税；子公司没缴企业所得税，分红到母公司，母公司就要缴企业所得税。

设计企业架构有一个重要的原则，就是尽量做到合理节税。从图 2-4 中可以看出，通过控股公司的结构，子公司赚钱了，分红到控股公司，控股公司不用重复缴纳企业所得税。分红到控股公司时，可以暂时不缴个人所得税。公司赚钱了，钱放在控股公司，再以控股公司的名义去投资其他项目，这部分投资收益又会回到控股公司，同时节省了个人所得税。不过你要把钱从控股公司转回到个人名下，仍然需要缴纳 20%的个人所得税。

如果你不是用控股公司持股，而是用自然人持股，那么管理公司赚钱了，分红给

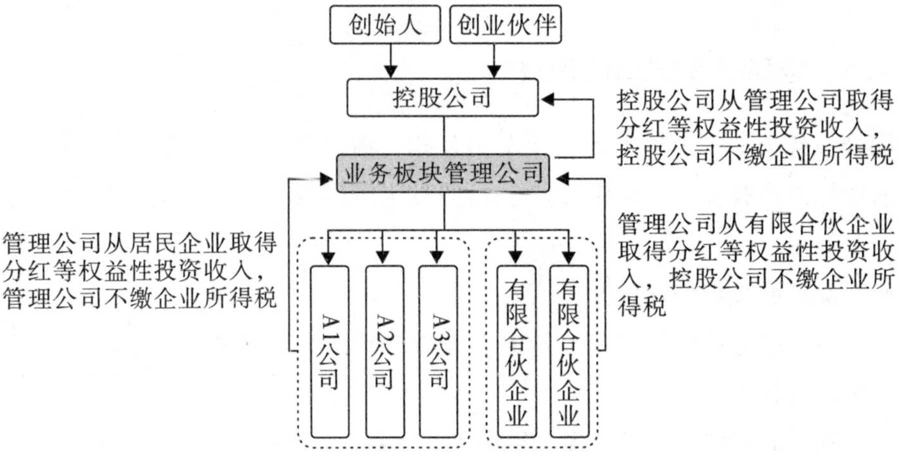

图 2-4　居民企业之间免征企业所得税

你，则马上要缴个人所得税。假设管理公司赚了 1000 万元，分红给你，你只能进账 800 万元（20%的个人所得税），然后你又投资了一个项目，用了 500 万元，你还有 300 万元。

如果是控股公司持股管理公司，管理公司赚了 1000 万元，你直接拿 500 万元用于投资，控股公司账上还有 500 万元。万一你要把钱分到自己银行卡上，你缴 20%的个人所得税，可以得到 400 万元，你就多了 100 万元。如果 1000 万元全部以控股公司的名义去投资，则不用缴一分钱个人所得税。

第三，在进行债权融资时比较方便。

在金字塔链条中，控股公司可以合并其他的上市公司报表及其他产业报表，大部分情况下控股公司的资金实力强于名下的上市公司，受到银行认可的程度较高，控股公司可以在上市公司向银行借款、发债的过程中提供相应的担保，提高信用等级，降低融资成本。

2.4.4　控股公司架构的缺点

在控股公司持股架构中，由控股公司持有子公司的股权，法人股在转让股权时需要缴 25%的企业所得税，然后分到个人名下，个人要缴 20%的个人所得税。这个税赋是比较高的。因此，这种结构不适合短期持有并有明确套现目的的投资人。从套现节税方面来考虑，个人持股和有限合伙持股会更好一点。如果想长期持有，通过控股公司持股则是更好的选择。此外，与有限合伙架构相比，控股公司的架构缺乏灵活性，退出与进入的程序相对繁杂，因此对于需要灵活进出的员工持股平台，此处建议采用有限合伙架构。

既想套现，在转让股权时节税，又想长期持有，做长期投资，在分红时节税，该怎么办呢？答案请参考“1.6.6 合理设计动态股权”的图 1-7 海底捞早期的股权结构。

2.5 自然人股东架构分析

2.5.1 有限责任与无限责任

在中国境内，经营性质的商业组织大概有这么几种：个人独资企业、有限责任公司、股份有限公司、合伙企业和个体工商户。我们在前面第一章已经谈过一些基本的概念。

个人独资企业、合伙企业的 GP，法律上给他们定义的责任是“无限责任”。很多人看到“无限责任”这几个字就害怕了。事实上，在这两种类型的企业中，所有的权利都在你自己手上，只要你不违法犯罪，稍微有点风险意识，也就没有什么大风险。这两类企业通常也不用于业务运营，只是用于持股、投资，实际风险仍然是可控的。一张纸（营业执照）锁在书柜里，风险从何而来呢？

个人独资企业有一个最大的好处是改变注册地比较容易。比如 2010 年新疆霍尔果斯推出“五年全免，再减五年”的优惠政策后，引入了数万家企业，仅影视公司就有 2000 多家，这些影视公司很大一部分都是个人独资企业。这么多明星大咖为什么要把企业弄到霍尔果斯呢，只有一个原因——避税。

为了更好地规避风险，有人认为，设计双层或多层的有限责任公司架构从规避风险上来说多了一层屏障。例如 B 有限公司认缴 1 亿元，A 有限公司 100%持股 B 公司，A 有限公司实缴资金与注册资金为 100 万元，当 B 公司欠款 5000 万元，责任追溯到 A 公司时，A 公司大不了破产清算，风险不会追溯到个人。依据《公司法》的规定，股东仅对以其认缴的出资额承担有限责任，道理是这么回事，但不是绝对。

假设 B 公司没有实缴，欠了银行 5000 万元，法人股东（A 公司）一句“我破产了”，真的就万事大吉了，你觉得可能吗？

股东的认缴不是不缴，股东有实缴义务，并对认缴的资金承担责任。没有实缴，法院首先会判定“股东出资加速到期”，不到期再执行 A 公司所有资产。“掏光”A 公司后，没钱了，还要具体案情具体分析，如果是简单的债务问题还好说，但如果涉嫌刑事犯罪，例如骗取贷款、非法集资等，公司法人、实际负责人一个都逃不了。此外，认缴未（不）缴，不履行出资义务本身就是违法的，如果数额巨大，也可能判定为“虚假出资、抽逃出资罪”（“未交付货币”也算）。《中华人民共和国刑法》（简称

《刑法》）里还有一条“虚报注册资本罪”。涉嫌刑事犯罪抓谁呢，先抓法定代表人，再依据情形看要不要抓公司的实际负责人。注册资本1亿元的一人有限责任公司，谁会做你的法定代表人呢？除了你老婆和儿子之外，大概不会有其他人。抓你老婆、儿子，还是抓你自己，你任选一个。

《刑法》第一百五十九条规定：“【虚假出资、抽逃出资罪】公司发起人、股东违反公司法的规定未交付货币、实物或者未转移财产权，虚假出资，或者在公司成立后又抽逃其出资，数额巨大、后果严重或者有其他严重情节的，处五年以下有期徒刑或者拘役，并处或者单处虚假出资金额或者抽逃出资金额百分之二以上百分之十以下罚金。

单位犯前款罪的，对单位判处罚金，并对其直接负责的主管人员和其他直接责任人员，处五年以下有期徒刑或者拘役。”

《刑法》第一百七十五条之一规定：“【骗取贷款、票据承兑、金融票证罪】以欺骗手段取得银行或者其他金融机构贷款、票据承兑、信用证、保函等，给银行或者其他金融机构造成重大损失的，处三年以下有期徒刑或者拘役，并处或者单处罚金；给银行或者其他金融机构造成特别重大损失或者有其他特别严重情节的，处三年以上七年以下有期徒刑，并处罚金。

单位犯前款罪的，对单位判处罚金，并对其直接负责的主管人员和其他直接责任人员，依照前款的规定处罚。”

当然，在实际中，无论是贷款还是采购，一个皮包公司根本没有机会做到这么大的金额贷款或赊账采购。人家没有这么笨，你以为写认缴1亿元就有银行贷款5000万元给你吗？

2.5.2 用有限责任规避无限责任风险

在合伙企业中，GP可以凭借1%的股份享受100%的决策权。有人总觉得自己很聪明，投资个10万元进去，可以搞个1000万元的合伙企业，然后再投资一家有限责任公司，占股51%，1000万元又变成了2000万元。合伙企业中GP要承担无限责任，“我就弄个有限责任公司做GP，问题不就解决了吗？”因为有限责任公司承担有限责任，有限责任公司的GP也就只需要承担有限责任了。

理论上是对的。但是，你不是马云，没有非常好的项目与资源根本弄不到1000万元的投资进来。这是理论与实践的区别。我明天给你10万元，你把它变出1000万元来，有这么简单吗？

你自以为掌握了合伙企业的核心，殊不知有一个更大的陷阱在等着你。

合伙企业成立了，在有限责任公司做 GP 的愿望也实现了，甚至合伙企业也赚钱了，一切的一切都很美好。但当合伙企业取得第一笔收益时，你突然发现，在有限责任公司做 GP，你需要先缴 25%的企业所得税，然后再缴 20%的个人所得税。

如图 2-5 所示，合伙企业 B 从有限责任公司 C 获得分红收入 100 万元，合伙企业 B 不用缴企业所得税，因为合伙企业没有企业所得税，只缴个人所得税。分红到合伙企业 B，合伙人 C 占有 50%的股份，在 100 万元的分红中，有 50 万元是他的，缴完 20%的个人所得税，只剩 40 万元可以装入自己的口袋。

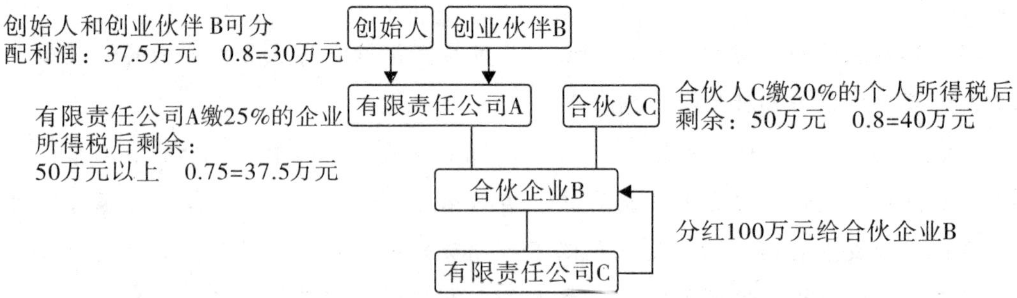

图 2-5　合伙企业中自然人、合伙人与公司合伙人所得税

但是，重点来了，有限责任公司 A 是不是和合伙人 C 一样呢？不是，A 是法人、公司，公司取得收益要缴的不是个人所得税，而是企业所得税，所以有限责任公司 A 要先缴 25%的企业所得税。缴完税，剩余 37.5 万元，这 37.5 万元才是创始人与创业伙伴 B 的税前利润。想拿走，必须先缴 20%的个人所得税再按股份比例自行分配。

不是“居民企业之间”分红免征企业所得税吗？没错，但合伙企业不是公司，《公司法》不管合伙企业，《企业所得税法》也不适用于合伙企业，合伙企业根本没有企业所得税。你明白了吗？

2.5.3　自然人做股东有什么好处

经常听到一些讲股权方面课程的老师提醒：不能用身份证注册公司。甚至有的老师像突然发现了新大陆一样激动，反复强调：千万不要用身份证注册公司！要弄个持股公司，搞个“X 架构”，这样一方面可以规避很多风险，另一方面可以节税。

有关公司的风险、责任，我们前面已经谈过一些基础内容。公司风险概括来说只有两个：一是经济违约、债务风险；二是涉嫌犯罪，刑事风险。公司规避风险最好的措施是守法经营。你若犯罪，在公司上面再架 10 个公司也没有用。这句话不需要论证，要用反向思维：如果多办几本营业执照就可以诈骗、非法集资、洗钱、偷税，为所欲为，世界不就乱套了吗？

至于债务风险，《公司法》第三条写得明明白白：“有限责任公司的股东以其认缴的出资额为限对公司承担责任；股份有限公司的股东以其认购的股份为限对公司承担责任。”很明确，有限责任公司与股份有限公司承担的都是有限责任。如果法律都不能相信，你还能相信什么？

所以，用身份证注册公司，直接持股，不是能不能的问题，而是在什么条件下用身份证注册公司，什么条件下用控股公司架构的问题。要具体情况具体分析，讲清楚。

查阅一下目前的上市公司、拟上市公司，或者是那些知名企业，以自然人注册公司持股的一大把，例如我们前面提到过的海底捞不也是四个创始人以自然人名义持股的吗？还有佳讯飞鸿、曲美家居、东鹏饮料、美宜佳等，数不胜数。用身份证注册公司怎么突然就不行了呢？

事实上，以自然人身份注册公司是最常见的一种方式。我们在“2.4.3 控股公司架构的优点”中谈到，在分红时缴纳个人所得税，控股公司架构比自然人架构更有利，因为企业分红时，控股公司架构可以缓缴和少缴个人所得税。

在分红时应缴纳的个人所得税方面，也有两种例外情况：一是当你是上市公司自然人股东（持有非限售股）时，二是当你是外籍自然人股东时，这两种情况是可以免税的。如果你正好是这两种人，用自然人身份持股是最好的选择。根据财政部、税务总局、证监会公告 2019 年第 78 号规定：“个人持有挂牌公司的股票，持股期限超过 1 年的，对股息红利所得暂免征收个人所得税。”

股东收益，有两种最重要的形式：一是分红，二是股权转让。通常来说，分红是准备做“长线”的，而转让是准备做“短线”的。很多公司在一次又一次的股权融资中（实际上股东也在一次又一次地通过资本溢价与增值），以转让、减持的方式进行套现，但在分红与转让时，控股架构与自然人架构的税收优惠正好相反。

公司转让，如果股东是自然人，直接缴 20%的个人所得税就可以了，但如果中间有一家持股公司，反而要多一层：缴 25%的企业所得税。（根据《企业所得税法》第四条规定）

如图 2-6 所示，自然人股东甲、乙设立有限公司 A，A 公司与自然人股东丙分别投资 100 万元，设立了有限公司 B，注册资金 200 万元，各占 50%的股份。第二年，公司发展良好，估值 1000 万元，双方决定各转出 10%的股份（10%的股份，相当于当初双方投资成本 20 万元）给第三方投资人，转让价格为 100 万元。

股东丙在转让过程中赚了 80 万元，依据《个人所得税法》需要缴纳个人所得税 20%，即纳税 16 万元，丙最后可以拿到 64 万元。但股东甲和乙不一样，他们必须先缴一次企业所得税，再缴 20% 的个人所得税，甲、乙合计能拿回的是 64 万元。白白“损失”了 20 万元，就是因为中间多了一张纸（营业执照）。

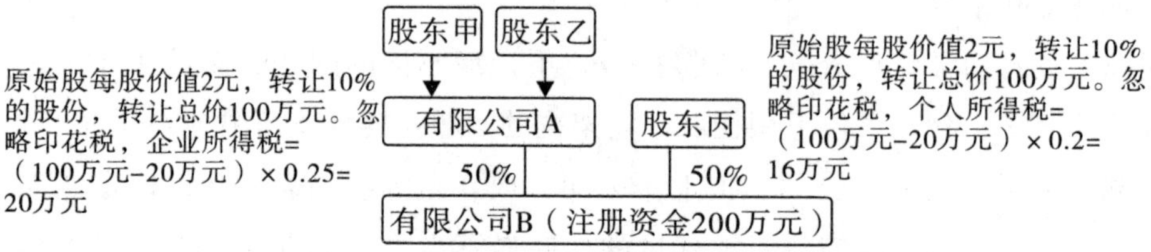

图 2–6 自然人股权转让与法人股权转让纳税

仅从这个转让的例子来看，动不动就说不要用自然人股东的身份去注册公司，一定要用公司身份去持股另一家公司，这显然是不对的（法人股东在转让股权时要多缴 25% 的企业所得税），所以一定要具体情况具体分析。

以下三种情况，从节税角度来说，用自然人股东的身份注册公司是最好的选择：

- 外籍人士；
- 拟上市公司或上市公司；
- 有资本运作打算，计划融资套现。

除此之外，对于一个刚刚创业的人来说，创业初期对商业模式还不成熟，股东架构不稳定，几个小伙伴搞家小公司，公司能不能生存都不知道。好家伙，4 个人开一家小公司，弄了 9 本营业执照回来，你不觉得有点搞笑吗？（按三层架构，每个股东注册了 3 家公司，4 个股东共持 9 本营业执照）。因此，创业初期用身份证注册公司还是比较合适的，要先把精力放在公司运营上，做到使公司能够生存下去，实现赢利，逐步来，适时而变是没有问题的。

当然，对于一开始就有长远打算，想将公司做成家族传承企业，用公司身份来持股则会更好一些，因为在分红和再投资时可以起到节税作用，而这两种做法都具有长期性。

2.5.4 被你忽略的“隐形大股东”

谈到这里，你慢慢会发现，我们在讲股权时，经常会讲到税务问题。

没错！这个问题一直被你忽略了，在你的意识中，你一直以为缴税是一件小事情，交给公司的会计做就好了。但事实上，你那个 5000 元请来的会计，只能傻傻地为你做点记账工作，有关资本运作、税务筹划、公司架构、组织流程等，他是无法统揽全局的，而这些具有战略意义的筹划，都与税务有关。

公司销售产品或服务，要缴增值税；公司赚钱了，要缴企业所得税；老板分红拿点钱回家，要缴个人所得税。还有营业税、城市维护建设税、教育费附加、印花税等。实际上，每家公司背后都有一个“隐形大股东”——税务局。这个股东一直被你忽略了，没被你当回事。我们只算几个大税种：增值税 3%～13%；企业所得税 25%；个人所得税（分红）20%。最后，你把公司卖掉，对不起，转让股权你还要缴一次 20% 的个人所得税。

当然，依法纳税是每家公司、每个公民应尽的义务。我想说的是：任何一个老板都要有一点税务知识，国家给了我们很多优惠政策，要去了解，合理利用。要懂一些基本知识，尤其是与税务、股权、公司架构有关的，这是战略，是顶层设计。这件事情你的会计做不了。

目前，很多老板在这方面没有很强的意识，为什么？因为我们在规范经营和法治方面还有待进步。所以很多老板，不需要分红，不需要转让，公司账上也没几元钱利润，但荷包还是鼓鼓的。随着“以数治税”时代的来临，你终将发现，你的老一套已经行不通了，且风险巨大。

2.6 合伙企业架构分析

2.6.1 合伙企业的来由

在中世纪，欧洲“教会法”非常仇视商业投机和资本放贷。彼时（10 世纪末至 11 世纪）地中海地区的海上贸易蓬勃发展，空前繁荣，威尼斯已经有了属于自己的远洋舰队。

有钱的商人不愿意出海，冒险的船主又缺钱。于是，康曼达契约应时而生。

有钱的商人将商品、金钱、船舶等转交行商经营，从事航行的人可以获得 25%的利润，并对外承担无限责任，提供资金的商人仅以其出资为限承担风险责任，可分得 75%的利润。这是一种并不公平的交易，出海者随时都有生命危险，但资金非常短缺，无奈之下只好合作。

起初的康曼达契约是临时的，只用于一次航行，通常是来回航行于中东、非洲或西班牙之间，后来慢慢地演变成一种定期或不定期的关系。

15 世纪之后，康曼达契约开始从海上交易转到了陆地，演变为法国的两合公司：资本家与企业家对外承担权利义务，一方责任是有限的，另一方责任是无限的。这是最早的有限合伙制度。

1673 年《法国商事条例》首次承认了两合公司的合法性，并于 1807 年的《法国商法典》中再次提及和确认。之后，这种两合公司的形式随同法国探险者和殖民者传入美国，逐渐形成英国、美国、法国的有限合伙制度。

从 20 世纪 20 年代开始，在美国，专业服务机构的主要组织形式为普通合伙制度，即合伙企业财产不足以清偿债务时，全体合伙人必须依法承担连带责任。在这种制度下，很多无辜的合伙人不得不以个人财产代人受过。直到 1991 年，得克萨斯州出台了美国第一部《有限责任合伙法》，之后在全美普及。

1997 年，《中华人民共和国合伙企业法》（简称《合伙企业法》）正式出台，于 2006 年 8 月 27 日第十届全国人民代表大会常务委员会第二十三次会议修订通过，自 2007 年 6 月 1 日起施行。

2.6.2 合伙企业的重要特征

依据现行《合伙企业法》，合伙企业有普通合伙企业和有限合伙企业两大类，而普通合伙企业又分为一般普通合伙企业和特殊普通合伙企业。

合伙企业名称中不会出现“公司”字样，名称应标明“普通合伙”“特殊普通合伙”或“有限合伙”字样。合伙企业的合伙人也有人数限制，一般为 2 ～ 50 人。

普通合伙企业需要承担无限责任，在实践中，一般会选择有限合伙的形式。在有限合伙企业中，有两种身份：一种是普通合伙人，需要承担无限责任；另一种是有限合伙人，只承担有限责任。有限合伙企业至少应当有一个普通合伙人，代表有限合伙企业执行事务的，只能是普通合伙人。

《合伙企业法》第六十七条规定：“有限合伙企业由普通合伙人执行合伙事务。执行事务合伙人可以要求在合伙协议中确定执行事务的报酬及报酬提取方式。”

《合伙企业法》第六十八条又规定：“有限合伙人不执行合伙事务，不得对外代表有限合伙企业。”

从上述条款可见，合伙企业的执行事务者不是选举产生的，而是法定的普通合伙人。

《合伙企业法》允许普通合伙人以劳务出资，但依据《合伙企业法》第六十四条的规定，有限合伙人不得以劳务出资。合伙人以劳务出资的，其评估办法由全体合伙人协商确定，并在合伙协议中载明。

合伙企业没有章程，主要管理手段、争议解决最重要的依据就是合伙协议、《合伙企业法》和相关的法律法规。合伙协议必须经过全体合伙人签名、盖章。

如果协议没有明确的表决程序条款，合伙企业实行合伙人一人一票并经全体合伙人过半数通过的表决办法。这一条与有限责任公司的表决权是不一样的。

合伙企业的利润分配、亏损分担，按照合伙协议的约定办理。合伙协议未约定或者约定不明确的，由合伙人协商决定；协商不成的，由合伙人按照实缴出资比例分配、分担，无法确定出资比例的，由合伙人平均分配、分担。

《合伙企业法》第十八条规定：

“合伙协议应当载明下列事项：

（一）合伙企业的名称和主要经营场所的地点；

（二）合伙目的和合伙经营范围；

（三）合伙人的姓名或者名称、住所；

（四）合伙人的出资方式、数额和缴付期限；

（五）利润分配、亏损分担方式；

（六）合伙事务的执行；

（七）入伙与退伙；

（八）争议解决办法；

（九）合伙企业的解散与清算；

（十）违约责任。”

《合伙企业法》第六十三条规定：

“合伙协议除符合本法第十八条的规定外，还应当载明下列事项：

（一）普通合伙人和有限合伙人的姓名或者名称、住所；

（二）执行事务合伙人应具备的条件和选择程序；

（三）执行事务合伙人权限与违约处理办法；

（四）执行事务合伙人的除名条件和更换程序；

（五）有限合伙人入伙、退伙的条件、程序以及相关责任；

（六）有限合伙人和普通合伙人相互转变程序。”

2.6.3 合伙企业的主流实践

有限合伙企业目前应用得较多的是员工的持股平台。例如，前面我们已经介绍过的绿地集团的混改，上海格林兰投资企业（有限合伙）就是员工的持股平台。格林兰的神来之笔是在上海格林兰投资企业（有限合伙）里嵌套了32个合伙企业。

通过有限合伙企业来持股公司有两个最大的好处：一是如果内部激励对象较多，这些员工都是自然人股东，股权表决权过于分散，管理起来比较麻烦，把内部员工全部装进合伙企业，GP就控制了表决权；二是持股员工在合伙企业持股，退出与进入非常灵活。

此前，也有些企业以有限责任公司的形式搭建员工持股平台，但后来发现**用有限责任公司搭建持股平台有一个最大的问题就是减持转让时有两道税，企业所得税、个人所得税一个都不能少**。（参见图2-6 自然人股权转让与法人股权转让纳税。）

杭州海康威视数字技术股份有限公司（简称“海康威视”）于2001年11月成立，注册资本为500万元，股东龚虹嘉出资245万元，占股49%。2004年1月，海康威视股东会做出决议，对公司的49名高级管理人员实施期权激励政策。如果公司将来达到预定的业绩目标，龚虹嘉承诺将按成本价向49名高管转让公司15%的股份。

2007年，海康威视业绩达到预期目标，当年11月，龚虹嘉如约将15%的股权以75万元的价格过户给杭州威讯投资管理有限公司［员工持股平台，现更名为“杭州威讯股权投资合伙企业（有限合伙）”（简称“威讯公司”）］。

2010年5月，海康威视在中小板上市。上市后，海康威视的股价一路狂飙，仅用3年时间便成为深圳证券交易所（简称“深交所”）中小板的市值王。

2011年6月，作为员工持股平台的杭州威讯投资管理有限公司迁往新疆乌鲁木齐，并变更为新疆威讯投资管理有限合伙企业。

海康威视为什么不让49名高管直接持股，而要千里迢迢地将杭州威讯投资管理有限公司迁往新疆乌鲁木齐，并变更为有限合伙企业？

我们前面讲过，对于上市公司来说，以自然人身份直接持股是最好的方式，因为分红时可以免缴个人所得税，转让时仅缴个人所得税20%；同时，员工有表决权，股票解禁后想卖就卖，不受干扰。

但是从公司的角度来考虑，这么多自然人持股，而且都有表决权，就会造成管理上的问题，比如员工流动、减持套现等情况会导致频繁的工商变更，程序非常麻烦。此外，控制权过于分散也不利于公司治理。

所以，海康威视很快否决了以自然人身份持股的方案，决定成立威讯公司（有限责任公司）作为持股平台，激励员工间接持股。

一切都在按计划进行。从2007到2011年5月前，所有人都觉得没有什么不妥。2011年5月，限售股解禁，高管们内心充满了激动与喜悦，因为马上可以减持套现了。但是很快，所有人都被税收的阴云笼罩了。

因为套现的路径是，威讯公司先把股票卖掉，然后再把卖股票的钱分给高管们。按照这个路径，威讯公司转让股票收入需要缴纳25%的企业所得税，再把钱给高管，高管还要按股息、红利所得再缴纳20%的个人所得税，两道税交下来，合计税负率达到40%，怎么高兴得起来呢？

正是在这样的背景下，威讯公司迁往新疆乌鲁木齐并变更为有限合伙企业。在有限合伙企业里，没有企业所得税，只有个人所得税。当时，新疆自然人合伙人适应税率是20%（按新政办发〔2010〕187号文件的规定），但纳税后，当地政府还有一个返税政策，地方留存部分按60%～80%返还。

海康威视2012年4月27日至2013年7月5日的《关于公司股东减持股份的提示

性公告》显示，自2011年8月18日至2013年7月5日，高管们通过威讯有限合伙企业共减持6261万股，套现24.61亿元（2007年行权时的总受让价是75万元）。如果不改变公司形式，缴25%的企业所得税大约是6.15亿元。

有必要备注一个小问题：正常来说，有限公司是没办法变更为合伙企业的，要先清算（根据财税〔2009〕59号文件第四条第一款的规定，清算也要缴税）再去成立新公司。威讯公司之所以实现了变更，是因为一个特殊的政策规定，根据《新疆维吾尔自治区工商行政管理局关于有限责任公司变更为合伙企业的指导意见》（新工商企登〔2010〕172号）的规定，符合条件的有限公司可以直接变更为合伙企业。在此，我还要强调一次，在股权设计中，有些设计具有不可逆性。如果不是正好有这个地方性政策，威讯公司想要变更为有限合伙企业是非常麻烦的。

还要注意的一点是，一些地方性的法规可能因各种原因被废止。例如新政办发〔2010〕187号文件已于2018年废止。

在“1.4.3 有限合伙：杠杆‘无限大’”中，我们简单地介绍过蚂蚁科技的案例，简要解析了马云如何利用有限合伙企业，以区区3010万元控制了一家估值万亿元的金融公司。接下来，我们再做一点深度分析。

如图2-7所示，在蚂蚁科技的股东名单中并没有马云的名字，他是如何实现对公司的控制，这个问题我们前面已经谈过了。君瀚有限合伙、君澳有限合伙加起来的股份是76.42%，而行使表决权的都是云铂投资。马云只要控制了云铂投资就控制了蚂蚁科技。

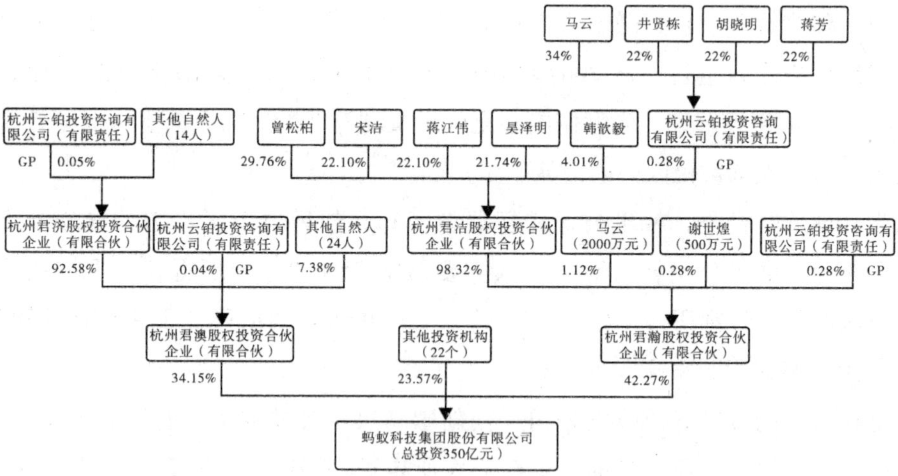

图2-7　蚂蚁科技的股权架构

云铂投资以前是马云的一人有限责任公司，后来变更为有限责任公司，变更后，云铂投资有4名股东，马云占股34%，是大股东。4个自然人掌控了一家估值万亿元的金融公司，想想你都觉得很恐怖。现在有三个问题：

第一，2020 年，马云为什么要将一人有限责任公司变更为有限责任公司？

第二，除了在图 2-7 中的君瀚有限合伙、君澳有限合伙外，还有两家合伙企业：杭州君洁股权投资合伙企业（有限合伙）（简称“君洁有限合伙”）和杭州君济股权投资合伙企业（有限合伙）（简称“君济有限合伙”）），为什么要弄这么多个合伙企业？有什么特殊意义吗？

第三，马云已经掌握了控制权，为什么在君瀚有限合伙的合伙人里，有一个马云的名字？马云为什么要用自然人身份投资 2000 万元？

第一个问题，马云为什么将一人有限责任公司变更为有限责任公司？原因应该比较简单，主要是能更好地回避一人有限责任公司可能发生的连带无限责任，同时分散和降低风险，加强领导团队的力量。云铂投资千名新股东均为阿里巴巴的合伙人，蒋芳曾是马云的学生，也是阿里巴巴的 18 位创始人之一。

第二个问题，为什么要弄这么多合伙企业？每一家公司，其公司架构都不是一天两天搭建完成的，尤其是那些快速成长或在资本市场中非常活跃的企业，在一轮又一轮的融资过程中，股权架构和公司架构都在随之调整和完善。

蚂蚁科技［前身为蚂蚁金融集团股份有限公司（简称“蚂蚁金服”）］成立于 2000 年。2012 年 10 月马云成立了云铂投资，同年 12 月成立了君澳有限合伙。当时云铂投资是马云的一人有限责任公司，君澳有限合伙的其他 24 名自然人股东基本上都是阿里系高管，例如彭蕾、陆兆禧、邵晓锋、吴泳铭、戴珊等。可见，最初成立云铂投资就是为了充当君澳有限合伙的 GP。君澳有限合伙是一个员工持股平台，这是蚂蚁科技的一次以蚂蚁员工为主的员工持股计划。君济有限合伙是 4 年后才成立的，最初君澳有限合伙的合伙人里没有君济有限合伙。

2014 年君瀚有限合伙成立，起初的合伙人里也没有君洁有限合伙。君洁有限合伙、君济有限合伙都是 2016 年 3 月成立的。成立君瀚有限合伙后，马云以自然人身份成了合伙人，这一次是为自己和后期更大范围的融资计划设立的，马云注入了 2000 万元，谢世煌（阿里系高管）出资 500 万元。两家合伙企业架构搭建完成之后，主体控制权架构已经实现，蚂蚁科技开始启动对外融资计划。

2015 年 7 月初，蚂蚁金服对外宣布已完成 A 轮融资，引入了包括全国社保基金、国开金融有限责任公司、中国太平洋人寿保险股份有限公司、新华人寿保险股份有限公司等在内的 8 家战略投资者。按照融资额以及占股比例倒推计算，蚂蚁金服当时的市场估值已经超过 450 亿美元。

2016 年 3 月，成立了君洁有限合伙、君济有限合伙（此时已完成 A 轮融资），之后这两家公司分别成为君澳有限合伙、君瀚有限合伙持股最大的合伙人。这一次大调整，扩大了内部员工持股范围，君济有限合伙的合伙人是 14 名合伙人+云铂投资，君洁有限合伙的合伙人是 5 名合伙人+云铂投资。19 名新合伙人多数为阿里系高管，于是形成了千个合伙企业嵌套式架构。此时内部人员持股全部安排妥当。

2016 年 4 月 26 日，蚂蚁金服对外宣布，公司已完成 B 轮融资，融资额为 45 亿美元。通过本次融资，蚂蚁金服估值超过 600 亿美元。从时间上推断，2016 年 3 月设立君洁有限合伙、君济有限合伙，4 月对外宣布完成 B 轮融资，B 轮融资与第二批内部持股计划应该是同步启动的。

当年绿地集团混改，成立了 33 家合伙企业是因为人数限制，并没有其他更多的深层意义。蚂蚁科技成立多家合伙企业，主要是因为融资对象不同、进入时间不同、融资目的不同，很难将所有人打包进同一家合伙企业（同一家合伙企业使用同一份合伙协议）。所以，就有了现在这个嵌套式的合伙企业架构，实际上也没有什么特殊的意义。

第三个问题有点意思，为什么马云要投资 2000 万元成为君瀚有限合伙的合伙人，而且是以自然人的身份？其实答案也很简单，控制权是表决权，是投票权，是当老大用的，真金白银拿到手上才是硬道理。

2.6.4 有限合伙企业的优缺点分析

有限合伙企业最大的好处是公司决策权与控制权集中，而且这种权力的集中不需要通过控股来实现。拥有 1%的股份，你也可以是大老板，只要你成为 GP 即可。有限合伙企业除了用来做持股平台外，一些由资产管理公司、投资机构发起成立的以投资活动为目的的有限合伙企业也非常普遍。在蚂蚁科技的 22 家投资机构中，大部分是这种有限合伙企业，例如上海麒鸿投资中心（有限合伙）、北京中邮投资中心（有限合伙）等。前面提到的杭州微念也经过多轮融资。多数投资机构也是有限合伙，例如苏州工业园区八二五二期新媒体投资中心（有限合伙）、上海众源一号股权投资基金合伙企业（有限合伙）等。

在 2021 年以前，也有一些中小型企业利用有限合伙企业的核定征收政策避税。但随着财政部、国税总局在 2021 年 12 月 31 日颁发了 41 号文件，企业这个漏洞基本上被堵死了。

目前在税收方面，我国还没有针对有限合伙企业与个人独资企业的实体法，各个地方的政策主要依据程序法和一些地方规定，不尽相同。这是合伙企业一个潜在的风险。

通常情况下，合伙企业没有企业所得税，合伙人需要按5%～35%的超额累进税率缴纳个人所得税。但是，例如在股权转让方面，广州、新疆将股权转让收入划定为财产转让所得，按照20%的税率征收；上海和深圳则将股权转让收入划定为生产经营所得，按5%～35%的超额累进税率征收。还有的地方，例如重庆，区分了GP与LP股权转让的情况，LP税率为20%，GP税率为5%～35%。

根据财税〔2019〕8号文件《关于创业投资企业个人合伙人所得税政策问题的通知》规定，只有经过备案登记的创投企业股权转让采用20%的税率。文件相当于变相规定非此类情形应按5%～35%的税率征税。

基于上述原因，如果合伙企业的转让统一按照5%～35%的税率征收，相比自然人持股就没有什么优势。因为企业股权转让的金额一般都较大，大部分都会超过50万元，如此一来，就要征收35%的个人所得税。而自然人股权转让的税率是20%。退一万步来说，即使地方政策不同，合伙企业股权转让的税率最低也不会低于20%。至于分红收入，目前合伙企业也是按20%的税率征收个人所得税，与自然人持股分红税率一致。

个人独资企业和合伙企业对外投资分回的利息、股息、红利，不并入企业的收入，而应单独作为投资者个人的利息、股息、红利所得，按利息、股息、红利所得应税项目计算缴纳个人所得税。以合伙企业名义对外投资分回利息、股息、红利的，应按国税函〔2001〕84号《国家税务总局关于〈关于个人独资企业和合伙企业投资者征收个人所得税的规定〉执行口径的通知》第二条的规定，确定各个投资者的利息、股息、红利所得，分别按利息、股息、红利所得应税项目计算缴纳个人所得税。

有限责任公司的自然人股东在取得分红收入时，公司要先缴25%的企业所得税，然后分红到个人，个人再缴20%的个人所得税。这个我们前面已经讲过了。

在此，我再强调一次，有些关于公司架构和股权设计的内容具有不可逆性，一旦决策错误，可能会造成无法弥补的损失。例如公司的组织形式一般是转换不了的。

有限合伙企业利用税收政策的相关规定节税，要注意政策的稳定性，不可以作为公司的长期策略，作为短期策略使用更合适一些。我们前面谈到威讯公司迁址新疆乌鲁木齐实现避税的成功案例，下面再看一个失败案例。

2013年10月10日，厦门三五互联科技股份有限公司（简称“三五互联”）发布《关于股东公司名称及地址变更的公告》称，将占其5.61%股份的股东厦门中网兴管理咨询有限公司（简称“厦门中网兴”）迁址并变更名称为“西藏山南中网兴管理咨询有限公司”（现名为“曲水中网兴管理咨询有限公司”），为何要搬到西藏呢？因为西藏方面给予了法人公司可以直接工商变更为合伙企业的政策，而且当地的合伙企业享受最高返还个人所得税纳税额50%的优惠。三五互联这个动作与威讯公司的案例是一模一样的，其计划是先迁址，再变更。但运气不好。

财税〔2009〕59号文件规定，企业由法人转变为个人独资企业、合伙企业等非法人组织，或将登记注册地转移至我国境外（包括港澳台地区），应视同企业进行清算、分配、股东重新投资成立新企业。西藏给出的政策与财税〔2009〕59号文件相抵触，实施了一段时间后被叫停，于是导致厦门中网兴管理咨询有限公司“家”是搬了，却无法变更为有限合伙企业。

都是依据2009年的文件，为什么2011年威讯公司能成功变更，而2013年厦门中网兴却失败了呢？原因是运气不好……

至此，我们已经谈完了三种最主要的公司架构：自然人架构、控股公司架构、合伙企业架构。注册公司到底用什么架构好？简要总结如下：

（1）公司架构是股权设计中的一项核心工作，架构为公司战略服务，但税务筹划也是一个很重要而且必须考虑的因素。

（2）分红与股权转让是实现投资收益最重要的两条途径，把这两条途径抓住了，再对应不同组织形式的税收政策，答案就会变得清晰。

（3）创业初期，直接用身份证注册公司没什么不妥。但如果投资金额较大，且有长远打算，就要考虑以下几点，综合权衡：

①外籍人士、拟上市公司或上市公司，用自然人身份注册公司在分红时能免税，可用。

②有资本运作打算，计划融资套现，用自然人身份注册公司，在减持与股权转让时只缴个人所得税。若在中间套个公司，公司先要缴企业所得税，股东再缴个人所得税，所以用自然人身份注册公司更好。

③当你打算长期持有公司，用赚来的钱进行再投资时，采用控股公司的模式较好，因为分红是长期的、主要的盈利模式，股权转让是次要的。此模式可节省分红时应缴的个人所得税。

④合伙企业，在税务筹划方面没有什么优势，一些地方性的政策，如核定征收、股权转让征收等税收政策，在实体法出台之前都不具有稳定性，但在员工持股、控制权方面有很大的好处。

⑤以有限责任公司做合伙企业的股东，可以规避无限责任，但会产生两道税收，企业先要缴25%的企业所得税，自然人股东还要缴20%的个人所得税。

⑥想做长期打算又想短期套现，就用两种身份持股公司，一种是公司身份，另一种是自然人身份。

自然人与有限责任公司股东在分红、股息及股权中的税收对比如表 2-1 所示。

表 2-1 自然人与有限责任公司股东在分红、股息及股权中的税收对比

征税项目	持股身份	有限责任公司	上市公司	合伙企业	独资企业
分红股息	自然人	按 20%征收（参考①）	限售股按 20%征收；非限售股：持股一年以上免税；持股一个月至一年按 10%征收；持股一个月以下按 20%征收（参考②）	按 20%征收（参考①）	按 20%征收（参考①）
	有限责任公司	免征（参考③）	免征	按 25%征收（参考④）	—
股权转让	自然人	按 20%征收；印花税（参考①）	按 20%征收；印花税（参考①）；流通股暂不征所得税（参考⑤）	按 20%或 35%征收；印花税（参考⑥）	按 20%或 35%征收；印花税（参考⑥）
	有限责任公司	按 25%征收+印花税（参考④）	按 25%征收+印花税（参考④）	按 25%征收+印花税（参考④）	—

①依据《个人所得税法》第三条的规定，利息、股息、红利所得，财产租赁所得，财产转让所得和偶然所得，适用比例税率，税率为百分之二十

②根据财税〔2015〕101 号文件，财税部、国家税务总局、证监会《关于上市公司股息红利差别化个人所得税政策有关问题的通知》的相关规定，个人从公开发行和转让市场取得的上市公司股票，持股期限超过 1 年的，股息红利所得暂免征收个人所得税；个人从公开发行和转让市场取得的上市公司股票，持股期限在 1 个月以内（含 1 个月）的，其股息红利所得全额计入应纳税所得额；持股期限在 1 个月以上至 1 年（含 1 年）的，暂减按 50%计入应纳税所得额

③依据《企业所得税法》第二十六条“符合条件的居民企业之间的股息、红利等权益性投资收益，为免税收入”

④依据《企业所得税法》第四条“企业所得税的税率为 25%”；第六条（三）（四）“转让财产收入”“股息、红利等权益性投资收益”的规定

⑤根据财税字〔1998〕61 号文件，财政部、国家税务总局《关于个人转让股票所得继续暂免征收个人所得税的通知》的相关规定，从 1997 年 1 月 1 日起，对个人转让上市公司股票取得的所得继续暂免征收个人所得税

⑥自然人转让合伙企业股权，征税标准不一，参见“2.6.4 有限合伙企业的优缺点分析”

2.7 了解夫妻共同持股的注意事项

2.7.1 “土豆条款”来由

在国内投融界，有一个非正式专业名词叫“土豆条款”，曾引起广泛争议。所谓的“土豆条款”，是指一些投资机构在投资某家公司时，于协议中约定公司上市之前公司的创始人离婚，其只能将现金分给配偶，不能将股权分给配偶的合同条款。传闻甚至还有协议要求“创始人结婚或者离婚需经董事会批准”。这个奇怪的条款，起源于土豆网上市前创始人的离婚风波。

2005 年 1 月，王微以 100 万元的启动资金在上海租了一套三居室，与四五个伙伴在这里开始创业。经过 3 个月的内测，土豆网（视频网站）于 2005 年 4 月 15 日正式上线，随后发展十分迅速。从 2005 年到 2010 年，短短 5 年时间，土豆网先后获得 5 轮融资，每股私募价格从 0.083 美元升至 2.71 美元，E 轮融资金额为 5000 万美元。

2006 年王微结识了上海电视台的主持人杨蕾，两人于 2007 年七夕喜结连理，在香港登记结婚。2010 年 3 月，经法院判决，王微与杨蕾正式离婚，但当时双方并未对土豆网的股权进行分割。

2010 年 11 月 9 日，土豆网信心满满地向美国证券交易委员会提交上市申请。就在提交申请的第二天，创始人王微的前妻杨蕾凭一纸诉状将王微告上法庭，要求分割财产，并保全冻结了王微名下的全部股权。

此案一出，土豆网的股权出现了重大权属纠纷，对公司的控制权和结构稳定造成了巨大冲击，土豆网的上市进程受到了严重阻碍。

在纳斯达克[①]上市的计划夭折，迫使王微重新坐到谈判桌上与前妻杨蕾进行协商。最终双方于 2011 年达成协议，王微支付杨蕾 700 万美元现金，换取杨蕾放弃

---

① 纳斯达克（NASDAQ），全称为“美国全国证券交易商协会自动报价表”（National Association of Securities Dealers Automated Quotations），是美国的一个电子证券交易机构，由纳斯达克股票市场公司拥有并操作。

对公司股权的索求。若王微未按期履行合约，法院将把诉讼保全的上海全土豆网络科技有限公司的股权判给杨蕾。

2011 年 4 月，土豆网重新提交招股说明，但在招股说明书中多了一项风险披露："土豆网创始人兼 CEO 王微遭其前妻杨蕾起诉。王微持有上海全土豆网络科技有限公司 95%的股份，杨蕾以婚姻期间夫妻共同财产为由要求分割王微持有公司股份中的 76%，法院目前已将王微持有股份的 38%进行了财产保全。对于股份保全期限，法庭暂未宣布，但根据我国法律程序，保全时间最长不超过两年。"这项风险披露使得土豆网重新招股上市的路程更加艰难。

2011 年 8 月，土豆网在市况及其惨淡的情况下开始了 IPO 全球路演，于 2011 年 8 月 17 日实现了 IPO 上市。但是，土豆网在上市后依旧没有摆脱它的厄运，到 2012 年 1 月，土豆网股价已跌至 2.375 美元/股，这个股价已经低于土豆网的 D 轮（2.62 美元/股）、E 轮（2.71 美元/股）私募融资的价格，这意味着土豆网的 D 轮、E 轮投资人的账面已经开始出现亏损。

2012 年 3 月 12 日，优酷网以 158%的溢价换股收购土豆网，土豆网成为优酷网的全资子公司，并从纳斯达克退市。交易完成后，优酷网原股东持有优酷网新公司 71.5%的股份，土豆网原股东持有优酷网新公司约 28.5%的股份。

根据《中华人民共和国民法典》（简称《民法典》）的规定，一方在婚前取得的财产不属于夫妻共同财产，但是在双方婚姻存续期间，公司的资产性收益或者说股权价值增值部分，都应属于夫妻共同财产。

我们在前面简要地谈过真功夫股权纠纷。蔡达标与潘敏峰虽然在 2006 年就已经离婚，但其二人的矛盾爆发，与土豆网离婚事件差不多是在同一时期。蔡达标一系列被诉、举报时间集中在 2009 年至 2010 年，执行逮捕时间是 2011 年 4 月 22 日。杨蕾起诉王微的时间是 2010 年 11 月 10 日，2011 年 4 月土豆网重新提交招股说明。

这两起离婚事件引发的股权争议，曾引起极大的关注与讨论。土豆网事件被认为是"国内资本市场离婚第一案"，因为在此之前，国内投融界并未遇到过因为实际控制人离婚而影响公司上市的实际案例。后来，投融界吸取教训，在前期项目考察时把创始人的夫妻关系也列为考察因素之一，并在投资协议中开始增加"土豆条款"。

《民法典》第一千零四十一条规定："婚姻家庭受国家保护。实行婚姻自由、一夫一妻、男女平等的婚姻制度。保护妇女、未成年人、老年人、残疾人的合法权益。"

《民法典》第一千零四十二条规定："禁止包办、买卖婚姻和其他干涉婚姻自由的行为。禁止借婚姻索取财物。禁止重婚。禁止有配偶者与他人同居。禁止家庭暴力。

禁止家庭成员间的虐待和遗弃。”

有人认为“土豆条款”违反了《民法典》中规定的“婚姻自由”原则，质疑它存在的效力，也有些人包括律师在内仍致力于研究合法合理的“土豆条款”。但无论如何，婚姻关系是否稳定，目前已经成为国内投融界必须考察的一项重要内容。如果你想获得投资，先要跟融资方汇报一下你有几个女朋友。只有一个，这是标准答案。

2.7.2 富豪分手费有多贵

有数据表明，2018 年上半年，中国有 540 万对新人结婚，193 万对夫妻离婚，也就是说每天都有超过 5000 对夫妻选择离婚。由此可见，高离婚率几乎快成为当今时代发展的一个显著特征。

“土豆条款”牵出了富人创富过程中的一个重要课题：亲情与财富。亲情可以让财富保值增值，亲情破裂更可以让财富瞬间缩水，甚至毁掉财富。因此，富人的亲情（夫妻关系也是亲情）在某种意义上已经超出了私生活范畴，具有一定的社会性。

穷人生不起娃，富人离不起婚。不同于普通老百姓，资本大佬离婚的代价动辄上亿元。在 A 股资本市场上，实控人离婚并支付大额分手费的情况时有发生。自 2020 年以来，已有先惠技术、东尼电子、跨境通、信捷电气、康泰生物、天地数码等多家上市公司实控人离婚，其中康泰生物实控人杜伟民离婚代价最大，付出 235 亿元的分手费。

有专家在调查中发现，97%的家族企业传承失败，要归因于家庭不和谐。尤其是对于上市公司来说，婚姻绝非家务事，因为它往往涉及企业控制权、所有权关系的变动，特别是股权结构也会影响企业治理。即使像比尔·盖茨与前妻这样的和平分手，也难免产生财产纠葛并诱发种种不利。

2021 年 12 月 1 日，莱绅通灵珠宝股份有限公司（简称“莱绅通灵”）实际控制人沈东军收到江苏省南京市中级人民法院于 11 月 26 日对其离婚诉讼案件做出的二审判决，其持有的公司 31.16%的股份将分割给马峭一半，占公司总股本的 15.58%。本次权益变动最终导致了沈东军失去公司实控人的身份。

莱绅通灵是一家来自江苏地区的中国本土品牌企业，自从 2016 年 11 月在上海证券交易所（简称“上交所”）上市之后，因为收购了比利时王室珠宝供应商 LEYSEN，成为国内高端珠宝行业的头部品牌。

2021 年末，这个号称比利时王室珠宝的品牌“变了天”，公司创始人之一沈东军辞去董事长一职，2022 年 2 月 14 日，莱绅通灵又发公告称，沈东军因个人原因辞去公司董事职务，辞职后不在公司担任任何职务。曾经与沈东军并肩作战的董事成员也已陆续离开，接掌帅印的，是沈东军前妻马峭的哥哥马峻。

2022 年 2 月 8 日晚间，莱绅通灵再度发布公告称，莱绅通灵董事会于 2022 年 2 月 8 日收到杨清女士递交的书面辞职报告，杨清女士因个人原因辞去公司董事会秘书职务。2021 年 5 月至 2022 年 2 月，杨清担任董事会秘书仅半年之久，这是继上一任董事会秘书刘昆之后，第四位离职的。

东方财富网数据显示，截至 2022 年 2 月 14 日，莱绅通灵股价呈现下降趋势，每股价格由 2017 年 3 月的最高点 40.78 元下降至 2021 年 2 月的 5.40 元，总市值由高点时期的 120 亿元下降至目前的 25.67 亿元，市值缩水了近八成。

业绩方面，2022 年 1 月 21 日，莱绅通灵发布业绩预告，预计 2021 年全年归属净利润相比去年下降 60%左右。莱绅通灵经营数据显示，从 2016 年上市到 2020 年期间，公司净利润下降明显，从 2017 年的 3.09 亿元下降到 1.04 亿元，盈利水平已退行至上市前的一半。与此同时，莱绅通灵年报数据显示，莱绅通灵从 2018 年到 2020 年，关店数量居高不下，2018—2020 年间分别关闭直营店和加盟店 133 家、186 家、112 家。

对莱绅通灵在市值和业绩上的表现，原因是多方面的，但在众多原因背后，公司实际控制人身陷离婚案件困扰，涉及公司控制权争端，是一个无法回避的重要因素。离婚案后，沈东军在接受媒体采访时表示：

“实际上，我的离婚在很大程度上阻碍了公司的发展，我们失去了非常好的机会。在莱绅通灵上市前一段时间，因为我们要合规，在管理方面有一点松懈。上市之后我开始回归，例如：把莱绅通灵品牌吸引到中国来，我从 2017 年开始做宣传，按照现在的说法就是打造自己的 IP，实际上也是为新零售做准备。此时，离婚事件突然出现了，很多事情没有办法继续推进，这对公司造成的损失非常大。当然也包括疫情、中美贸易摩擦对中国市场的影响。”

2.7.3 夫妻合伙创业应注意哪些问题

从理论上来说，夫妻合伙创业并不是一个很好的选择，往往容易导致公司陷入公私混淆，给人留下夫妻店的印象。但是，在创业初期，缺兵少将，财力不足又是常态。这时候，对自己支持最大的经常是自己的配偶。因此在现实中，夫妻合伙创业的情况并不少见，比如我们熟悉的京东、阿里巴巴、美团、当当、海底捞等，都有着夫妻合伙创业的历史，其中有的至今仍然亲密无间地共同协作，有的已不欢而散。

有道是“清官难断家务事”。对于夫妻离婚与股权交织的纠纷，旁观者难断是非，不必深究。问题是我们可以做些什么？如何才能更好地规避风险？

避免公私不分以及风险隔离

夫妻之间在情感纽带的加持下，有着高度的信任和一致的目标，然而也正是由于这样的特殊关系，往往容易带来公私不分的问题。

第一，在经营管理上，除了财务上的清晰规范，经营决策、职责划分也要尽早明确规范。很多中小型企业在家族式管理过程中很容易形成多头领导的现象，令员工无所适从。老板说要这样做，老板娘又说要那样做，你让经理怎么办？

第二，经营过程中一定会有各种不一致的意见，如何沟通协调，如何避免公事和个人情感相互影响，非常考验夫妻的智慧。要努力让公司规范起来，要有明确的运行规则，不要轻易干扰对方的工作。

第三，在股权架构上，要遵循股权控制原则，形成某一方绝对控股的基本格局，不要平均分配。真功夫犯的是 50：50 的错误，莱绅通灵犯的是 31：30 的错误，本质上是一样的。沈东军夫妇持股 31.16%，马峻夫妇持股 30.68%，沈东军一离婚，基于马峻与马峭是兄妹这种情况，你看沈东军还能当董事长吗？

第四，如果条件成熟，尽可能不要夫妻两人共同持股设立公司。夫妻股东，容易被视同一人有限责任公司，承担无限连带责任。从长远的角度来考虑，公司章程也有必要在表决权、一票否决权等方面做好规划，确保一方的表决权与控制权。

第五，未婚人士，可以事先做好婚前财产公证。

通过以上措施，即使恩断义绝，财产分割，起码控制权还在手上。这些规划的做法也有利于打消投资人的顾虑。

约定好退出机制

在阿里巴巴的发展过程中，出现过“十八罗汉”（阿里巴巴最初成立时的 18 名员工）这一说法。阿里巴巴最初成立时共有 18 名员工，马云的妻子张瑛便是其中之一，在阿里巴巴取得一定成绩后，张瑛主动退出，在幕后默默支持老公，阿里巴巴逐步走向巅峰。

海底捞的张勇在这方面也是一个经典，强制要求 4 名创始人（两对夫妻）中的两个女人全部退出，他的理由是让男人去征服世界，让女人照顾家庭。

同为互联网公司的当当，则是典型的夫妻档模式，李国庆与余渝共同持有当当

90%以上的股份。但这也限制了当当的发展，当当一直得不到很好的融资。最后夫妻二人矛盾爆发，李国庆与俞渝上演了一场让人诧异的闹剧——抢夺公章。甚至其二人的儿子也加入了这场股权争夺战，凭一纸诉状将父母告上公堂。当当版的“庆渝年”成为笑柄，一度辉煌的当当也沉寂至今。

从历史经验来看，夫妻合伙创业的模式在企业取得一定发展的阶段后，有一方选择功成身退是最好的选择。如双方均不愿退出，也应有完善的制度安排，规避因感情破裂带来的风险。

2022 年 4 月 14 日，中国经济网报道，“4 月 13 日晚，京泉华（全称：‘深圳市京泉华科技股份有限公司’）发布公告称，公司控股股东、实际控制人：张立品、窦晓月已办理离婚手续，解除婚姻关系。同时，双方已签署了《离婚协议书》及《表决权委托协议》，并进行了相关财产分割和表决权委托”。需要指出的是，上述事宜将导致京泉华的股东权益发生变动，公司实际控制人从由张立品与窦晓月共同控制变为由张立品一人控制。据悉，窦晓月已于 2022 年 3 月 23 日到期离任公司副总经理职务，目前未在京泉华任职，未参与公司的生产经营。

夫妻店散伙，京泉华仍能有序运行，这是非常值得借鉴的。当然，这是一个和平分手的案例。问题是，当夫妻之间真的到了覆水难收的时候，可能多数情况下还是很难达到这种和平状态的。避免这种情况发生的最好的办法是：提前制定好相关的章程与协议。

2.8 了解 VIE 架构

近年来，随着经济的发展，越来越多的国内企业在海外成功上市，尤其是一些互联网企业，例如新浪、搜狐、网易等，大家耳熟能详。据统计，2020 年共有 34 家中国企业在美国上市，共募资 122.58 亿美元，其中 9 家在美国纽约证券交易所（简称“纽交所”）上市，25 家在纳斯达克上市。

2.8.1 为什么寻求海外上市

很多公司都想上市，但在中国境内，A 股上市的门槛很高。由于 IPO 的盈利能力要求和审批制，任何企业在 A 股上市都要满足要求，例如最近 3 年连续盈利、累计净利润规模，以及扣除非经常性损失和收益之后的净利润水平等。A 股上市要求“最近的 3 个会计年度的净利润达 3000 万元以上”，仅此一项，就把很多企业拒之门外了。尤其是那些互联网公司，刚开始几年都是“烧钱”，基本上没有利润。

即便满足了上述要求，企业还需要经过证监会审批通过之后才能在 A 股上市。这个审批通常需要 2～3 年的时间，但在美国和中国香港一般半年左右就能审批完，而且上市要求更低。

2.8.2 VIE 架构解决了什么问题

直接在境外资本市场发行股票（H 股、N 股等），对一般的企业来说难度系数比在国内 A 股上市还大。实践中，大多数公司都采用了间接上市的方式。间接在海外上市，通俗一点的解释是：先在海外成立一家壳公司，然后壳公司通过收购或股权置换等方式控制国内公司的股权，那么这家壳公司就可以在海外融资或上市。

但是这里有两个问题：

第一，中国法律对部分领域是禁止或限制外资进入的，如互联网信息服务、旅游、网络出版、教育、娱乐等。所以对于这种限制性行业，通过壳公司控股内资企业的方式行不通。

第二，商务部等六部委会 2006 年第 10 号《关于外国投资者并购境内企业的规定》第十一条规定：

“境内公司、企业或自然人以其在境外合法设立或控制的公司名义并购与其有关联关系的境内的公司，应报商务部审批。

当事人不得以外商投资企业境内投资或其他方式规避前述要求。”此条被业内俗称为“关联并购审批”，翻译得直白一点，就是实际控制人注册离岸公司收购自己的境内企业，是典型的左手倒右手式关联并购，这种跨境的关联并购需要报商务部审批。

正是出于上述两个原因，一些聪明的公司为了绕开这些限制，发明了协议控制（VIE 架构）。后来，该架构得到了美国的认可，并专门为此创设了 VIE 会计准则。

VIE 是英文 Variable Interest Entities 的缩写，中文的意思为“可变利益实体”。VIE 架构也称为“协议控制”，其主要体现为由海外上市公司在中国境内设立全资子公司，然后由全资子公司通过协议的方式，对实际业务经营主体进行控制。

VIE 架构解决的问题是：国外壳公司不通过股权来控制内资企业，而是通过一系列的协议，将内资企业的资产、收入、业务，变通地“装进”壳公司。这样一来，壳公司就可以合并财务报表，从而实现海外上市。

2.8.3 VIE 架构的基本原理和要素

下面，我们结合图 2-8 理解几个重要节点。

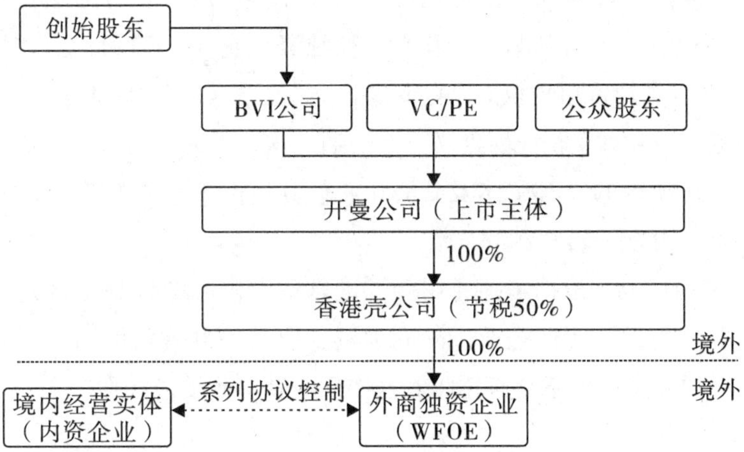

图 2-8 VIE 架构

BVI 公司：在英属维尔京群岛（The British Virgin Islands）设立的公司。英属维尔京群岛是目前世界上发展最快的离岸投资中心之一。因为根据当地的法律规定，在当地注册的企业每年只需要支付一定的管理费用，其他的收入（包括股权转让）盈余无须缴纳任何税费，而且该地无外汇管制，对隐私保护程度极高。但是，由于 BVI 公司的信息不公开，所以 BVI 公司无法作为申请上市的主体（证券交易所不接受）。

开曼公司：在开曼群岛（Cayman Islands）设置的公司。基于开曼群岛的法律，其是著名的“避税天堂”，此外，开曼公司的信息是公开的。目前，纽约证券交易所、纳斯达克交易所和香港联交所等国际知名交易所一般都接受注册在开曼群岛的公司挂牌上市，所以间接海外上市一般选择开曼公司作为上市主体。

外商独资企业（WFOE）：指依照中国有关法律的规定，在中国境内设立的全部资本由外国投资者投资的企业。在 VIE 结构中，有一家外商独资企业，可以起到一个中间桥梁的作用。功能是把国内实际运营公司的税后利润“全部装入”这家外商独资企业里去。名义是，你给我利润，我为你服务（名义上提供技术咨询、企业管理、知识产权许可使用等服务）。系列协议控制，主要是由这家外商独资企业与境内实体公司签订的。

香港公司：注册地在香港的公司。在 VIE 架构中，通常有一家香港公司，这家香港公司是外商独资企业的投资主体。设立这家香港公司主要是为了节税。根据 2008 年 1 月 1 日起新生效的《企业所得税法》，在中国境内没有机构场所的境外私募股权投资（PE）获得的股息所得，需要在中国缴纳 10%的预提所得税（税收协定另有优惠的除外）。但香港公司取得的来源于中国境内的符合规定的股息所得，可以按 5%的税率征收预提所得税。

系列协议主要是由外商独资企业境内经营实体签订的。其目的就在于将国内实际运营公司的资产权益（税后利润）转移到外商独资企业（WFOE）。这些协议通常包括《独家服务协议》《资产许可协议》《购买选择权协议》《股权质押协议》《投票权协议或股东委托投票代理协议》《贷款协议》等。通过这一系列的协议，注册在境外的上市主体可以控制中国境内的经营实体及其股东，使其可以按照外资母公司的意志经营境内运营实体企业，分配、转移利润。

一旦 VIE 架构形成，根据美国通用会计准则或者国际会计报告准则，境外控股公司就能直接合并境内运营实体企业、外商独资企业及香港公司的财务报表。需要注意的是，VIE 架构的公司通常不会真正将利润实质性转移到境外控股公司。

2.9 公司架构的起点是战略

有关公司架构，前面我们介绍了最常见的四种模式：自然人架构、控股公司架构、有限合伙架构以及VIE架构。夫妻公司属于自然人架构，只不过夫妻公司因为存在一种特殊的夫妻关系，矛盾时有发生，所以单列了一个小节。

此外，还有一种契约型架构。契约型架构不是自然人持股，也不是用控股公司和合伙企业控股，而是通过一个间接组织（资产管理公司、信托公司、私募基金）来持有公司股权。契约型架构并不常见，这里不做详细介绍。

需要注意的是，自然人架构、控股公司架构、有限合伙架构并没有明确的界线，它们之间也不是不可逾越的。本书按区分类型进行介绍，只是方便读者理解各种结构的特点与优劣。在整体公司架构中，如果找不到明显的特征，你就称之为“混合架构”好了。

2.9.1 抓住四个关系，看懂大公司架构

很多公司的架构看起来非常复杂，因为在其旗下有数十家甚至数百家公司，这些公司的架构常常会让人看晕。

事实上，只要抓住公司架构图的核心，这些图表就很简单。不必把它们想得很复杂，看得很神秘，甚至把自己搞得晕头转向。

公司架构图有点像中国的家谱图，家谱图是以血缘为核心描绘的人与人之间的关系图，公司架构图是以股权为核心描绘的公司与公司之间的关系图。只不过有些大型企业，投资的企业很多，所以其公司架构图显得很复杂。

总体来说，以某个公司为核心所形成的架构图，无非是在这些公司之间存在四种关系。

股权关系：某某公司持股某某公司，股份是多少。这层关系更像家谱图，有爷爷和爸爸，有儿子和孙子。公司架构也是这样的，有“子公司”也有“孙公司”，全部画出来就是股权关系，是公司架构中最核心的关系。

财务关系：财务关系从属于股权关系。因为股权的存在，所以母公司对子公司具有投资责任，投资的收益和亏损在母公司的财务报表上会有所体现。一般来说，母公司与子公司如果是控股关系（母公司持有子公司51%以上的股份），就可以合并报表，

这是财务关系。

管理关系：紧密的财务关系又会连带出另一层管理关系，即母公司如何管理子公司的人、财、物。

业务关系：在大型企业的架构中，公司与公司之间也会发生业务关系，这种业务关系的形成，通常表现为以某个运营公司为中心，向上下游（供应链、产业链）延伸这种延伸，可以通过直接投资、并购等方式实现，从而获取整体的竞争优势。

掌握以上四种关系，任何架构都不复杂。如果你还能从时间脉络上进行一些分析，基本上所有公司架构你都能看懂。

2.9.2 公司架构设计的起点

前面我们在“2.5.3 自然人做股东有什么好处”中谈到过可不可以用自然人身份注册公司，也分析了用自然人身份注册公司的优点和缺点。

最近网络上流传一种所谓的X模式，有的老师把X模式讲得神乎其神，有一万个好处。所谓的X模式，大意是指不要用个人身份证注册公司，要在实际运营公司上面架设两层控股公司。

如图2-9所示，家族公司股东都是家族成员，用这个公司做家族的“钱袋子”，把一些小业务装进来，从运营公司获取一些小额利润，再把分红都集中到这个公司。一是可以避免分红要缴个人所得税，二是可以把公司的钱用来“消费”和再投资。X公司相当于一个防火墙公司，可以隔离风险。

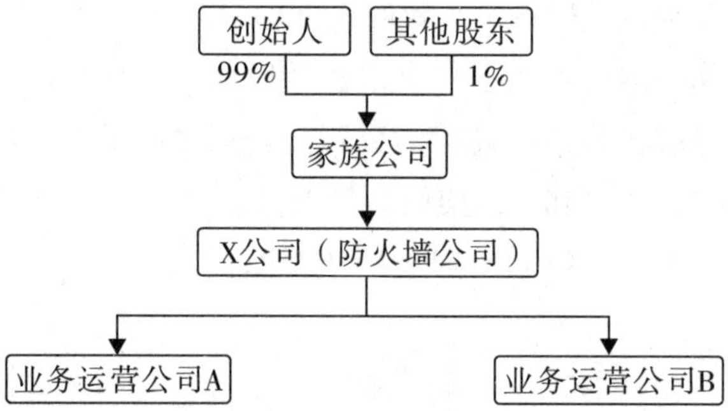

图2-9 X模式

实际上，这个所谓的X模式就是我们前面谈到过的控股公司模式。控股公司模式有优点也有缺点，这个问题我们前面已经交代过，它不是一个放之四海而皆准的模式。

为什么要反复讨论这个问题？因为这些新鲜概念有时候真的会误导创业者。X模式并不适合初创公司，也不适合拟上市公司，更不适合具有短期套现目的的优质潜力公司。其在股权转让时，会多一层企业所得税，这个问题必须了解清楚。等公司赚钱了，你再想纠正错误，可能会付出昂贵的代价。

更重要的一点是公司架构设计的原理与起点是什么？这个问题是一定要弄清楚。

每家公司的架构，都是随着公司的发展逐步形成的，拔苗助长可能会适得其反。你只知道居民企业之间分红免税，却不知道资本增值与转让要多一层企业所得税，更不知道上市公司非限售股连个人所得税都免了。这显然是专业知识不够，道听途说，实不可取。至于所谓的钱袋子公司，更要小心谨慎，一不小心你就走到“刀尖”上去了……

公司架构的延展，唯一正确的理由是业务拓展与管理的需要，是公司战略的需要，不是简单的避税。这个起点与原动力一定不能搞错了，这是底层逻辑。

2.9.3 最简单的知名公司架构

动不动就教你要把公司注册资金写得很大，动不动就指导你 X 模式有 N 个好处。这些股权老师本身专业知识与实操经验都很欠缺。公司架构首先要服从的是公司经营理念与企业战略，做精？做强？还是做大？这才是根本的出发点。

在中国，有这么一个传奇女人，她只认识 3 个字（自己的名字），却打造了一个畅销几十个国家的知名品牌；她坚决不上市，但身价 90 亿元，入选了全国财富榜单。她就是老干妈的创始人——陶华碧。

贵阳南明老干妈风味食品有限责任公司（简称“老干妈”）成立于 1996 年，

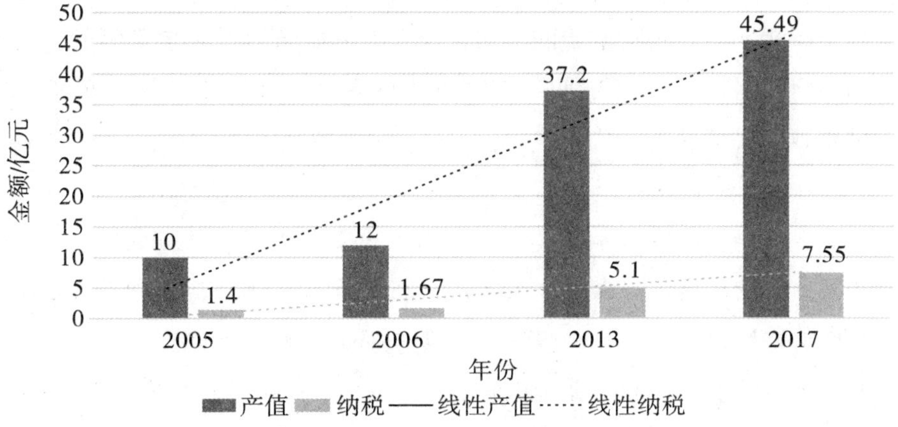

图 2-10　老干妈的营收与纳税

经过20多年的发展，已经成为全国知名企业、国家级农业产业化经营重点龙头企业（参见图2-10）。2019年12月，老干妈入选2019中国品牌强国盛典榜样100品牌。《新财富》发布了全国财富榜单，72岁的陶华碧以90亿元的身价与薇娅夫妇并列第490名。智研咨询整理的数据显示，2020年，老干妈营业收入达53亿元，同比增长6%。

一家营收50亿元的公司，在你的想象中应该匹配怎样的公司架构呢？答案出乎你的意料。老干妈只有两家公司，一家是贵阳南明老干妈风味食品有限责任公司，另一家是贵阳南明老干妈风味食品销售有限公司。

如图2-11所示，这就是老干妈的公司架构。如果你觉得这张架构图太过简单，猜测是不是本书作者有遗漏，那么，你猜对了，的确有一点小遗漏。在贵阳南明老干妈风味食品销售有限公司下面，有两家分公司（非独立法人）：贵阳南明老干妈风味食品有限责任公司贵定分公司、贵阳南明老干妈风味食品有限责任公司贵阳分公司。

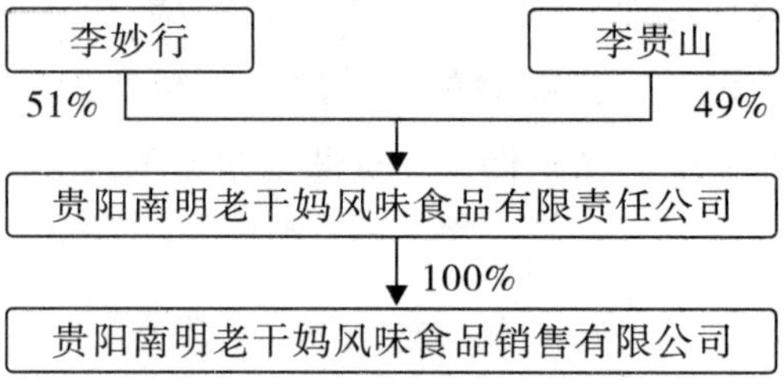

图2-11　老干妈的公司架构

老干妈不需要什么控股公司，更不需要什么防火墙公司、钱袋子公司，她甚至不需要董事会，陶华碧直接领导两个人——谢邦银和王武，一个管业务，一个管行政，公司下设5个职能部门。在陶华碧的公司，没有人叫她董事长，全都喊她“老干妈”，但是，公司2000多名员工，她能叫出60%的人的名字，并记住了其中许多人的生日，每个员工结婚她都要亲自当证婚人。

老干妈陶华碧原名陶春梅，1947年出生于贵州遵义一个偏僻的山村。受重男轻女思想的影响，她没有上过一天学，从小就给家人做饭，20岁那年，她嫁给了贵州206地质队的一名队员。1989年，丈夫病故，陶华碧最早靠卖米豆腐维持生计。豆腐要自己磨，背着上百斤重的米豆腐，搭公交车都被人撵，“售票员态度非常恶劣，几下就给你推下去。当时1毛5分钱的车票，我给3毛钱，她还不让我坐。我说不行也得行，今天非要坐。天天吵架”。

后来，陶华碧用捡来的砖搭起一间房，开了一家实惠小吃店。就在这个时期，她发明了豆豉辣酱，原本是作为辅料送给顾客的，大家觉得好吃，便主动来买。那时，看到困难的学生来吃饭，她总是加量或者不收钱，学生出于感恩叫她“老干妈”，这个称呼便被叫开了。这就是“老干妈”的来由。

不贷款、不融资、不上市是陶华碧的“三不原则”。在她看来，上市就是圈钱，她不屑。陶华碧坚决不上市的态度也让当地政府吃了闭门羹，陶华碧曾多次拒绝地方政府的上市提议。贵阳市政府的官员曾在接受采访时表示，“和她谈融资的事情比引进外资还要难，她心里拿不准的事谁也说不动”。而陶华碧说：“我不懂上市、融资这些鬼名堂，我只干我会的。”“隔行如隔山，我只做辣椒行业的龙头企业。”

陶华碧从不忌讳自己没读过书。没读书的老板一大把，但有些老板赚了几块钱，办公室便摆上了大书柜，其实自己从来不看，没学历千方百计弄个毕业证，实在不行，就搞个什么工商管理硕士（MBA）。相比之下，看看陶华碧怎么说？

从 1998 年开始，陶华碧将公司管理人员轮流派往广州、深圳和上海等地，让他们去考察市场，到一些知名企业学习先进的管理经验。她说：“我是老土，但你们不要像我一样，单位不能这样。你们这些娃娃出去后，都给我带点文化回来。”

正是这样一个没读过书的老板，靠自己的土办法管理着一家响当当的企业。老干妈不需要复杂的公司架构，是由公司极简的经营模式决定的，也是做精的战略思想与价值观决定的。

国家这几年严查明星偷税、漏税，范冰冰、郑爽、雪梨、邓伦、薇娅，没完没了，一个比一个厉害，金额大到你不敢想象。然而陶华碧在卖米豆腐的时候就开始主动缴税，而且是亲自走路去缴税的。陶华碧说做生意最重要的就是不要偷税、漏税、抗税、骗税，我们要为国家多想想，要为社会多想想，国家富强起来，每一个人都有好处。她说：“如果不纳税，自己的脸都没地方搁了。”

没读过书的陶华碧就是这么朴素，但是这些朴素的道理背后却隐含了最深刻的企业经营哲学。据说薇娅的老公董海锋毕业于中国农业大学法律系，而薇娅在 2019 年至 2020 年期间，通过隐匿个人收入、虚构业务转换收入性质虚假申报等方式偷逃税款 6.43 亿元，其他少缴税款 0.6 亿元，最后追缴税款、加收滞纳金并处罚款共计 13.41 亿元。是不是很讽刺呢？

假设你的月工资是 1 万元，一年的收入为 12 万元。6.43 亿元等于 64300 万元，你不吃不喝需要工作 5358 年。也就是说，你大约要从中国古代的氏族公社时期就开始工作……

2.9.4 企业如何设计做大的公司架构

企业稳健发展不能只追求规模做大，更要将企业做久和做精放到首位。应该说老干妈走的就是一条做精的战略路线。

如何将企业做大呢？概括来说，有以下三种途径：一是拓展空间与市场；二是延伸供应链与产业链；三是重新整合与创新价值链。

空间与市场的拓展，最典型的就是零售业、服务业的全国（包括海外）性市场布局，通过空间、地域的布局把规模做大。例如沃尔玛、家乐福、红星美凯龙等大型零售企业，以及各种零售超市，餐饮、美容行业的全国连锁，都是通过这种“圈地”的方式，实现市场扩张与规模化。这种战略通常具有商对客（B2C）的特征，产品（或服务）面向最终的消费者。

对于生产制造型企业，尤其是商对商（B2B）型的企业来说，全国布局的意义不大，这样的企业没必要在每一个城市搞生产基地。所以，更多的是采取供应链与产业链的延伸策略。

供应链与产业链的延伸策略，需要依赖公司现有的某些资源条件（优势），例如品牌、技术、渠道、客户资源，锁定某个中心产品进行拓展。我们称之为“集中多角化”或“同心多角化”。

知名的家电企业美的，目前拥有家用空调、冰箱、吸尘器、取暖器、电水壶、烤箱、抽油烟机、净水设备、空气清新机、加湿器、消毒柜等数十种产品。美的最早只是做电风扇的，1985 年才成立美的空调设备厂。这种品牌延伸策略，得益于品牌、渠道和技术这三个重要前提的发展。

福耀玻璃工业集团股份有限公司（简称“福耀”）是国内知名的汽车玻璃生产供应商。你以为福耀只做汽车玻璃吗？实际上，福耀除了做汽车玻璃之外，还做饰条、托架、导槽、门框等相关汽车配件产品。在福耀对外投资的 27 家企业中，除了烟台福耀玻璃有限公司这类玻璃制造企业外，还有福耀通辽硅业有限公司、福耀汽车铝件（福建）有限公司、福耀集团上海汽车饰件有限公司、福耀（福建）玻璃包边有限公司等。福耀的拓展，得益于共享了客户渠道资源，福耀的产品都没有离开汽车。

对于海底捞来说，为什么要做火锅底料的生产？（2005 年投入第一条火锅底料生产线），答案很简单，自己（海底捞）就是火锅底料最大的用户，与其向别人购买，条件成熟时当然可以考虑自己生产，还可以对外销售。这就是供应链延伸。

当然，企业发展到一定程度时，不一定所有延伸都需要自立门户、从零开始，收购和兼并是最快捷的方式。但无论采取什么方式，公司架构都会随之发生变化。

每一家企业都有一个从小到大的过程，但是大，不是简单的“圈地”与市场份额的占有，真正形成竞争力的，除了占据一定的市场份额之外，更重要的是产业链布局。在这方面，海底捞模式是一个很好的借鉴。

海底捞于2018年在港交所上市，如今市值稳定在1000亿～2000亿元的规模，但海底捞也预计了这个领域会陷入红海，所以保持高利润并不现实，它们追求的是规模化。

蜀海（北京）供应链管理有限责任公司（简称“蜀海”）是最早为海底捞服务的供应链体系，独立出来后，现在能为其他餐饮店提供优质菜品、原材料。这就像阿里巴巴的菜鸟物流，诞生于主体公司，但是可以服务于整个产业。不仅如此，如今蜀海已经和许多投资机构和商学院达成合作，为餐饮创业者服务，输出供应链体系和管理方法。

海底捞早在2019年就开始运营没有服务员的智能餐饮，据说投资过亿元。这个体系也不是只为了自己的门店打造，还让海底捞看到了智能无人餐厅的产业大趋势，一旦智能餐饮体系成熟之后，可以为整个餐饮行业提供餐厅机器人、自动化等服务。

2.10 把握关联交易的分寸

2.10.1 合理运用《公司法》没有禁止的关联交易

《公司法》第二十一条规定："公司的控股股东、实际控制人、董事、监事、高级管理人员不得利用其关联关系损害公司利益。"

很多人将本条规定理解为禁止关联交易，这是错误的。

《公司法》第一百二十四条规定："上市公司董事与董事会会议决议事项所涉及的企业有关联关系的，不得对该项决议行使表决权，也不得代理其他董事行使表决权。该董事会会议由过半数的无关联关系董事出席即可举行，董事会会议所作决议须经无关联关系董事过半数通过。出席董事会的无关联关系董事人数不足三人的，应将该事项提交上市公司股东大会审议。"

《公司法》第二十一条强调的是"不得利用其关联关系损害公司利益"，第一百二十四条实质上是规定了上市公司关联交易的行事程序。

如果你关注过股票市场，就经常会看到有关上市公司关联交易的公告。关联交易不但从来没有被禁止，而且合理的关联交易可以对交易双方起到非常积极的作用。

之所以要讲关联交易，是因为在有些公司的战略与架构中，子公司是为关联交易而生的。

2.10.2 一本万利的品牌授权（转让）交易

在所有关联交易中，无形资产（包括但不限于品牌）的授权使用、转让，最容易引起关注，甚至引发争议。但这个套路，国人已经玩了几十年了，仍然有效（被法律许可）。

2021 年 8 月 27 日，维维食品饮料股份有限公司（简称"维维股份"）披露《关于受让维维集团股份有限公司"维维"系列商标暨关联交易的公告》，公司拟支付 5.73 亿元受让公司股东维维集团股份有限公司（简称"维维集团"）持有的"维维"系列商标。

据中国网财经题为《"掏空"上市公司还是另有盘外交易？维维股份商标转让惹质

疑》的报道称，公告一出，引起投资市场的一片质疑。投资者的质疑主要集中在两点：其一，维维股份上市已经20多年，而“维维”系列商标都是在公司上市之后注册的，作为企业核心的无形资产的商标所有权竟然未放在上市公司，而是放在股东维维集团手中，上市公司维维股份只有在维维集团许可的情况下才能使用该商标，这严重影响了上市公司的独立性，进而侵害到其他股东利益；其二，近年来，“维维”品牌影响力已经渐渐被市场边缘化，且172项系列商标中已有112项被质押，部分商标还即将到期，此种情况下，用未来收益法评估出全部商标值5.73亿元的价格明显虚高，股东维维集团有借此交易“掏空”上市公司之嫌。

质疑归质疑，法律是法律。如果品牌归属权没有问题，程序合法，价格经过评估与公证，这种品牌转让就是有效的。

2021年11月26日，维维股份再次发布《关于受让“维维”系列商标的关联交易进展公告》称：2021年9月16日，维维股份与维维集团签署了《注册商标转让合同》，维维股份协议受让维维集团所持有的“维维”系列172项商标，转让价格为5.73亿万元；2021年11月25日，维维股份收到维维集团通知，国家知识产权局、香港特别行政区政府知识产权署商标注册处及加拿大知识产权局已就维维集团提交的172项“维维”系列商标转让申请进行审核，对其中163项商标予以核准，已完成过户登记。其余9项商标为处于审查阶段的商标，因其与在先权利存在冲突，最终国家知识产权局对该9项商标未予以核准注册，该9项商标的转让申请被驳回，不会对本次交易产生影响。

正式公告意味着5.73亿元品牌转让落地生效，质疑湮灭。

大股东或关联方占用上市公司大量资金，无力偿还或不愿以真金白银偿还时，以商标所有权抵偿占资，并不是什么新鲜事。

早在1995年，合肥美菱集团控股有限公司（简称“美菱集团”）将“美菱”商标使用权授权给合肥美菱股份有限公司（简称“美菱股份”），商标使用费是销售额的0.01%，这个协议规则一直沿用到2000年。2001年，商标使用费调整为1%。这个不起眼的数字普通人根本注意不到，但如果让小学生来计算一下，他也能得出答案：商标使用费提高了100倍！2002年，美菱集团向美菱股份转让了“美菱”商标，转让价格为1.3亿元。

美菱电器发布的《2002年中期报告》中“第七节（二）重大关联交易事项”提到：美菱股份于2002年4月15日召开董事会第三届二十四次会议审议通过了《关于受让合肥美菱集团控股有限公司“美菱”商标专用权的预案》，并于2002年4月29日签订了《商标转让协议》。2002年4月28日，美菱股份第三届二十五次董事会会议审议通过了《关于受让合肥美菱集团控股有限公司“美菱”商标专用权的议案》，双方按照对价值形成中分别做出的贡献，确定商标转让的价格为 13000 万元人民币。同时确定以上述资产转让价格 13000 万元冲抵美菱集团欠美菱股份的等额债务。

2003 年 11 月 1 日《证券时报》公开发布的《三九医药股份有限公司关联交易公告》称：经三九医药股份有限公司董事会 2003 年第十次会议审议，批准三九企业集团（深圳南方制药厂）（以下简称“三九集团”）作为原所有权人、深圳三九药业有限公司（以下简称“三九药业”）作为转让方与本公司作为受让方签署的《“999”以及“三九”系列注册商标（中国境内注册第五类商标）专用权转让合同》，受让三九药业所拥有的“999”以及“三九”系列注册商标（中国境内注册第五类商标）专用权，用以抵偿其占用本公司资金，抵偿额为 62320 万元，有关前述商标专用权转让合同下所受让的商标变更登记到公司名下的手续待本公司股东大会批准后再行办理。该协议于 2003 年 10 月 29 日签署。

自 2000 年以来，类似的商标转让关联交易非常普遍。你可能有一个疑问，为什么这些商标转让总是从集团公司转给股份公司呢？这就是你要学习股权架构和公司架构的原因。

我们前面介绍过控股公司的架构，国内 A 股上市有着很高的要求，通常能够达到上市要求的公司已经形成了一定的规模，为了便于管理，这些公司到上市前往往已经搭建了控股公司架构，在控股公司旗下有多家实体公司。特别是一些有国资背景的公司，热衷于注册一家集团公司，集团公司实际上就是控股公司。在控股公司下面众多的子公司中，有控股的，有参股的，业务范围也各不相同。出于要突出主营业务、报表业绩、方便管理等原因，通常的运作方式不会直接用集团（控股）公司作为上市主体，而是在集团公司下面成立一家股份公司，然后通过一系列的重组，把优质业务公司“装入”股份公司下面，然后这家股份公司就成了（拟）上市公司。由此一来，原公司的商标所有权就“滞留”在集团公司（商标在股份公司成立前已注册）。当然，这种“滞留”也是有意为之，是经过考虑和设计的，目的就是为了以后通过品牌授权或转让赚钱。

通过股权架构的学习，你还能了解到，控股股东在重大事项与一般事项上都有充分的表决权。而这些集团（控股）公司，往往是上市公司的控制者。所以，最终品牌的授权使用费、转让费等，在价格确定方面就有很大的人为操作空间。当然，这种定价与交易必须程序合法，价格相对合理，而且要相关单位做出评估。但是——无形资产的评估，真的那么科学和公平吗？这个问题不能讨论，留给读者自己思考。有关无形资产的运作，我们前面谈到的是常规运作方式。母公司拥有商标权，子公司上市后有钱了，母公司再通过品牌授权使用或转让获取利益，这时候赚的就是股民的钱。

2.10.3 把握关联公司合理的利益输送

2022 年 4 月中旬，多家媒体爆出一则新闻：张庭夫妇公司［上海达尔威贸易有限公司（简称“达尔威”）］被认定为传销，被罚近 2100 万元。事件引起广泛关注，相关话题登上多个媒体平台热榜。

2018 年 1 月至 2021 年 7 月，达尔威共发展会员 707 万余人，其中红卡会员 65.9 万余人。达尔威涉及传销的相关主营业务收入约 91.71 亿元，主营业务成本为 56.46 亿元，实际发生的有关费用为 34.58 亿元，主营业务税金及附加费用为 3458.29 万元，所得税费为 1046.36 万元，获利 1927.99 万元。最终，保康县市场监督管理局于 2021 年 9 月对达尔威做出行政处罚决定，要求其立即停止传销行为，并没收违法所得 1927.99 万元，罚款 170 万元，合计罚没 2097.99 万元。

据石家庄市裕华区市场监督管理局透露，达尔威涉嫌利用网络从事传销活动被查处，财产保全冻结的资金高达 6 亿元。

2022 年 4 月 19 日，有媒体又爆出石家庄市裕华区市场监督管理局早于 2021 年 7 月 20 日就查封了达尔威旗下全资子公司持有的一栋有 96 套房的大楼，价值 17 亿元。

此前有媒体报道称，2018 年，达尔威纳税额高达 12.6 亿元，成为当年青浦区的纳税冠军，中通、申通、韵达这三家快递公司也只能排在其后。

这则消息看起来与我们谈的主题（股权架构及公司架构）并无关联。但总有一些人喜欢刨根问底，并做出各种各样的猜测与议论，还有人“扒出”达尔威采用了 VIE 架构。我们先来看看，达尔威是否采用了 VIE 架构。

要把达尔威公司架构（尤其是上层境外架构）全部理清不是一件容易的事情，这是一个“商业帝国”。

2022 年 5 月 11 日天眼查公开的信息显示：林吉荣（林瑞阳原名）有 56 家企业；张淑琴（张庭原名）有 85 家企业；上海广鹏投资管理咨询有限公司对外投资的企业有 38 家；上海胜极生物科技有限公司对外投资的企业有 32 家；达尔威对外投资的企业有 27 家。

为了方便理解，根据天眼查公开的信息，我们将与达尔威有关的股权架构做了一个简单的梳理。

如图 2-12 所示，达尔威成立于 2013 年，注册资本 2.3 亿元，法定代表人为林吉荣。天眼查信息显示，达尔威的企业类型为外商投资企业与内资合资。达尔威的前三大股东，分别为上海广鹏投资管理咨询有限公司、上海胜极生物科技有限公司以及上海上阳投资管理咨询有限公司。而这三家企业均为台港澳法人独资企业，母公司分别为领扬科技有限公司（香港公司）、展丽（香港）有限公司以及注册在英属维尔京群岛的 LIN RAY YANG ENTERPRISE LTD。

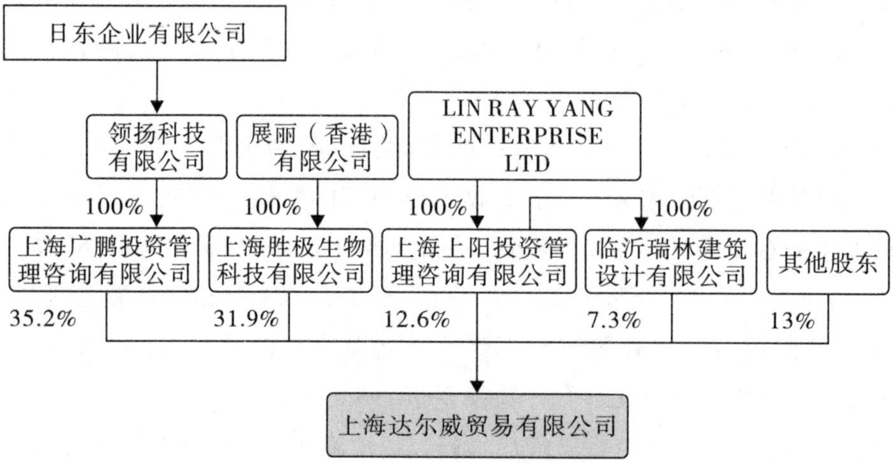

图 2-12　上海达尔威贸易有限公司股权架构

显然，达尔威并不是 VIE 架构，它只是一家合资企业，就是这么简单。

达尔威的股东中，并没有张庭夫妇的名字，但股权结构穿透到第三层控股公司，领扬科技有限公司（香港公司）、展丽（香港）有限公司，执行董事都是张淑琴，控制了 67.1%的股份，而林瑞阳（林吉荣）是达尔威的法人代表。LIN RAY YANG ENTERPRISE LTD 因为注册在英属维尔京群岛，信息不公开，我们无法确认是否为林瑞阳（林吉荣）的公司。即使是，上海达尔威贸易有限公司也不是 VIE 架构。

并不是在公司架构中有一个离岸公司就是 VIE 架构。VIE 架构最重要的特征是，通过协议控制来控制境内公司，实现企业利润的可变和转移。在达尔威的架构中，张庭夫妇是直接通过外资公司持股来控制公司的，是直接控股模式，不是 VIE 架构。

在对达尔威的传销处罚中，有一组数据非常引人关注。三年半时间里，达尔威涉及传销的相关主营业务收入约 91.71 亿元，获利 1927.99 万元。

营业收入 92 亿元，利润只有 1928 万元？利润率为 2‰？这个数字的确让人有一点难以置信。尽管如此，既然有关部门公布了数字，并且做出了处罚，有关数字就应该是真实的，不必猜测其他。

在一个庞大的组织框架中，如果控制权是统一的，公司与公司之间要转移利润是一件非常简单的事情。这句话并不针对达尔威。但是在现实中，大部分大型企业、集团公司、上市公司，都会存一些关联交易，“合理”的价格偏离经常存在。关键是把握合适的“尺寸”与“火候”，熟悉并遵守相关法律法规。

2.11 公司架构沙盘：小企业如何从 0 到 1

罗马不是一天建成的，任何公司都是在不断发展的过程中跌跌撞撞，一步一步构建起自己的“商业帝国”。40 多年来，我们亲眼看见一批批企业倒下，也见证了一匹匹黑马异军突起。然，终究是常青者寡！

40 年前中国企业决胜于产品，30 年前决胜于渠道，20 年前决胜于眼光，10 年前决胜于品牌与资本。近年来，经济格局与企业发展模式正在悄悄地发生深刻的变化。未来的竞争将决胜于知识与系统的构建。

股权设计不仅是一门专业知识，还是一门严密的交叉学科（系统）。因为它涉及的不仅是股权与管理，还包括法律、税务、战略与品牌。下面我们做一个沙盘，演绎一下中小型公司架构的变化过程。

2.11.1 初创企业的关键是要有理想

刘备是个野心家，但苦于家境贫寒，势单力薄，40 多岁一事无成。直至桃园三结义，刘备结识了张飞和关云长（关羽），三人合计投资 100 万元，注册了蜀国有限公司开始创业。最初的股权架构如图 2-13 所示。

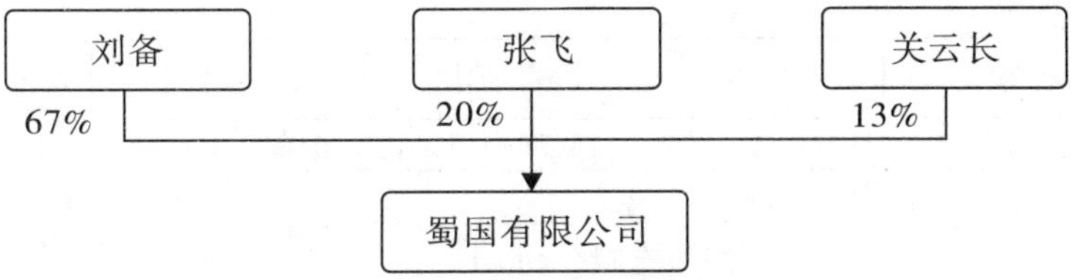

图 2-13　蜀国有限公司早期股权架构

论武功、论钱财，刘备都不如张飞和关云长。但三人一见如故，刘备的人品与梦想打动了两位兄弟。张飞有点积蓄，多出了些钱，但此人豪爽，觉得刘备有文化、有理想，也有激情，三人一致同意按上述股权架构行事。

创业初期，公司的股权架构一般相对简单，此时，你要做的是找准一个项目，搭建好初期的创业团队。没有资金，就找个有钱的朋友；没有技术，就找个有技术的搭档。关键是此时你要有梦想、有目标、有凝聚力和号召力，要能够一声令下，“万箭齐发”。任何一个团队，如果没有一个老大、一个核心领导人，就非常容易散伙。

此时，如果你不是财大气粗、经验丰富，就不需要搞什么控股公司架构，简简单单的自然人股东结构也没什么不妥，这样也方便股东进出。因为结构简单，你不需要搞什么董事会，公司章程中设置一个执行董事就可以了。根据《公司法》规定，有限责任公司有权自主决定股东之间如何分红、表决。张飞经济条件更好一点，出钱多一些，但他心甘情愿由刘备做大股东，公司就这样成立了。

2.11.2 老板的第一任务是找人

经过一年的运作，蜀国有限公司不温不火，虽屡战屡败，但勉强也还能坚持。认真分析之后，刘备发现两个重要的问题：一是团队结构不够完善，几个创始股东都是武夫，没有军师；二是自己在人事安排方面也有不足，经常考虑不够周全。后经朋友介绍，他三顾茅庐，决定请诸葛亮入股公司。

三人商议，一致同意出让10%的股份给诸葛亮。于是，3名创始股东等比稀释，平价转让了10%的股份给诸葛亮。转让后，如图2-14所示，刘备、张飞、关云长、诸葛亮分别持股60.3%、18%、11.7%、10%。

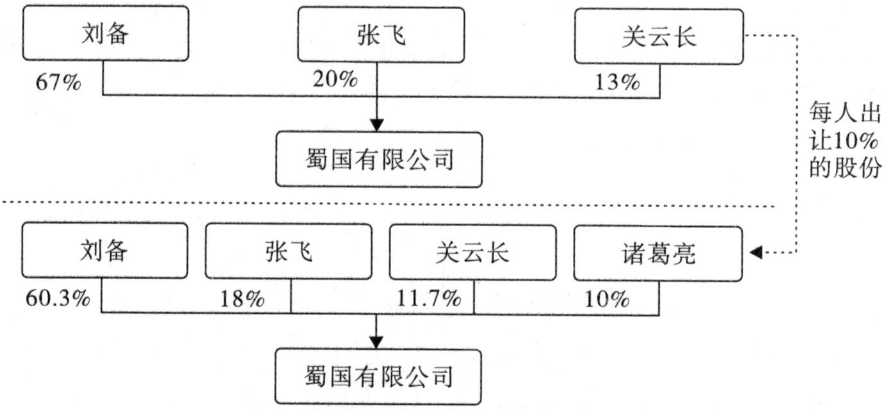

图2-14　蜀国有限公司出让10%的股份给诸葛亮（等比稀释）

诸葛亮还真是个人才，他不负众望，屡建奇功。加入蜀国有限公司不久，“火烧博望坡”“新野之战”，一仗比一仗打得漂亮。张飞和关云长刚开始还有一点不服气，几仗打下来，倒也心服口服。

此时刘备犯难了，他感觉给诸葛亮10%的股份有点少，这人是个人才，胜过两个张飞，一定不能亏待他。可是刘备不好意思再让张飞、关云长出让股份。经过一番思想斗争，刘备一咬牙，决定自己再出让9%的股份给诸葛亮。出让9%的股份，刘备是经过认真计算的。如图2-15所示，一方面继续保持了自己的控股地位，另一方面诸葛亮的股份持有率也排在第二，也算是对得起他了。

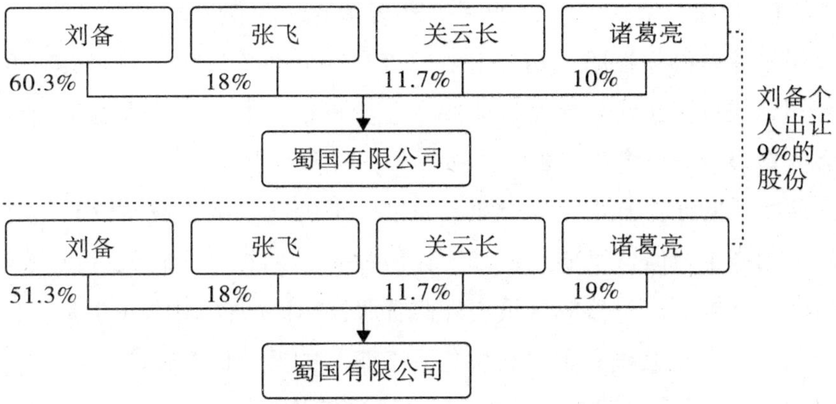

图 2-15　刘备个人再次出让 9%的股份给诸葛亮

创业初期，公司的团队不一定非常完美，之所以创始人在开始时要尽可能做到控股，是从动态、长远的眼光来考虑的。因为随着公司的发展，当后期有新的股东或资本加入时，原始团队的股份会不断稀释。一不小心，创始人可能连一票否决权都没有了。但是，如果后来的股东确实贡献很大，公司也要适时而变，否则等到对方感觉心理不平衡了，可能已经晚了。

在公司发展过程中，股权转让、增资是一个非常重要的环节。一是要把握股权出让（增资）的比例和节奏，二是要妥善解决涉税问题。

如果是对外融资，要控制好节奏。有时候人家给你 1 亿元，你不能要。一是对方开价就是 1 亿元，他可能要的股份比较多，还有一些附加条件，更重要的是，如果公司发展良好，股份在不断溢价，你把 1 亿元的融资目标拆分成 3000 万元、2000 万元、5000 万元，效果更好些。

参见表 2-2，假设公司估值 5 亿元，融资 1 亿元，需转让 20%的股份给投资方，这是方案一；同样是融资 1 亿元，但随着资本增值，估值 5 亿元时融资 3000 万元，估值 7 亿元时融资 2000 万元，估值 10 亿元时再融资 5000 万元，如此一来，公司只要出让 13.8%的股份，就可以实现融资 1 亿元的目标，这是方案二。

表 2-2　一次融资与多次融资股份出让对照

	融资金额	公司估值	转让股份	合计出让股份
方案一	1 亿元	5 亿元	20.0%	20.0%
方案二	3000 万元	5 亿元	6.0%	13.8%
	2000 万元	7 亿元	2.8%	
	5000 万元	10 亿元	5.0%	

税收方面，自然人持股，股权转让的个人所得税税率为20%，计算公式为：（股权转让所得-成本-合理费用）×20%；此外，还要缴5‰的印花税。

初创公司不建议设立控股公司，主要原因是团队还不完善，股东会有变化，一旦设立控股公司，股权转让就会产生25%的企业所得税。如果自然人通过控股公司再把利润拿回私人口袋，需再缴20%的个人所得税，税费有点高。

从个人所得税的计算公式可以得知，如果是平价（或低于成本价）转让股权，个人所得税就不会产生。但这里要注意，转让股权不是你想怎么转就可以怎么转的。从2019年开始，国家出台了一系列政策文件监管股权转让。自2019年1月1日开始实施的《个人所得税法》更是确立了“先税务后工商”的反避税措施：

《个人所得税法》第十五条规定：“个人转让不动产的，税务机关应当根据不动产登记等相关信息核验应缴的个人所得税，登记机构办理转移登记时，应当查验与该不动产转让相关的个人所得税的完税凭证。个人转让股权办理变更登记的，市场主体登记机关应当查验与该股权交易相关的个人所得税的完税凭证。”

对于转让价格的监管，国家税务总局公告2014年第67号文件规定，如果转让价格“明显偏低”且“无正当理由”，税务局可以启动核定征收模式。

国家税务总局公告2014年第67号文件第十二条规定：“股权转让收入‘明显偏低’包括以下几种情形：（一）申报的股权转让收入低于股权对应的净资产份额的。其中，被投资企业拥有土地使用权、房屋、房地产企业未销售房产、知识产权、探矿权、采矿权、股权等资产的，申报的股权转让收入低于股权对应的净资产公允价值份额的。

（二）申报的股权转让收入低于初始投资成本或低于取得该股权所支付的价款及相关税费的。

（三）申报的股权转让收入低于相同或类似条件下同一企业同一股东或其他股东股权转让收入的。

（四）申报的股权转让收入低于相同或类似条件下同类行业的企业股权转让收入的。

（五）不具合理性的无偿让渡股权或股份。

（六）主管税务机关认定的其他情形。”

什么是正当理由呢？国家税务总局公告2014年第67号文件第十三条规定如下：

“符合下列条件之一的股权转让收入明显偏低，视为有正当理由：

（一）能出具有效文件，证明被投资企业因国家政策调整，生产经营受到重大影响，导致低价转让股权；

（二）继承或将股权转让给其能提供具有法律效力身份关系证明的配偶、父母、子女、祖父母、外祖父母、孙子女、外孙子女、兄弟姐妹以及对转让人承担直接抚养或者赡养义务的抚养人或者赡养人；

（三）相关法律、政府文件或企业章程规定，并有相关资料充分证明转让价格合理且真实的本企业员工持有的不能对外转让股权的内部转让；

（四）股权转让双方能够提供有效证据证明其合理性的其他合理情形。”

在上述条款中，（二）可以翻译为直系三代股权的自然人之间转让可以通过平价转让免征个人所得税。举例：

弟弟（小王）在X公司投资了200万元，占股50%，由姐夫代持股份。X公司发展迅速，公司估值达2000万元时，不料姐姐意外离世。小王想通过转让的方式把自己的股份拿回来。到税务局询问后得知，按照估值，小王50%的股份价值1000万元，需缴纳个人所得税（1000万元-200万元）×20%＝160万元。这下把小王愁坏了。

怎么办呢？根据上述第67号文件的规定，小王想出了一个主意：先把姐夫的股权转让给小外甥，再把小外甥的股权转让给外公，外公是小王的老爸，老爸再将股权转让给自己的儿子，通过三份股权转让协议，股权合法合理地回到了小王手上，还免缴160万元个人所得税。如果小王和姐夫之间直接转让，即使是平价转让，税务局仍然可以以实际估值征税。例子虽然简单，但实践中确确实实有人因为缺乏知识，出了不少冤枉钱。表兄表弟之间的转让同理。

2.11.3　老板的第二要务是继续找人

自诸葛亮加入蜀国有限公司以来，公司发展迅猛，一路高歌。但是没过多久，又一件事情摆在刘备面前，难以决策。

长坂坡一战，刘备家小失散，赵云单枪匹马，在乱军中先后救出简雍、甘夫人和糜竺，将他们送到长坂桥。然后再次折回，杀进重围，继续寻找糜夫人和阿斗。虽然糜夫人没有救回，但赵云怀抱阿斗，在曹军中奋勇冲杀，直透重围，这份忠诚和勇气让刘备感动万分。

“像赵云这样的忠臣，为什么当初没有给他一点股份啊？”刘备想着想着，越发觉得对不起赵云。

刘备是大老板，既然已经想到了这一点，直接给赵云一点股份不就行了吗？

但是股份已经分配完毕了，如果再给赵云10%的股份，这个股份从哪里来呢？还有，这几年来，陆续有一些文臣武将加入公司，虽然分不到10%的股份，分个1%或者0.5%也应该啊。除此之外，如果想联合一些其他的力量，例如为了对抗曹操，孙权能助刘备一臂之力，如果孙权提出要20%的股份，刘备能不给吗？

刘备盘算着：先分10%给赵云，再拿10%作为团队持股，搞个员工持股计划，按功劳大小分配。如果孙权愿意合作，预计能拿到20%的股份。不过算到这里，他不能再往下算了。

因为按照这几个计划，刘备要出让40%的股份，即使其他股东同意等比例稀释，刘备手中剩余的股份也只有51.3%了，出让股份后，51.3%×（1−40%）= 30.78%，刘备自己的股份就只有30%左右了。失去了一票否决权，万一有几个人联合起来搞个“造反”，刘备连董事长都做不成了。

经过两天的思考，刘备还是找到了办法：成立一家合伙企业（蜀川有限合伙企业），把赵云和其他员工的股份“装”到合伙企业里面。此举一方面方便股权的动态调整，另一方面刘备自己可以做合伙企业GP，把这部分的表决权掌握在自己手里。

思路定了，刘备就跑去和各位股东开会，商量方案。

张飞、关云长、诸葛亮表示，他们对刘备的方案基本没意见。为了公司的发展，吸收赵云是对的，对其他高管的激励计划原则上也同意，不过大家觉得，给赵云分配10%的股份，再给其他员工分配10%的股份，合计20%，有点多。为了表示对大家的尊重，最终股东会决定将蜀川有限合伙企业的持股比例定为15%。

刘备计划长期持股，考虑到还要做蜀川有限合伙企业的GP，他决定在做这个变更时，一并成立蜀道管理咨询有限公司，把自己在合伙企业的股份转到公司来。

一切按计划进行。通过此次操作，蜀国有限公司的股权结构变化如图2-16所示。

刘备、张飞、关云长、诸葛亮等比稀释15%给蜀川有限合伙企业。原先4名股东的股份变为43.605%、15.3%、9.945%、16.15%。由刘备持股改为蜀道管理咨询有限公司持股，同时用这家公司做了蜀川有限合伙企业的GP。

张飞看了一下这张图，马上找到刘备说：“老大，好像不对啊，赵云怎么有60%的股份啊？”

刘备说：“哦，我跟你解释一下，蜀川有限合伙企业总共占蜀国有限公司的股份是15%，赵云的股份是这个15%里的60%，实际上赵云在蜀国有限公司的股份是0.15×9%=9%（0.15×0.6）。你原来持有蜀国管理咨询有限公司的股份是18%，出让15%给蜀川有限合伙企业后，你的股份是15.3%［0.18×（1−0.15）］。明白了吗？”

“明白了，明白了。”经过刘备这么一说，张飞连忙点头。

通过上面的操作，刘备直接掌控了蜀道管理咨询有限公司43.605%的股份，加上蜀川有限合伙企业的15%，共计58.605%。刘备掌握的股份比原来还多了一点，其他三人表示没意见，员工股权激励计划就这样完成了。刘备仍然掌控了蜀国有限公司。

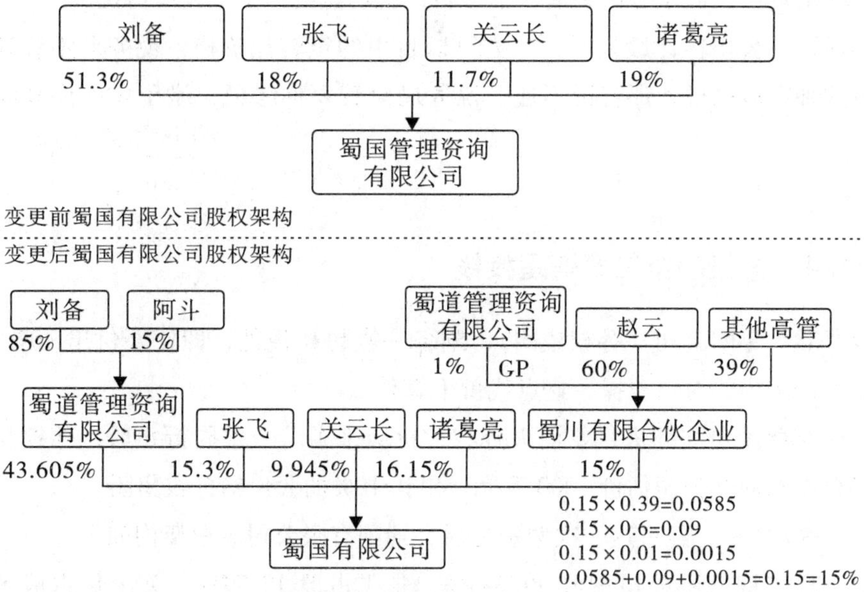

图 2-16　变更前后的蜀国有限公司股权架构

尽管如此，刘备还是看得出来，因为事先没有和各股东约定员工股权激励计划，他们心里还是有一点不爽的。这已经是第二次稀释张飞和关云长的股份了，诸葛亮是第一次。

通常来说，员工股权激励计划在公司成立初期就应该约定。有限责任公司可以预留出 10%～15%的股份，前期由某个股东代持，但协议和章程要写明，避免以后发生争议。

需要注意的是，经过这次公司架构的调整，新成立了两家公司，一家是蜀道管理咨询有限公司，另外一家是蜀川有限合伙企业。这个调整（股权转让）会产生新的税务问题吗？

4 名原股东出让 15%的股份转给蜀川有限合伙企业会不会产生个人所得税，关键是看转让价格以及股权资产是否增值。理论上平价转让不会产生个人所得税，但如果转让价格明显偏低，也可能要征税。

刘备的股份转到蜀道管理咨询有限公司，因为蜀道管理咨询有限公司的股东只有刘备和阿斗（二人为父子关系），可以视为有正当理由进行平价转让或 1 元转让，免征个人所得税。

还好，蜀国有限公司此时也还没有多少资本积累，公司净资产变化不大，可以平价转让，基本上不存在上述问题。

所以，调整公司股权结构不宜太晚，要选择合适的时机，这很重要。如果公司积累了很多固定资产，或未分配利润，平价转让就可能会产生个人所得税。

换句话说，公司转让股权时，双方可以自由约定转让价格，税务局不管这事。但你想通过这种手段偷税，那就行不通。税务局只管要你缴税，缴了税，你 0 元转让也没问题。

2.11.4　老板的第三要务是找钱

孙权背靠大集团公司（孙权集团），刘备一直想拉拢他，即使要付出 20%的股份，也觉得划算，因为要对付曹操，这点代价不算什么。

正好此时曹操水陆并进，要消灭孙权，机会来了。一番周折之后，孙权与刘备终于达成了合作意向。公司估价 5000 万元，出让 10%的股份给孙权集团。

如图 2-17 所示，经过这一次融资之后，蜀国有限公司股权架构如下：

蜀道管理咨询有限公司占股 39.244%，张飞占股 13.77%，关云长占股 8.950%，诸葛亮占股 14.535%，蜀川有限合伙企业占股 13.5%，孙权集团占股 10%。刘备认真看了一下，蜀道管理咨询有限公司还有 39.244%的股份，一票否决权还在手上，加上蜀川有限合伙企业 13.5%的股份也在自己手上，刘备在蜀国有限公司的实际占股为 52.7%，拥有对公司的实际控制权。于是，刘备与孙权签订了合作协议。

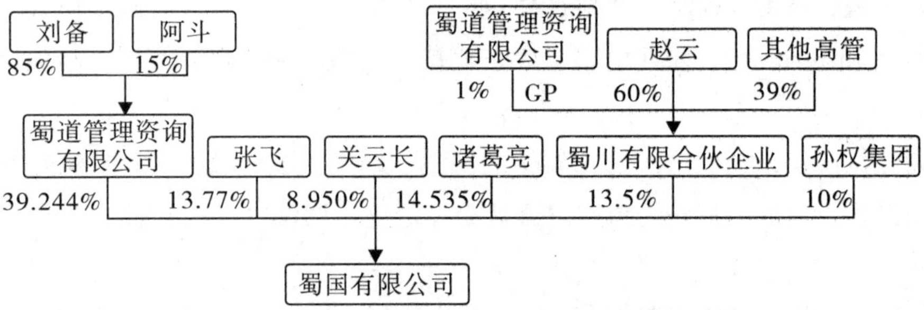

图 2-17　蜀国有限公司融资后的股权架构

这次协议，所有股东都没有任何意见，一是因为这一次融资资本增值了，二是经过上次的员工股权激励计划，公司的章程做了修订，章程写得清清楚楚，对外融资需等比稀释各自的股份。

张飞算了笔经济账，最初投了 20 万元，这一票就“捞”回来了。张飞出让股份为 1.53%（15.3%×10%），公司估值 5000 万元，张飞转让收益为 76.5 万元（5000 万元×1.53%）。关键是张飞手上还有 13.77%的股份，持股价值由最初的 20 万元投入变为 688.5 万元（5000 万元×13.77%）。

张飞大笑三声，扬长而去……

2.11.5 老板的第四要务是“填空”

事实证明，联吴抗曹无比正确。赤壁之战，孙权不仅击退了曹军，还为刘备奠定了三足鼎立的基础，公司实力大增。刘备开始考虑对公司进行股份制改造，并着手进一步规划蜀国有限公司的宏伟蓝图。

如图 2-18 所示，在公司架构中，以公司为中心，画一条水平线。上半部分结构解决的是资金、资源、人才和控制力的问题，考验的是公司的资源整合能力，体现价值观导向；下半部分结构解决的是战略、定位、布局与竞争力的问题，考验的是公司的战略管理能力，体现的是系统化思维。

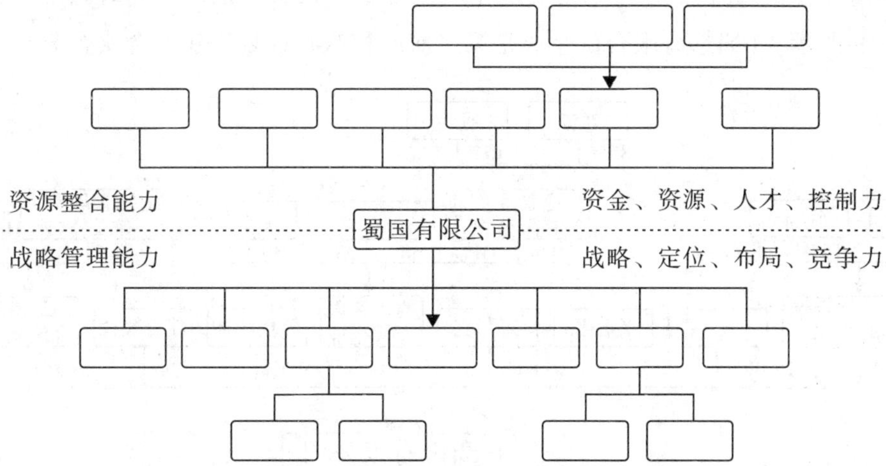

图 2-18　公司架构中的顶层结构与底层结构

为了表述方便，我们将水平线上半部分暂且称为“顶层结构”，水平线下半部分称为“底层结构”。一般来说，那些顶层结构停滞不前的公司，比如夫妻公司，两年前老公占股 80%，老婆占股 20%，两年后还是这个结构。这样的公司（作为最顶层的控股结构除外）无非是两个问题，一是老板没有什么资源，无法进行整合；二是老板理念有问题，舍不得“分钱”给其他人。因为在顶层结构中，每一个“框框”都是分钱的“主”。但正是因为这样，相关的资本、资源、人才才能更好地为公司发光发热，这些资源不进来，公司的发展必然受限。

顶层结构为底层结构提供支持，底层结构为顶层结构获取利润。底层结构要如何设置，取决于公司的战略目标、市场定位、产业链和市场布局，最终表现出来的是竞争力与盈利能力。

说回刘备，我们看看刘备接下来是怎么做的？

赤壁之战，蜀国有限公司缴械无数，公司净资产大增，加上前期孙权集团融资了500万元，账面资产已经高达2000万元了。更重要的是，这一仗打得实在是漂亮，公司的无形资产得到了很大的升值。

当初曹操写信给孙权，扬言要统领水军80万人，彻底追歼刘备，然后再屠东吴。两军交战，结果是曹军伤亡过半，落荒而逃，若不是关云长在华容道放曹操一马，曹操差点连小命都丢了。蜀国有限公司声望大增，无人不知。

不过，此时刘备很清醒，他知道自己地盘大不，必须趁热打铁，一举拿下江南四郡。同时，刘备也意识到，此一战虽然大获全胜，但无数官兵浴血奋战，将士们功不可没。于是，刘备决定对蜀国有限公司的公司架构做进一步调整，一是要再搞一轮员工股权激励计划，二是要定向募资。员工股权激励计划好办，吸取前次经验，依葫芦画瓢即可。定向募资怎么办？刘备决定先从江夏集团入手。很快，刘备画出公司架构，如图2-19所示。（蜀远有限合伙企业是第二次股权激励计划搭建的合伙企业）

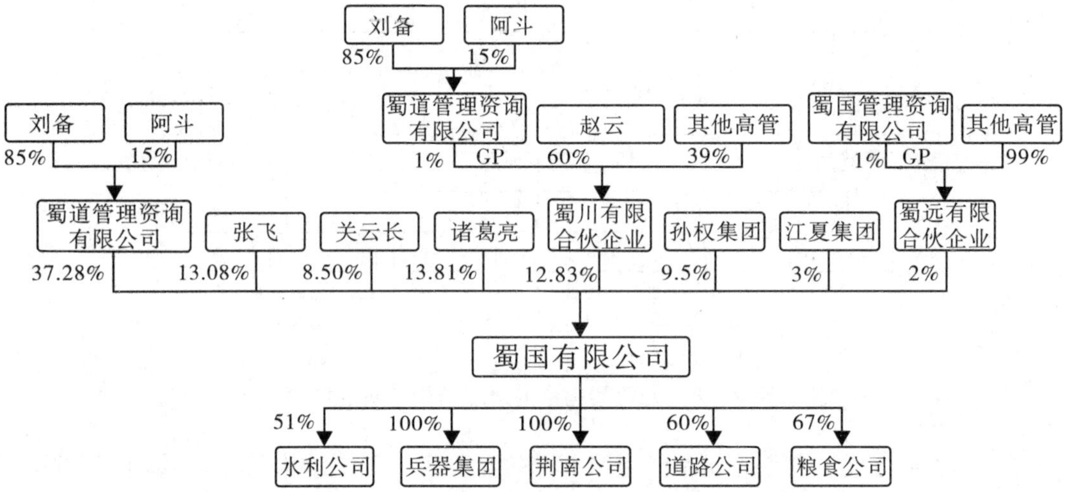

图2-19 进一步调整后蜀国有限公司的公司架构

刘琦作为刘表的长子，当时是最为正统的荆州继承人，背靠江夏集团。刘琦一向尊敬刘备，以叔称之。他在荆州是有一定影响力的，而且手下还有1万名战兵，这是刘备最想要的。江夏集团对于刘备来说，至关重要。为了取得刘琦的资源支持，刘备锁定了目标，在原有框架的基础之上，出让3%的股份，向江夏集团募资1500万元，使之成为蜀国有限公司的战略合作者。此时，蜀国有限公司的估值已高达5亿元。

顶层架构就这么基本确定了，那底层架构该怎么弄？

首先，由刘备亲自挂帅，成立荆南公司。他的目标非常明确——攻取荆南四郡。

这是重中之重，必须亲自上马，张飞、关云长等辅之。

其次，从全方位布局考虑着手底层架构。刘备画上了5家公司：水利公司、兵器集团、荆南公司、道路公司、粮食公司。由蜀国有限公司100%控股兵器公司、荆南公司，暂定51%控股水利公司，60%控股道路公司，67%控股粮食公司。

拟上市公司的布局完成，蜀国有限公司董事会如期召开。会上，战略思路全票通过。

至此，当初仅有三个自然人股东的蜀国有限公司，俨然成了一家准上市公司了。

2.11.6 搭建一个简单的混合式公司架构

我再讲一个公司架构搭建的案例，通过这个案例，大家可以了解控股公司架构到底要怎样来搭建，可以解决什么问题。

佰富农业有限公司（简称“佰富农业”）成立于2014年3月，是博哥的一人有限责任公司，注册资本1000万元。现有员工150人。公司主要业务是大米加工、销售、稻谷收购、粮油食品代理销售。公司营业收入大约1亿元。公司对外投资了一家农业公司——佰豪农业有限公司（简称“佰豪农业”）。佰富农业90%控股佰豪农业，另外，佰富农业还设立了一家分公司——佰富农业分公司。

这个公司架构改写自一个真实案例，也是比较常见的公司架构，如图2-20所示。但是这个架构有几个明显的缺陷。

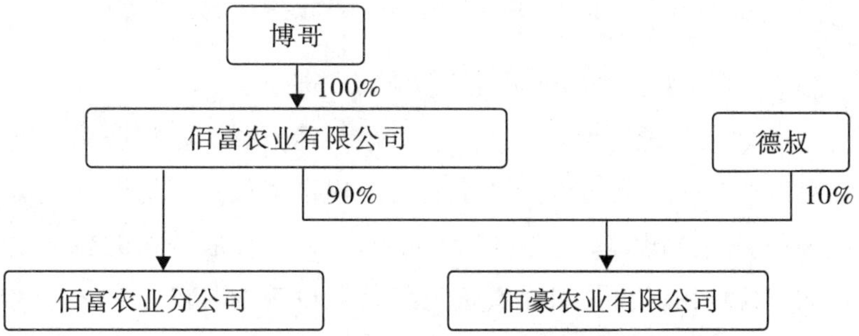

图2-20 佰富农业有限公司股权架构

首先，主体运营公司是一家一人有限责任公司，当公司发生债务风险的时候，博哥非常有可能需要承担无限连带责任。换句话说，如果某天公司对外欠了5000万元，公司还不起的时候，博哥的个人资产可能被执行。这个风险比较大。

其次，公司股权过于集中，抗风险能力很弱。很多企业老板，在企业可以赢利的时候往往容易忽略风险。贾国龙在疫情之前经常说“西贝不差钱，也永远不准备上市”。但是2020年春节前后，一个月左右的时间，西贝营收损失就高达7亿多元，公司连员工工资都发不出。这种风险对每一个企业来说，都不可避免。一人公司的规模越大，风险越大，开放股权有利于分散风险。

另外，佰富农业有两个分支机构，一个分公司和一个子公司。这个架构的业务划分是否科学？是否有利于强化公司的竞争能力和税务管理？分公司模式好还是子公司模式更好？这也是要考虑的一个问题。

一般来说，公司顶层结构的设计一定要结合公司的实际情况，要以公司战略目标及竞争力形成作为出发点。解决博哥公司的问题，我们实际上只要搭建一个简单的控股公司架构就可以了。如图2-21所示，我给大家准备了一个通用模型：

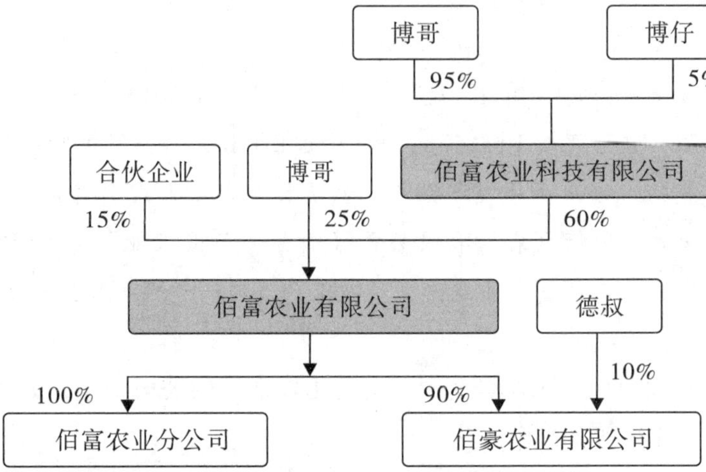

图2-21　佰富农业有限公司股权架构改良（通用模型）

在图2-21这个结构中，我们做了几个简单的调整：

（1）搭建一个家族公司（佰富农业科技有限公司）作为控股公司。这个控股公司的搭建：一是可以避免一人公司可能产生的无限连带责任；二是可以把运营公司的利润沉淀到控股公司。当公司需要进行再投资的时候，以控股公司的名义去投资，这样可以起到一定的节税作用，当公司需要进行跨行业投资的时候，有一个控股公司作为桥梁，业务板块区隔就很容易实现。如果没有这个控股公司，所有的投资都只能以佰富农业的名义进行，业务板块就不能区隔，这样管理起来是比较麻烦的。红星美凯龙在上市之前，因为地产业务和家居商业全部放在红星美凯龙公司旗下的20多家公司，股权结构与业务板块交错复杂。但是，自2011年开始，国家不再允许房地产企业在A股上市。红星美凯龙为了剥离地产业务，经历了整整4年时间的整改。同样的道理，控股公司的搭建，可以避免佰富农业以后在做多元化投资时发生类似问题。

（2）在上面的架构中，有限合伙企业可以用于员工持股，留住核心人才。

（3）更重要的是，我们拆分了一部分股份由博哥以自然人身份持股。这是一个非常关键的设计。这部分股权是为资本引进而设计的。当条件成熟，公司可能实现溢价股权转让时，这个设计可以节很多税。如果博哥的股份全部放在控股公司，当公司发展到一定规模时，倘若博哥想通过股权转让变现一部分投资，在转让时控股公司就要交 25%的企业所得税，然后再交 20%的个人所得税，这样的税负是比较重的。

2.12 公司架构与税务筹划分析

2.12.1 公司架构与税务筹划

税务筹划是所有企业老板都非常关心的一个问题，这四个字给人留下很多联想的空间。确实，股权税务是一门大学问。

在很多老板看来，税务筹划就是钻法律与政策的空子，市场上也的确有些所谓的税务筹划，实际上干的是偷税的活。在他们看来，“偷”的意思是：抓到了你，你就是偷税，没有抓到你，你就是节税。这是一个错误的逻辑。偷税就是偷税，如果是合理节税就不是偷税逃税。

2021 年 12 月 20 日，浙江省杭州市税务局公布薇娅偷逃税款的处理结果，薇娅被依法追缴税款、加收滞纳金并处罚款，共计 13.41 亿元。对此，薇娅的丈夫董海锋在社交媒体发布致歉信，“甩锅”给税务筹划公司。道歉信称：“我深知我们在税务上并不专业，因此聘用所谓的专业机构帮我们进行税务统筹合规，但后来发现这些所谓的合法合规的税务统筹均存在问题……”

究竟是老板不懂，还是税务筹划不够专业，我们无从证实。不过股权架构与公司架构的设计，必然涉及不同的企业组织形式。而不同的企业组织形式，有不同的税务政策。因此，公司架构的设计有必要合理规划，统筹安排。

有一个比较现实的问题是，股权架构与公司架构的设计，涉及法律、财税，又涉及战略与管理。传授股权架构与公司架构知识的老师必须同时是会计师、税务师、律师，还是管理专家，这样的老师比较稀少。正因如此，不同专业的老师讲的股权设计不尽相同。

当然，打铁还要自身硬。如果企业老板一开始就是想搞点小动作以实现避税目标，这样的老板就很容易被人套路，或是掉进“坑”里。因为对于“老师”给出的方案，你毫无识别能力。同时，你所有的关注力都在一个地方——是不是少缴了税。

最近两年，明星、网红在这方面频繁出事，一个重要的原因是他们不懂股权设计，也没时间学习税法。他们只问经纪人一句话：“那件事，你帮我搞定了没有？”

聪明的经纪人只能回答：“已经搞定了，您放心。”为什么只能这样回答？因为

“搞不定”，你就是无能。别人都知道霍尔果斯、临沂、海南，就你不知道，你还混不混啊？

2.12.2 增值税征收原理及节税途径

事实上，税务筹划没有想象的那么复杂，也没有像某些税务筹划公司广告宣传的那么神奇（动不动就节税 90%）。广告不神奇怎么能割你这棵韭菜呢？

增值税是我国税务体系中最重要的一个税种，由国家税务总局负责征收，增值税的 50%为中央财政收入，50%为地方收入。2021 年，国家税收总收入为 172731 亿元，同比增长了 11.9%，其中增值税收入 63519 亿元，排名第一，占比 36.8%。作为国家第一大税种，增值税的地位与重要意义不言而喻。也正因如此，在目前国内的 18 个税种中，直接纳入刑法的只有增值税，即虚开增值税发票罪。与增值税有关的犯罪量刑标准如下：

- 虚开增值税专用发票或者虚开用于骗取出口退税、抵扣税款的其他发票的，处三年以下有期徒刑或者拘役，并处二万元以上二十万元以下罚金；
- 虚开的税款数额较大或者有其他严重情节的，处三年以上十年以下有期徒刑，并处五万元以上五十万元以下罚金；
- 虚开的税款数额巨大或者有其他特别严重情节的，处十年以上有期徒刑或者无期徒刑，并处五万元以上五十万元以下罚金或者没收财产。

对于增值税的税务筹划，首先要有一个清醒的认识，增值税是国家财政收入的重要来源，不要轻易动歪脑筋。

增值税=销项税额-进项税额

依据上面的公式，降低增值税的途径只有两个：一是减少销项税额，二是增加进项税额。

减少销项税额的办法就是公司销售产品的收入不进公司的账户，也不开具发票，直接进入私人账户。这是明目张胆的违法行为，很可能触犯逃税罪、挪用资金罪、侵占罪，万万使不得。增加进项税额的途径就是虚开发票，这直接构成犯罪。

所以从增值税征收的公式原理上来说，并没有多大的税务统筹空间。企业要做的是，尽量取得上游企业的增值税发票。没有增值税发票，公司的增值税会偏高。

在进项税额方面有一个实际的问题，公司的原材料采购以及一些其他成本可能没有发票，例如人工工资等，因此有些企业“迫不得已”去搞点发票回来。不过法律条款并没有针对这种“迫不得已”情形的免责。

如图 2-22 所示，增值税的节税途径虽然不多，但如果多想想，还是可以做一点筹划的。

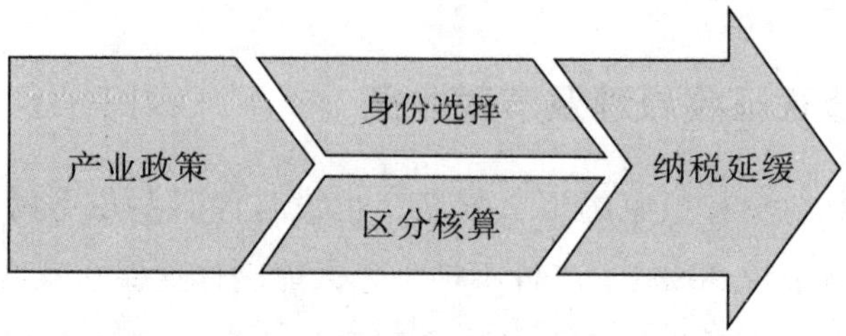

图 2-22　增值税税务筹划的四个方向

增值税征收政策首先区分了一般纳税人与小规模纳税人，一般纳税人适用的税率主要有四档：13%、9%、6%、0，小规模纳税人（包括允许简易计税的一般纳税人）通常税率为 3%。

> 一般纳税人适用 13%税率的主要包括：销售货物，提供加工、修理修配劳务以及进口货物，提供有形动产租赁服务。适用 9%税率的主要包括：提供交通运输业服务、建筑服务、不动产销售与租赁服务、基础电信服务、邮政服务，转让土地使用权，销售式进口农产品（含粮食）、自来水、暖气、石油液化气、天然气、食用植物油、冷气、热水、煤气、居民用煤炭制品、食用盐、农机、饲料、农药、农膜、化肥、沼气、二甲醚、图书、报纸、杂志、音像制品、电子出版物等。适用 6%税率的包括：提供现代服务、生活服务、金融服务、增值电信服务等。适用 0 税率的包括：出口货物等。

产业政策

增值税相对其他税种来说略显复杂。要想对增值税进行筹划，首先要了解国家有关的优惠政策。增值税的优惠政策主要适用于国家鼓励发展的产业、产品，如软件产业、集成电路、智能制造。国家也鼓励产品出口，除了国家限制的外，产品出口基本是 0 税率。

身份选择

一般纳税人与小规模纳税人的税率不同。小规模纳税人通常税率为 3%，并且国家还出台很多政策，对小规模纳税人的增值税进行减免。

如果预期增值额比较大，不能取得足够的进项税额，可以考虑小规模纳税人身份。根据2023年1月9日财政部、税务总局公告2023年第1号文件规定："一、自2023年1月1日至2023年12月31日，对月销售额10万元以下（含本数）的增值税小规模纳税人，免征增值税。二、自2023年1月1日至2023年12月31日，增值税小规模纳税人适用3%征收率的应税销售收入，减按1%征收率征收增值税；适用3%预征率的预缴增值税项目，减按1%预征率预缴增值税。"

一般情况下，登记为一般纳税人之后，除非有政策规定，不得转登记为小规模纳税人。但通过拆分子公司的架构，可以"变身"为小规模纳税人。

当然，如果预期增值额不大，能够取得的进项税额较多的，可以选择一般纳税人身份，此类情形无须刻意筹划。

区分核算

对于企业销售的产品和服务涉及多个税率的，如果不能分开核算，税法按规定是从高税率征收的。例如移动的电信服务，其基础电信服务的税率为9%，增值电信服务的税率为6%，如果不分开核算就要按9%的税率征税。又例如，销售需要安装的机器设备，销售设备的税率为13%，安装设备的税率为9%，可以分开核算，如果不分开报价也不分开核算，就全部按13%的税率征税。

如果你对你的产品有信心，将其打入海外市场是个不错的选择。只要你的产品不是国家限制出口的，那么你的产品出口到境外的税率就是0，如果你是一般纳税人，还可以退税。

纳税延缓

在采用分期付款方式销售的情况下，要尽可能按照约定的收款日期开出发票，确认销售实现。到每个月月底时，若非必要情况，要尽可能等到下个月初才开票结算，这样可以多获得近一个月的纳税周期（这要结合公司的合同规定和收款等具体要求做出判断）。

2.12.3 企业所得税筹划思路

企业所得税是根据企业的经营产生的利润而征收的一种税。通俗一点说，也就是有利润才缴纳的税。对于企业所得税的筹划，如图2-23所示，大致可以从以下四个方向考虑。

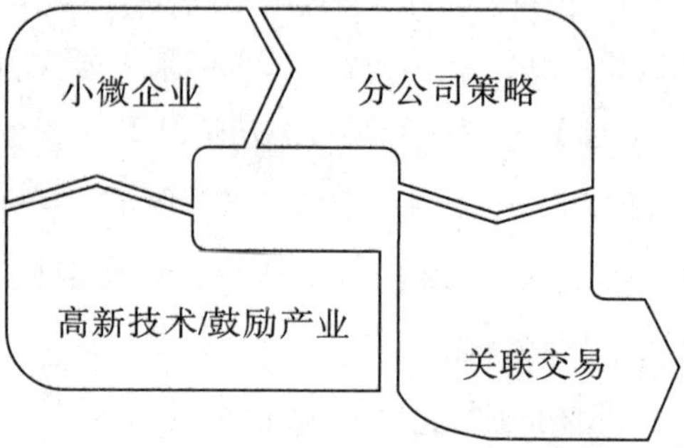

图 2-23 企业所得税筹划方向

高新技术，鼓励产业

我国是鼓励高新技术企业发展的。如果你的企业属于高新技术产业，只要获得高新技术企业的资格认证，就可以享受三免三减半的企业所得税优惠待遇。实际上，企业所得税税收优惠不限于高新技术产业，只要是国家鼓励发展的项目，如环境保护、节能节水、污染防治、重大基础设施等，就有机会获得三免三减半的企业所得税优惠。一般情况下，企业所得税的税率是 25%。以下几种情况企业所得税的税率为 15%：

- 高新技术企业；（根据《企业所得税法》第二十八条规定）
- 西部地区鼓励类产业企业；（根据财政部、税务总局、国家发展改革委公告 2020 年第 23 号规定）
- 技术先进型服务企业；（根据财税〔2017〕79 号、财税〔2018〕44 号文件的规定）
- 从事污染防治的第三方企业；（根据财政部、税务总局、国家发展改革委、生态环境部公告 2019 年第 60 号文件的规定；根据财政部、税务总局公告 2022 年第 4 号文件的规定）
- 注册在海南自由贸易港并实质性运营的鼓励类产业企业；（根据财税〔2020〕31 号文件的规定）
- 中国（上海）自贸试验区临港新片区重点产业企业。（根据财税〔2020〕38 号文件的规定）

依据上述内容，进行企业所得税筹划的第一个方向是可以查阅上述文件，看企业是否符合条件。如果不符合条件，第二个方向是看是否符合小微企业条件。

小微企业

什么是小微企业？我们在第一章已经介绍过，小微企业的三个标准是：年度应纳税所得额不超过 300 万元；从业人数不超过 300 人；资产总额不超过 5000 万元。简称“335”标准（非限制和禁止行业）。

对于小微企业与小规模纳税人的区别，可以用一句话概括：小微企业讲的是利润（300 万元以下），小规模纳税人讲的是营业收入（500 万元以下）。需要注意的是，如果符合“335”标准，一般纳税人也可以是小微企业。

小微企业优惠税收政策，依据财政部、国家税务总局公告 2023 年第 6 号文件“对小型微利企业年应纳税所得额不超过 100 万元的部分，减按 25%计入应纳税所得额，按 20%的税率缴纳企业所得税”的规定，实际税负率为 5%。100 万元～300 万元部分，财政部、国家税务总局 2022 年第 13 号文件规定：“自 2022 年 1 月 1 日至 2024 年 12 月 31 日，对小型微利企业年应纳税所得额超过 100 万元但不超过 300 万元的部分，减按 25%计入应纳税所得额，按 20%的税率缴纳企业所得税。”本条仍然有效，税负率也是 5%。

假设 A 公司利润是 301 万元，按 25%的税率缴纳所得税为 75. 25 万元（301 万元×25%）。如果 301 万元是 A、B 两家公司（可以是母子公司）的利润，A 公司是 90 万元，B 公司是 211 万元，那 A、B 两家公司应缴多少税呢?

A 公司：90 万元×5%＝4. 5 万元；

B 公司：211 万元×5%＝10. 55 万元；

两家公司合计纳税为 15. 05 万元。

上述例子，第一种方案纳税 72. 25 万元，第二种方案纳税 15. 05 万元。在这种情况下，可以考虑利用母子公司架构，将 A 公司一分为二。

分公司策略

上述第二种思路，从公司利润上来看，母子公司均有赢利。但实践中还有一种情况，即子公司亏损。

预测子公司亏损的情形，从税务筹划的角度来考虑，更好的组织形式是成立分公司。因为分公司为非独立法人企业，母公司可以将各分公司的盈利汇总计税，盈亏可以相抵。子公司为独立法人，母公司、子公司之间的盈亏是不能相抵的。举例：

假设 A 公司利润是 1000 万元，按 25%的税率缴纳企业所得税为 250 万元。B 公司为 A 公司的全资子公司，B 公司亏损 500 万元，所得税为 0。A、B 合计企业所得税为250万元。如果B公司不是独立法人，而是分公司，那么A公司的所得税为125万元［（1000万元-500万元）×25%］。B公司所得税为0，A、B合计企业所得税为125万元。

“拆”是企业所得税筹划中一个非常有效而且合法的办法。但你需要考虑实际情况，事先评估，做出科学的预测。什么时候设立，是设立分公司还是子公司，还是有些讲究的。

此外，如果你的产业适合某些特定区域的要求，选择在这些特定区域设立企业也是可以考虑的。例如，在横琴新区、福建平潭综合实验区、前海深港现代服务业合作区设立国家鼓励类的产业，可以按15%的税率征收企业所得税。（根据财税〔2014〕26号文件的规定）。

我有个朋友，开了一家策划公司，2021年赚了310万元。根据有关规定，利润超过300万元的企业就不是小微企业了，企业所得税税率是25%，也就是说，310万元的应纳税所得额是77.5万元（310万元×25%）。2021年11月，他问我有没有什么办法可以降低税费？我给他说了一个字：捐。结果他捐了20万元，公司反而“赚”了36万元——公司捐了20万元，利润是290万元，公司变身小微企业，根据2021年有关政策规定，利润100万元之内按2.5%缴税是2.5万元，100万元～300万元按10%缴税是19万元，公司捐了20万元，共花费了41.5万元。相比77.5万元，节约了36万元。

2022年，他又问我，今年的利润可能会有400万元左右，到时候该怎么办。2022年，国家加大了对小微企业的优惠政策力度，根据财政部、税务总局2022年13号文件的规定，利润100万元以内的企业所得税税率是2.5%，利润100万元～300万元的企业所得税税率是5%。但是400万元的利润已经享受不到这个政策了，按照企业所得税25%的税率计算，今年这家公司大约要缴税100万元。400万元超过小微企业的300万元太多，不能再用去年的老办法。如果是两家小微企业，要缴的企业所得税大概是15万元，相差还是很大的。我给他回了一个字：拆。这个字价值85万元——按照正常企业所得税税率25%计算，400万元利润应缴税额为100万元（400万元×25%）。拆分成两家小微企业后，每家企业纳税额为7.5万元（100万元×2.5%+100万元×5%），两家小微企业合计缴税只要15万元左右。企业拆分合理、合法。

关联交易

既然所得税以利润为基础，做大成本费用不就可以了吗？

理论上是对的，但是公司的成本费用你可能无法做大。例如：

根据《中华人民共和国企业所得税法实施条例》第四十条规定："企业发生的职工福利费支出，不超过工资薪金总额14%的部分，准予扣除。"

根据《中华人民共和国企业所得税法实施条例》第四十三条规定："企业发生的与生产经营活动有关的业务招待费支出，按照发生额的60%扣除，但最高不得超过当年销售（营业）收入的5‰。"

除职工福利与业务招待费外，以下七种费用支出《中华人民共和国企业所得税法实施条例》都有限额限制：

补充养老、医疗保险费（第三十五条）；利息支出［第三十八条（二）］；工会经费（第四十一条）；职工教育经费（第四十二条）；广告费和业务宣传费（第四十四条）；公益性捐赠（第五十三条）；准备金支出（第五十五条）。

此外，《财政部　国家税务总局关于企业手续费及佣金支出税前扣除政策的通知》（财税〔2009〕29号）还对手续费及佣金做出了特别的限额规定。

当然，在费用方面，合理利用加计扣除是可以的，例如研发费用的加计扣除、残疾员工的工资加计扣除等，但总体来说效果有限。

除了产业、区域、地区投向、企业身份等可以影响企业所得税外，企业的核算方法也是可以影响企业所得税的。例如，折旧是可以抵税的，如果企业用加速折旧的方法计提折旧，那么前期的利润就会减少，前期的企业所得税也会减少。虽然从长期来看没有减少企业所得税，但是可以缓交，减少前期的现金支出。

真正的税务筹划，不要企图在税收公式上找答案，这条路已经行不通了。在第三章我用了很大篇幅讲解关联交易。事实上，利用关联交易调整公司利润是非常有效的办法。此部分内容暂不详述。

2.12.4　个人所得税节税途径

很多老板都认为公司是自己的，发不发工资，发多发少都无所谓。其实工资怎么发，发多少也是有学问的。

老板、股东不发工资，成本计入利润，显然企业所得税就会偏高。有的老板嫌报账麻烦，干脆就给自己大发工资，后来税务人员找上门来要他补税。老板在自己的公司不领工资或大额领取工资都不划算。不领工资，企业的利润就会虚增而多缴企业所得税，而且个人又得不到实惠，万一公司破产连工资都没拿到就更亏了。而工资领得太多，要缴高额个人所得税，这也不划算。股东领取企业分红的股利、股息后要缴的个人所得税税率是20%；领取工资薪酬要缴20%的个人所得税，税率临界点金额为每月1.2万～2.5万元，即年薪酬14.4万～30万元。（已经扣除月起征点5000元）也就是说，个人年领取工资额超过36万元，就要缴更多的个税。

住房公积金的缴存比例为工资的5%～12%，在这个范围内是可以抵扣税的。有条件的企业可以适当提高住房公积金缴存比例，提高税前扣除额。（个人上年度月平均工资的12%以内，缴存工资标准不得超过社会平均工资的3倍）

公司发放给员工的各种工资、奖金、加班费等是要计入计税所得额的。而公司提供的各种非货币性福利，如饭堂、班车接送等，是可以免税的。公司可以将一部分工资用于非货币性福利。

因公务出差是可以拿补贴的，如通信、伙食补贴等是不需要发票的。符合标准的差旅费补贴不用缴税。

辛苦的一年过去了，很多赚钱的企业老板为了感谢员工的付出，都会发年终奖。但年终奖的发放也是有窍门的，有时候多发1元奖金，到手奖金反而会少上千元。例如，发奖金的金额超过144000元时，在144000～160500元区域内的任何奖金都会比144000元时实际拿到的奖金还要少。（自2022年1月1日起，年终奖并入当年综合所得计税，但还有3年过渡期可供选择）一般来说，应税工资额大于年终奖，年终奖单独计税比较好；相反，年终奖大于应税工资额则适合合并计税。因此，企业老板为了节税，通常都会发年终奖奖励自己和员工。

2.12.5 公司注销了还是要缴税

当前，网络上有很多“老师”一开口就嘱咐别人“千万不要用自然人身份注册公司，开公司要用一个三层控股结构”。这个问题大家一定要认真对待。**因为在公司的股权设计中有很多事情是不可以推倒重来的**。

2022年中秋节前两天，河南省开封市税务局官网挂出了一系列稽查文书。对5名自然人股东追缴税款，税务部门要求其补缴个人所得税及企业所得税税款共计2.14亿元。

连云港太平洋实业投资有限公司成立于2010年10月，有5个自然人股东，公司持有江苏太平洋石英股份有限公司13.7%的股份。2021年1月12日，连云港太平洋实业投资有限公司从连云港迁址到开封，同时更名为“河南金海岸企业管理有限公司”。3月26日，河南金海岸企业管理有限公司注销了，将其持有的江苏太平洋石英股份有限公司的股份按5名自然人股东的持股比例进行了分配，分配的方式是股票非交易过户。**这一系列的动作，都是因为一个错误的决定，搞了一家控股公司来持股上市公司的股票。因为公司持股上市公司股票，股票减持、转让要交增值税、企业所得税、个人所得税。**过户以后，5名自然人股东对江苏太平洋石英股份有限公司的持股方式从间接持股变为直接持股。但是公司注销了，还是要缴税，这就相当于“庙拆了，和尚还在”。

2.12.6 千万注意股权转让中的代扣代缴义务

听过借钱打水漂的，但你可能没有听过，不仅借出去的钱打了水漂，而且还被税务机关罚款了2000多万元。这是2021年4月，沈阳市中级人民法院公布的一份二审行政裁定书，文件号是（2021）辽01行终251号。

借钱给别人需要缴税吗？如果你借钱出去，收了利息，不论是公司行为还是个人行为，都要缴税。借钱给别人，如果是个人，要缴个人所得税；如果是公司，要缴增值税、印花税，还要缴企业所得税。不过这个案例只是个人借给个人，而且没有利息收入，怎么就被罚了2000多万元呢？

2012年4月16日，温某向常某借款2.6亿元，同时签订了一份承诺书，对向常某的贷款，温某用其在四川整个稀土项目的股权作为借款担保。2012年6月1日，温某与常某又签订股权转让协议书，转让其拥有的辽阳县万凯峰矿业有限责任公司46%的股权，金额2.6亿元。就这样，常某将钱借给了温某，此举在程序上属于借款，而股权转让只是签订了协议，没有正式办理相关变更手续。

2019年6月，辽阳市税务局对常某做出税务行政处罚，对常某处罚共计2584.6万元。常某不服，因为他认为这个是借款，而且没有收利息，股权也没有转让。即使是完成了转让，纳税义务人也应该是温某。所以，2019年12月，常某向辽宁省税务局申请行政复议，复议无果，之后又起诉到沈阳市皇姑区人民法院，2021年4月，上诉到辽宁省沈阳市中级人民法院。

如果是股权转让，也是转让方要缴税，常某是受让方，为什么要被罚呢？原因是根据《个人所得税法》第九条规定："个人所得税以所得人为纳税人，以支付所得的单位或者个人为扣缴义务人。"

《中华人民共和国税收征收管理法》第六十九条规定："扣缴义务人应扣未扣、应收而不收税款的，由税务机关向纳税人追缴税款，对扣缴义务人处应扣未扣、应收未收税款百分之五十以上三倍以下的罚款。"本案原来只涉及2.6亿元借款，后来因为股权担保变成了股权转让，2.6亿元股权转让要缴20%的个人所得税，就是5200万元左右，按50%罚款加上印花税等，加起来共计2500多万元。

2.12.7 左手倒右手，公司净赚6000万元

2008年，多家媒体报道了一个重磅新闻，联想控股股份有限公司（简称"联想控股"）亏本2.4亿元（实际数额为2.385亿元），挂牌出售了石药控股集团有限公司（简称"石药集团"）100%的股份。16个月前，联想控股收购石药集团，当时花了8.7亿元，现在出手价是6.315亿元。一年半的时间里，联想直接亏损了近2.4亿元。这个新闻一出，引发了很多议论和质疑。

接手的公司是弘毅投资（北京）有限公司（简称"弘毅投资"），这个弘毅投资是家什么公司呢？原来弘毅投资也是联想控股全资控股的一家境外子公司。这相当于整个股权交易实际上只是做了一个内部股权重组（转让），不存在亏钱还是赚钱，反正都是自己卖给了自己。对于绝大多数人来说，终究是雾里看花，完全看不懂这一波操作。联想公司究竟是什么套路，我们不必深究。我跟大家讲一下分红前股权转让与分红后股权转让的税务处理有什么不同。

A公司是母公司，下面有B和C两家全资子公司。

B公司有实收资本5000万元，未分配利润5000万元，如果A公司将B公司的全部股权转让给C公司，按照净资产价值评估，正常转让价格就是1亿元。

但是如果B公司先将5000万元利润分给了A公司，A公司取得分红收入不需要缴税。分红后，B公司只有实收资本5000万元，未分配利润为0，这时候B公司转让给C公司，转让价就只有5000万元了。

这种内部重组的股权转让，一般都可以实现平价转让，或者根据国家税务总局公告2014年第67号文件（《国家税务总局关于发布〈股权转让所得个人所得税管理办法（试行）〉的公告》）规定，申请税收优惠待遇。

但是，问题的关键不在于股权转让是不是要纳税，**而在于A公司当时获得B公司股权的时候，收购价格是1亿元，现在以5000万元的价格转让出去了。对于A公司来**

说，这笔股权投资产生了5000万元亏损。

根据《企业所得税法》第八条，国家税务总局公告2011年第25号文件《国家税务总局关于发布〈企业资产损失所得税税前扣除管理办法〉的公告》第二条的规定，A公司发生的股权投资损失可以税前扣除。**也就是说，A公司如果本来有1亿元的利润，需要缴2500万元的企业所得税，现在A公司税前扣除了5000万元，就只要缴利润为5000万元的企业所得税1250万元了。2.4亿元亏损相当于少缴了6000万元的企业所得税。**

第三章

股权激励，驱动业绩

脱离员工实际利益，一味地要求员工敬业，无论企业愿景如何宏伟，都不过是自欺欺人的愚民政策而已。对大多数员工来说，他们没有那么多情怀与理想，他们很朴实——“要么给我名，要么给我钱！”

3.1 上市公司的造富神话

3.1.1 阿里巴巴造就1万名千万富翁

有人戏言，如今的社会，想一夜暴富同时不犯罪，有四种可能：一是彩票中奖，二是老宅拆迁，三是天上掉馅饼，四是公司上市。以上四条，唯有公司上市，能通过努力去实现，其他三条只能靠上天。

人民网曾于2014年5月7日发表一篇题为《A股上市公司造1670名亿万富翁，前百位人均身价52亿》的文章称：截至2014年5月6日，两市持股高管逾9000名，成就1677名亿万富翁（持股市值超过1亿元），其中12名高管身家超过百亿元，排名前100名的高管人均身家近52亿元。

同年（2014年）9月19日，阿里巴巴在纽约证券交易所正式挂牌上市，当日收盘价为93.89美元，总市值高达2314亿美元。57岁的韩裔日本人孙正义，因阿里巴巴上市赚到约580亿美元，成为世界首富，而马云身价达到219亿美元。据机构测算，阿里巴巴上市创造了1万多名千万富翁。

3.1.2 小米与京东

如果你觉得阿里巴巴的故事有点“老皇历”，我们来两组更新鲜一点的数据。

2018年7月9日，小米在香港交易所挂牌上市。按小米7月13日的收盘价计算，市值达680亿美元（约合4550亿元人民币），小米创始人、董事长兼CEO雷军的身价达192亿美元。网传小米上市，一共有超过7000名员工持有股票或期权，造就了9个亿万富翁，5500个千万富翁。

2021年5月28日，京东物流股份有限公司（简称“京东物流”）在香港交易所主板挂牌上市。上市首日，京东物流收盘股价为41.7港元，市值2540.2亿港元（约合人民币2085亿元）。京东集团股份有限公司（简称“京东集团”）持有京东物流71.57%的股份。京东2020年财报的内容显示，刘强东持有京东集团13.9%的股份，这相当于刘强东间接持有京东物流9.95%的股份。如果按上市首日市值2540.2亿港元计算，本次上市为刘强东增加了252.7亿港元的身家。此外，2020年10月，董事会批准京东物流一次性授予刘强东9919万股京东物流股权，价值41.3亿港元。

招股书显示，京东物流给4670名员工和关联人士总共授予了1.3亿股，其中39名京东物流高管被授予人均130万股，291人被授予10万股以上，1286人被授予2万至10万股，3093人被授予2万股以下。按照首日收盘价41.7港元计算，京东物流上市至少造就了291个百万富翁、39个千万富翁。（新浪科技《京东物流上市，刘强东身家又涨了294亿港元，另有39人成千万富翁》）

3.2 优秀的企业重视员工的发展与价值体现

3.2.1 西贝莜面村：从坚决不上市到准备上市

尽管上市并不是每个公司的目标，但一个又一个上市公司的造富神话，的的确确刺激着无数中小型企业老板们的神经。

2020 年 1 月 23 日凌晨，疫情来袭，这场疫情带来的影响广泛而深远。“静态管理”首当其冲的是零售、餐饮与服务行业。

2020 年 2 月初，西贝莜面村（简称“西贝”）董事长贾国龙率先诉苦，他说：“西贝春节前后营收损失在 7 亿～8 亿元之间，如果疫情持续下去，西贝账上的资金撑不过 3 个月。”作为中国餐饮行业的龙头企业，拥有 367 家门店的西贝尚且如此，其他企业就更不必说了。贾国龙诉苦后，浦发银行提供给西贝 4.3 亿元的授信，其中 1.2 亿元于 2020 年 2 月 7 日到账，用于支付西贝员工工资。

2020 年 12 月 2 日，在首届餐饮品牌节上，西贝创始人贾国龙表示，西贝准备上市。言语之下，说不清是一种怎样的复杂情绪。

这种复杂的情绪源于贾国龙曾不止一次表示，“西贝不差钱，也永远不准备上市”。他还表示，“西贝要玩奋斗者的游戏，而不是资本的游戏”。现在，他要违背当初的说法，复杂心情可想而知。

经过疫情，贾国龙认识到了资本的力量，认识到了自己（企业）的脆弱。2022 年 1 月，贾国龙在接受李光斗采访时称：“没有疫情，我们觉得餐饮是个现金流行业，自己做生意、挣钱，然后再发展自己，没问题。疫情对我有很大的触动，其实自身的力量还是有限的。如果想有大的发展，还得要用资本的力量。”《新京报》2022 年 3 月 1 日发表题为《预制菜是大趋势，西贝未来会上市》的报道中写道：“贾国龙表示，未来西贝会选择融资上市，一是餐饮需要现金流，二是预制菜需要做大规模，而规模效益必须有资本进入。”由此看来，西贝正在准备上市的路上前进。

3.2.2 除非我死了，科氏才能上市

诚然，公司上市未必会成为每一个企业的终极目标。对于多数企业来说，公司上

市也仅仅是一种追求和理想。因为无论如何，能够成功上市的企业终归是少数。而像老干妈这样坚决不上市的知名企业也并非个例，还有方太、娃哈哈、华为等。

2017 年，方太的营收突破 100 亿元大关，创下厨电行业新纪录。2021 年，在疫情期间，方太依然实现营收 155 亿元的业绩。目前，方太的抽油烟机在国内高端市场的占比已超过了 40%。方太董事长兼总裁茅忠群表示，方太之所以坚持不上市，是为了按照自己的思路去发展，而一旦上市，就会受到股东和投资方的影响。

娃哈哈掌门人宗庆后 40 岁开始创业，公司至今也没有上市。宗庆后对此只说了一句话："娃哈哈不缺钱！账上还有上百亿元的资金躺着，即便是一年没有收入，娃哈哈也照样运转。"

在这些不上市的企业中，实力最强的，毫无疑问是华为。任正非曾表示，华为不会走上市的发展道路，坚决不让公司进入资本市场的漩涡。即使不上市，华为依旧做到了"称霸世界"。

实际上，不只在国内，美国和欧洲等地也都有不少年营收千亿元级别的大型公司宣称不上市。维多集团被称为全球最大的私营公司，总部位于瑞士，它不参加世界 500 强排名，也不上市。维多集团的业务主要涉及原油、汽油、天然气等业务，多年前这家公司一年的营收就超过 3000 亿美元，这个营收可以排在全球前十的位置。

科氏工业集团是一家美国公司，成立于 1918 年，是全球最具有代表性的道路建设公司之一，也是全球最大的沥青道路提供者。这家公司早在 10 多年前年营收就超过 1000 亿美元。公司掌门人查尔斯·科赫曾发誓："除非我死了，科氏才能上市！"

3.2.3 不上市，也要做股权激励

企业要不要上市，不是我们要讨论的问题。但有一个共同的现象，**无论企业上市还是不上市，那些优秀而常青的企业，无一例外，都高度重视公司员工的发展与价值体现。这是以人为本的核心内容。**

众所周知，华为没有上市，但截至 2020 年，华为共有超过 12 万名员工持股，任正非的持股比例仅为 0.75%。2020 年，按照 19.7 万名雇员计算，华为持股员工人数占到了全员人数的 61.56%。华为发布的 2020 年财报显示，华为股价为 7.85 元/股，其中每股分红 1.86 元。2020 年，华为在工资、薪金及其他福利上的支出达 1390.95 亿元，据此计算，华为员工人均薪酬达到 70 万元。任正非曾表示，要敢于进行薪酬改革，"钱给多了，不是人才也变成了人才。要敢于涨工资，这样人力资源改革的胆子就大一些，底气就足一些。所有细胞都被激活，这个人就不会衰落……"。

方太没有上市。但早在 2010 年 5 月，方太就已经施行了“全员身股制”。只要员工任职满两年，就可以获得一份公司的股权，享有年底分红的权利。2012 年以前，方太员工的分红比例是集团总利润的 5%；2012 年以后，分红比例提高到集团总利润的 10%。

娃哈哈是什么情况呢？从 1993 年至 2022 年，娃哈哈已经实行了 30 年的全员持股制，每年为员工分红。巅峰时，娃哈哈员工持股人数高达 15000 人。近年来，娃哈哈一直在给员工发红包，每年金额都高达数亿元。2017 年，适逢娃哈哈成立 30 周年，当年“双 11”，宗庆后给员工们发放了 3.3 亿元的“剁手费”。2019 年，娃哈哈业绩稳步增长，宗庆后给员工们发了 6 亿元年终奖。2021 年又发了 6 亿多元年终奖。

3.3 企业家的格局影响企业管理制度

3.3.1 杜月笙如何分钱

提起《水浒传》，我们的脑海中就会跳出大碗吃肉、大口喝酒、大秤分银的情景。“团队”抢了几辆载满银两的车，上山怎么分？答案是一分为二。一半入库，另外一半再五五分，将领们分一半，其他虾兵小将再分另一半。这个分配制度记录在《水浒传》第20回。你知道上海滩的杜月笙怎么分钱吗？

年底，黄金荣拿了一袋金银奖赏杜月笙，杜月笙拿着这袋奖赏直接回到船舱，当着下属的面打开。他说了一句话：“感谢兄弟们过去一年刀口舔血，钱是老大给我们的，更是兄弟们拿命换来的，你们自己拿！”江湖人士讲的是义气，那些下属都不好意思多拿，只象征性地拿了一点，杜月笙一看，还剩很多，接着再大声说道：“再拿！再拿！再拿！”

就这样，他逼着自己的下属连续拿了6轮，最后就剩下一点点。杜月笙把钱收了起来，又说：“兄弟们，挣钱不容易，回家好好过年！来年继续多赚钱，继续给老大卖命！”

黄金荣派过来的小马仔目睹了杜月笙分钱的整个过程，回来报告黄金荣。黄金荣只说了一句话：“以后上海滩是杜月笙的！”

有关企业的成功，社会各界有很多研究，大家见仁见智，没有标准答案。以我20多年的咨询管理和实践经验来看，**企业的成功从根本上来说，不是因为产品、制度、管理，也不是因为运气，而是因为企业家的格局，并且这种格局几乎是天生的**。即使不是天生的，早在企业家30岁之前，他的格局也已经基本定调，难以改变。

为什么我要讲杜月笙分钱的故事？因为多数企业老板缺乏这种分钱的气度和格局。一个老板对待金钱的态度，不是通过参加培训，或者制定管理制度就可以改变的。相反，这种态度（价值观取向）对企业的管理制度起到了决定性作用。说得专业一点，**是企业家的价值理念决定了企业的管理、文化、制度，从而决定了企业的前途**。

3.3.2 一是钱给少了，二是心受了委屈

因为职业习惯，我每到一家企业，总是要先看看公司员工的收入与生活条件，了

解公司的股权架构与员工流动情况。但凡老板开奔驰，经理骑电动车的，或者公司成立了十年二十年，公司中层干部没有一个超过五年的，这些公司通常不是战略、管理有问题，而是企业老板的格局有问题。

格局是什么？格局是眼光、胆量、见识、智慧、责任、气度。如果你觉得上述内容不太好理解，那我换句话：**“格局是一个人对待他人和金钱的态度！”**

时下，税务筹划培训比较热门，为什么热门？因为相当一部分老板想学习一点避税的技巧，千万别误会他们是真的喜欢学习。股权培训也很热门，为什么热门？因为很多人从来没有听过，只需要10万元就可以控制一家上市公司。他们只想知道，如何才能空手套白狼。他们不懂什么叫厚德载物，往往只考虑自己到底能赚多少。

事实上，很多技巧需要格局来承载，你若没有杜月笙分钱的格局，很可能会“消化不良”。正如《天龙八部》里的扫地僧所言：“佛门子弟学武，乃在强身健体，护法伏魔。修习任何武功之时，总是心存慈悲仁善之念。倘若不以佛学为基，则练武之时，必定伤及自身。”

杜月笙没有文化，没有制度，更没有协议。他只是说：“再拿！再拿！再拿！”他只用两个字就把钱就分好了，士气就来了。有时候管理就这么简单。对于人才的流失，马云也曾经说过一句很精辟的话：**“一是钱给少了，二是心受了委屈。”**

3.4 创业成员更需要激励

3.4.1 激励创业成员尤其重要

谈到股权激励，很多人自然想到公司高管激励，员工持股计划。实际上，**创业初期，对创业成员的激励尤其重要，不可忽视。因为给创业成员的合理分配与激励，是奠定公司前期发展的基础**。这里所说的创业成员包括了公司发展完善过程中加入团队的人。用蜀国有限公司的例子来解释就是，从桃园三结义开始，刘备成立了公司，这时候团队还不成熟，直到诸葛亮的加盟。在诸葛亮加盟之前都叫创业初期，诸葛亮也是创业成员之一。

因为有限公司具有非常大的“人合”性。对多数项目来说，要充分考虑人力股因素，这是经验也是趋势。说简单一点，对公司业绩与发展有突出贡献的股东，一定要有合理的激励和回报，否则，散伙是迟早的事情。

如果一家公司连内部股东的利益分配与激励机制问题都解决不了，我们无法相信这样的公司可以进一步做好更大范围的股权激励。

关于人力股的设计，我们前面已经介绍了基本原理与计算方法，但对于人力股评估与考核没有更详细的说明。

3.4.2 大股东为什么不能考核小股东

创业股东是公司的股东、合伙人，股东合伙人当然与普通员工有着本质的不同，这种本质的不同不在于身份，更重要的是他承担了相应的责任和风险，包括时间成本、机会成本和部分资金风险。

股东与股东是平等合作的关系，老板与员工是管理与被管理的关系，或者说是雇佣的关系。所以，**对公司创业股东，关键是前期的评估、主要目标的设定，以及制定相对合理的退出机制。这种评估、目标设定和退出机制的制定都基于平等合作关系，可以协议，但不用于考核**。考核的意思是：考试、考查、审核，不适用于平等关系。

所以，以人力资源（HR）的视角来评估、考核创业股东，是一种错误的做法。

这也是很多人在做股权设计时容易犯的一个错误。

如果当年刘备三顾茅庐之后，拿出一份协议并附加一连串业绩考核指标，然后郑重其事地说："诸葛先生，经过初步沟通与考查，我们一致认为您是个人才，真诚地希望您加盟蜀国有限公司，如果您能帮助我们达成目标，并且通过 10 条考核，我们同意出让给您 10%的股权……"

故事若是这样的开篇，大概率不会有三国鼎立的结局。刘备找诸葛亮，是意识到原始团队结构的不完善，他要找的是一个战略合作者（合伙人），这个人对公司有战略性的价值。而具有雄才伟略的诸葛亮傲视天下，其追求又岂是一个"打工仔"的身份？所以，刘备与诸葛亮的关系只能是"共同创业，平分天下"（起码也要给个丞相的位置啊），或毕恭毕敬尊称其为"先生"，万万不能居高临下，拿出一堆考核指标。这种身份关系一定不能错位。

此外，考核与激励是两码事。考核是压力管理，激励是自我驱动；考核是目标管理，激励是激发潜力。前者以 X 理论为基础，后者以 Y 理论为基础，两者的理论基础与出发点是不同的。

3.4.3 不要过度依赖法律

律师习惯于严谨制定协议条款，并据此维护自身利益。这固然没错。但在现实生活中，法律不是解决问题和争议的唯一手段。举个简单的例子，面对一个资金型股东，律师拟了一份股东协议。为了避免股东中途退场，协议列举了 9 条"净身出户"的条款，所有条款完全合法。

实际上，很多合法的"净身出户"条款，在实践中是行不通的，因为这些条款并不合情理。我国有大把法与情相结合的法院裁判。

更重要的是，律师忽略了一个非常重要的问题，类似的条款过多，给投资人的感觉非常不好。投资人不看协议还好，一看协议，可能你们连协商的机会都没有了。"惹不起你，我还躲不起你吗？"投资人丢下这么一句话，离开了。

尽管股权设计及其规则非常重要，但股权设计只是企业战略管理中的一个因素而已，并非万能的。因此，不要期望通过股权解决企业所有问题。感情、信任、沟通，有时候比法律更加有效，尤其在中国。这是几千年来老祖宗留给我们的文化和智慧。"和气生财"说的就是这个道理。**开公司、做生意是求财，求财你就要按求财的思维和逻辑去解决问题，不要过度依赖法律。**

当然，对于创业股东的激励，尤其是人力股激励，要有一个基本的规则，这是对的。但不必搞得太复杂，有一个股权锁定期，加上一两个主要目标评估就可以了。

不要将 HR 的考核方法套用在创业股东身上，这是初创企业做股权设计时要特别注意的事情。

3.5 股权激励条件与时机

3.5.1 热脸贴冷屁股

有不少中小型企业老板，一直想做股权激励，但是员工丝毫不感兴趣，于是抱怨自己热脸贴冷屁股，员工没有归属感，对公司不忠诚。

事实上，不是员工不忠诚，而是企业目前的条件与时机还不够成熟。股权激励比文化激励更有效果的原因是什么？是因为股权代表了直接的经济利益，如果这种利益是虚无的、模糊的、不确定的，怎么能让人产生兴趣，从而达到激励的效果呢？

华为的股票值钱，阿里巴巴和小米的股票也值钱，但这和你的企业没有关系。**公司明明没有利润，老板却说要拿 10%的利润来奖励员工；公司明明接近资不抵债的境地，老板却说要给总经理 5 个点的股权。这明明是“耍流氓”，还当自己给了员工天大的恩惠。**

3.5.2 财务相对规范，利益可期

有不少中小型私营企业，财务管理非常不规范，公账私账混为一谈，财务透明更无从谈起。公司赚不赚钱，赚了多少钱，只有老板和会计知道。设身处地思考一下，入股一家这样的公司，你的感觉是什么？

财务不规范一方面会给员工不踏实的感觉，另一方面也为企业带来了更大的风险。因为员工入股，员工的身份从“打工仔”变为股东，其对公司财务有了知情权和查账权。这对于财务管理不规范的公司来说，无疑增加了更多的风险，甚至可能因为财务问题，背上刑事责任。如果你没有打算进一步规范财务管理，或者有意剥夺员工股东这种基本的权利，那只能说，公司还不具备实施股权激励的基础。

股权激励是一种利益驱动。利益驱动的本质并没有什么高深的内涵，但符合人性。所以，在进行利益驱动时，这种利益应该是可预期的，有利可图的，如果无利可图，自然就失去了其存在的意义。

一家公司年利润 10 万元，有 30 名员工。老板满怀信心，要向任正非学习，安排总经理拿出一个全员持股计划，要求员工每人投资 5 万元。你觉得有意义吗？

对员工来说，入股公司是一种投资行为。即使股权作价很低，甚至是赠股，但如果员工感觉无利可图，也不会有激励效果。因此，财务规范、有利可图是股权激励的重要前提。

3.5.3 公司目标明确，管理有序

公司实施股权激励，就是要进一步调动员工的积极性，形成更大的合力，向更高的目标冲刺。此时，如果公司的战略目标与企业增值模式不够清晰，做股权激励就很难达到预期的效果。因为如果公司连目标是什么都搞不清楚，那员工就更不清楚了。这等于扬起皮鞭给马喊了“驾”，却没有告诉马要往哪个方向跑，搞不好一声令下，马都跑散了。

激励与奖励有所不同，奖励通常是对员工过去的贡献论功行赏，肯定员工的贡献与价值；激励是要求员工达成更高的目标，并为此设置相应的奖赏。因此，股权激励要求有明确的目标，而目标达成的程度将作为激励考核的重要依据。你可能要问，现在公司的人事部门有考核，为什么要再做考核呢？

如图 3-1 所示，股权激励考核直接与股权收益与行权有关，而人力资源考核只与员工绩效工资有关；人力资源考核以月度和年度为单位，股权激励考核通常以年度为单位；人力资源考核包括工作目标与过程，通过考评确定奖励，股权激励考核更强调目标的达成，激发员工的潜力和斗志；人力资源考核给员工形成压力感，股权激励考核带来的是挑战感。人力资源考核和股权激励考核，一个是短期效益，一个是长期价值。因为两者目的不同，考核指标、方法和周期也有所不同。

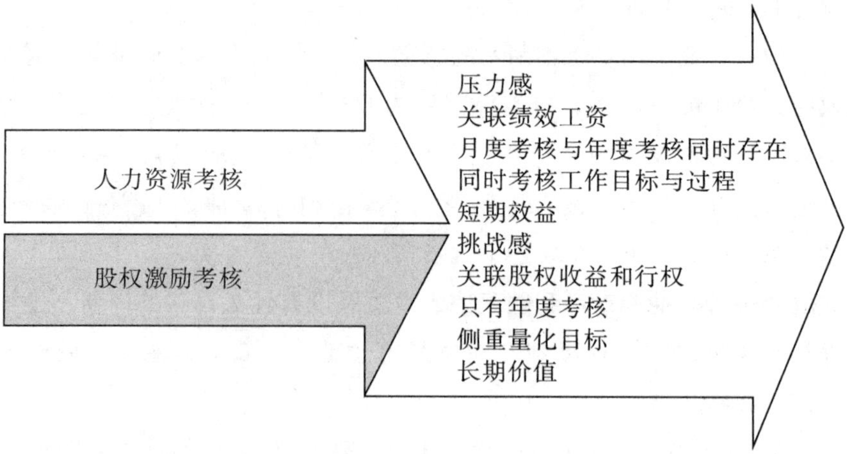

图 3-1 人力资源考核与股权激励考核的差异

股权激励考核要求公司具备一定的管理基础，起码要能够做到权责清晰。否则，考核无处落地，就容易形成“大锅饭”“搭便车”现象，反而会产生一些副作用。

3.5.4 股权激励的时机选择

创业初期，公司还处于摸索阶段，管理、团队、营销、业绩等方面都有一个完善的过程。在这一时期，不要急于做大范围的员工股权激励，因为公司盈利还未达到一定水平，员工看不到股权的价值，股权激励的效果就不明显。但这并不意味着在此期间企业不需要考虑做股权激励。

企业的发展，人才是关键。在此期间，管理人员要能理性、客观地分析公司存在的问题，了解缺乏哪些资源，需要什么样的人才。要从股东结构与资源配置方面进行考虑：现有股东是否被激励？公司需要怎样的资源和高端人才？要把注意力放在高管、职业经理人、合伙人的选择这一层面来。说通俗一点，就是要尽快找到诸葛亮式的人物加盟公司。当然，这里所说的找诸葛亮不是指找“军师”“智囊”，而是指依据公司实际情况，从资源、团队结构上分析，找到不足与短板，引进人才加以弥补。

在诸葛亮加盟刘备团队之前，实际上刘备也没打过几个胜仗。所以，在这一时期团队要想吸引到人才，关键在于公司清晰的经营思路和老板的格局，老板要通过理想、目标、人格、魅力，找到志同道合的“战友”。一般来说，**如果项目与“赛道”没有问题，公司发展受限，往往与资源配置和创始团队结构不合理有关。而股权正是公司配置资源和人才的重要法宝。**这个阶段不是不能做股权激励，而是不要大范围地做股权激励。尤其要注意的是，**这一阶段要以吸引人才为目标，吸引人才是为了补短板、补资源。所以要真诚，不能“画饼”，要舍得，保持股权的开放性。股权越是封闭，越难破局。**

当企业迈过了初创阶段，解决了生存问题，业绩快速增长并进入了成长期，这才是大范围地实施股权激励最好的时机。

如果初创期激励对象定义为合伙人，那么成长期就是管理团队和核心骨干。这个阶段做股权激励具有积极意义，可以激励公司管理团队一鼓作气，达成更高的目标。此外，此阶段公司经营模式已经得到市场验证，而且有较好的利润，若公司愿意与管理团队分享成果从而进一步激发员工的潜能，就能再上一个台阶，实现进一步发展。这时候你若再有杜月笙“再拿！再拿！再拿！”的格局，企业就无往而不利了。

没有格局的老板时时都在计算自己的利益，不赚钱时找不到人一起奋斗，赚了钱舍不得与人分享。这一阶段，往往是很多企业老板的格局不够导致的瓶颈，然后企业就停滞不前了。员工拿着不上不下的工资，老板过着衣食无忧的生活；老板开奔驰，员工骑“小毛驴”。企业想再跳一个台阶，却没有动力支持了，多数都是这个原因造成的。但不进则退，这是市场规律。

事实上，此时对公司管理团队和核心骨干进行激励的意义重大。**股权激励不只是分钱，关键是要做增量，钱要从市场拿回来**。同时，还要促进人才与管理再上一个层次。当市场、人才、管理、增量速度达到一定程度时，企业的股权资本必然增值，这才是更具有战略意义的事情。向市场要增量，通常难以实现倍增效果，即使有，也仅限特殊行业或特殊时期，但是股权增值往往是以倍数来计的。当然，这一时期的持股计划是否需要扩大到员工层面，可以依据企业实际情况来定，但一定要覆盖到管理团队和核心骨干。

成长期，可能是一个非常长的时期，也可能是一个非常短的时期。长到公司 IPO 上市或者 IPO 上市之后相当长的一段时间，短到一两年公司就“跑不动”了。

一般来说，公司要走资本的道路，在 IPO 上市前至少会有一次较大规模的员工股权激励。这一次是老板做东，资本买单，企业能走到这一步的话也就功成名就了。这一次，是股权激励最好的时机，没有之一。

概括来说，公司处于成长期，整个成长期都是比较好的做股权激励的时机，尤其是以下时机：

- 公司确定重大战略计划，需要强化团队力量；
- 公司因市场扩张，进行组织结构或公司架构调整；
- 实现重要阶段性目标或具有里程碑意义目标；
- 年度增速显著超越同行对手；
- 公司商业模式发生重大变化或创新；
- 有风险投资引进计划，并达成初步意向；
- 公司发展状况良好，需要融资；
- 新三板挂牌计划；
- 并购、重组；
- 计划 IPO 公开发行股票（前）；
- 市场未饱和，公司有增长，但增不动了；
- 其他重大利好消息和事件。

上述第十几种情形属于变革式的股权激励，建议借助外部力量进行诊断，配合公司战略、顶层设计同步进行。

3.6 股权激励常用模式

3.6.1 股权激励大道至简

因为上市公司、股份有限公司、有限责任公司略有不同，加之概念较多，而且涉及法律法规、税务政策、组织形式等方方面面的问题，有点令人越搞越晕，越学越糊，感觉做股权激励比开家公司还复杂。所以，虽然有的企业想做股权激励，但考虑再三，慎之又慎，干脆就不做了。

实际上，这件事情没那么复杂。无论是有限责任公司还是股份有限公司，打个比方：一个西瓜，90%你都分好了，剩下10%再分一下，没有理由分不好。前面我们讲过杜月笙分钱的例子，杜月笙分钱没有制度，没有流程，没有协议，只有两个字："再拿"，这样就把事情办好了。

说穿了，股权激励就是老板赚了1000万元，拿100万元出来，给员工分一点，激励员工明年为公司多赚500万元回来，然后再多分一点给员工。就是这么一件事，既不复杂，也不高深。退一万步，你也可以这样想：90%的问题都摆平了，大局已定，即使剩下的10%出了一点小差错，又能翻得起什么浪呢？

很多事情，如果你看透了本质，它就简单了。只不过有时候我们被一些专家、学者、老师们搞糊涂了。比如就"为什么要做股权激励"这个问题，专家跟你讲了一大堆理论，写了十几页文字，实际上这样的理论对于企业老板来说真的没有太大的意义。**给员工多分点钱，大家高兴；给员工一点股份，员工有一点做老板的感觉。员工赚到钱了，心里舒服了，所以干劲更足了。**不就是这么点事吗？

当然，股权激励令人感到复杂，也有一个实际的原因——有的公司乱套模版。很多股权激励的概念和应用，原本是从上市公司开始的，而上市公司涉及的条条框框非常多，流程也复杂。后来，这些方法又被应用到非上市公司（包括有限责任公司），由此一来，很多法律法规又不适应了。

比如，2005年底证监会颁布了《上市公司股权激励管理办法（试行）》，股票期权开始在国内上市公司得到应用。后来有限责任公司也开始实践"股票期权"。有限责任公司连股票都没有，而且上述管理办法也不管有限责任公司，"股票期权"怎么用呢？

再比如，证监会发布的《关于上市公司实施员工持股计划试点的指导意见》规定“上市公司全部有效的员工持股计划所持有的股票总数累计不得超过公司股本总额的10%”等。如果你是上市公司，就必须遵守这些规定，如果你是有限责任公司，这条又管不到你。这些情况在实际应用中，也给很多中小型企业造成了一些困惑。

实际上，我们前面已经谈过有限责任公司的章程自治，分红权与表决权可以分离。基于这种自治权，有限责任公司的股权激励事实上更好操作，因为在操作层面有限责任公司足够灵活，没有太多条条框框。

很多公司越搞越糊涂，是因为自己本来是有限责任公司，但总去套与上市公司有关的法律法规。上市公司的有关规定有参考意义，但与有限责任公司没有关系，有限责任公司并不受其约束。这就好比你明明是个牛高马大的彪形大汉，却拿着两件女人的旗袍试来试去，怎么试都不合身。结果就是四不像。

接下来，我们具体谈谈非上市公司、有限责任公司如何做股权激励。这部分内容可能会涉及一些上市公司的例子或相关概念（仅限于对概念的解释）。我们侧重于普及非上市公司、有限责任公司的股权激励应用，因为这部分企业占绝对多数。

3.6.2 股票期权（稳赚不赔）

股票期权如图 3-2 所示。股票期权行权通俗地解释，就是在未来某个时间内，某人可以用现在约定的股票价格，购买一定数量股票的权利（现在不用付钱）。假设约定的股票价格是 1 元/股，约定时间为一年，一年后，股票价格涨到了 10 元/股，你只要按之前约定的价格 1 元/股购买即可（此时要付钱）。买下 1 万股，你直接赚 9 万元，你买吗？当然买！买就叫“行权”。但是，股票价格也可能跌，一年后股价跌到了 0.5 元/股，此时，你要买也是按之前约定的价格 1 元/股，你买吗？不买！不买就叫“放弃行权”。

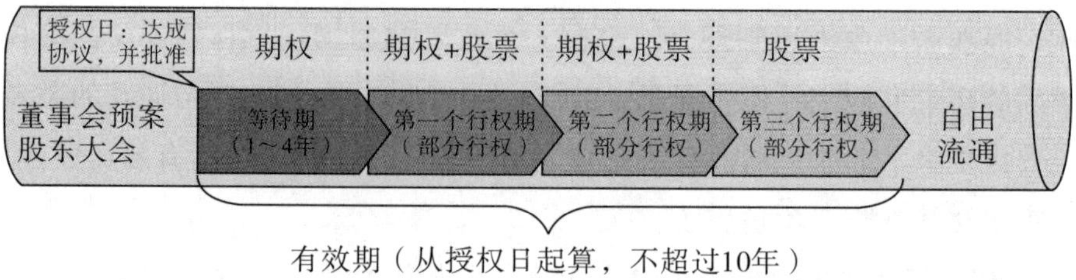

图 3-2 股票期权

从上述原理来看，股权期权模式实际上是个包赚不赔的投机机会。股票涨了，有钱赚我就买；股票跌了，没得赚我就不买。而且事先不需要付钱。很显然，**对于经理**

人、公司高管来说，股票期权激励模式最大的好处是不用事先掏钱，包赚不赔，风险为零。

公司给你一个包赚不赔的机会总要图点什么吧，公司图什么呢？公司图的就是高管们拼命工作，因为把期权给了你们，公司股票是涨还是跌，得看高管们的工作有没有成效。**高管们把公司的成绩干出来了，股票就会涨价，期权才能赚到钱；高管们不努力，工作没有成效，股票就可能跌价，那就一毛钱股票收入都没有。等于公司给你开了一张空头支票。**

包赚不赔的机会谁不想要呢？既然都想要，那这个机会也不能白给，我们先确定一下你要取得这个机会的兑现条件：在一年内干出一点成绩。于是双方协议：在多长时间达成什么目标。这个时间就叫“等待期”，要达成什么目标叫“行权条件”。等待期到了，公司要评估一下目标是否达成，达成了，你才可以行使权利，按约定的价格购买股票。

经过等待期（1～4 年），股票的价格可能已经涨了很多，你赚了很大一笔钱，但不想干了怎么办？基于这样的考虑，公司也很聪明，“我可以给你 10 万股的期权，但行权还要分 3 年给你，第一年给你 3 万股，第二年再给你 3 万股，第三年给你 4 万股”。这样公司就把高管们“锁死了”，高管们只能老老实实地在公司拼命工作。以上所述第一年到第三年就叫“行权有效期”。

股票期权在行权前，你只有期权没有股票，行权后期权才兑现成真正的股票。如果你是在公司上市前授权的股票期权，没有设定限售期，公司上市后你随时可以把股票卖掉。如果你是在公司上市后授权的，什么时候可以卖出，要看限售期规定（集中行权一般 20 日左右，自主行权一般 2 日左右）。限售期就是把你和公司再“绑”久一点，为公司服务。一般上市公司的股票期权激励行权后限售期比较宽松，限制性股票则按有关规定，禁售期不少于 1 年。

拟上市公司在申报 IPO 上市前的激励计划要特别注意一点，现有 A 股板块（主板、中小板和创业板）为满足“发行人的股权清晰”这一条件，拟上市公司制定激励计划的，该计划需在申报前实施完成。上海证券交易所于 2019 年 3 月 3 日发布了《上海证券交易所科创板股票发行上市审核问答》，其中第 12 条明确了发行人可以“申报前制定、上市后实施”期权激励计划的具体要求。其中包括这样一条：“激励对象在发行人上市后行权认购的股票，应承诺自行权日起三年内不减持，同时承诺上述期限届满后比照董事、监事及高级管理人员的相关减持规定执行。”新三板也有类似的规定：“自行管理的员工持股计划还应符合以下要求：自设立之日锁定至少 36 个月；股份锁定期间内，员工所持相关权益转让退出的，只能向员工持股计划内员工或其他符合条件的员工转让；股份锁定期满后，员工所持相关权益转让退出的，按照员工持股计划的约定处理。”［《非上市公众公司监管指引第 6 号：股权激励和员工持股计划的监管要求（试行）》］

期权激励是上市公司广泛采用的股权激励手段，通常用于激励高管团队。运用期权激励，有几个关键要素，即行权价格、行权条件、等待期、期权数量、行权期限、股份来源等。**其中最关键的有两个：行权条件与等待期。行权条件太高就可能达不成目标，等于放空炮；等待期太长，员工会没耐心，况且股票是涨跌不确定的。**2008 年 7 月，苏宁电器集团有限公司曾推出一次股权激励方案，行权价格 58 元/股，到 2008 年末时仅为 18 元/股，无人行权。

期权用于激励高管的例子非常多，下面我们看一个期权激励经销商的例子。

泸州老窖集团有限责任公司（简称“泸州老窖”）于 1994 年上市，上市后不久按照 5.8 元/股的价格推行了一期期权激励计划。该计划按照经销商的采购量，每年折算为一定的期权授权，且连续执行 3 年；以销售量指标作为判断行权与否的标准，一年卖到 500 万元以上的销量，就可以获得公司 5 万股的期权。

泸州老窖对优秀经销商推出股票期权激励，相较于平常的现金激励，充分体现了股权激励的优势。而期权行权后，经销商便持有了公司股票，并期待股价的持续上涨。泸州老窖的股价很快从 5.8 元涨到了 78 元，激励效果显而易见。

2006 年前后，泸州老窖再次推出一轮经销商股权激励，进一步与经销商利益绑定，调动大经销商的积极性，以帮助国窖 1573 品牌“出圈”。当时，泸州所有酒厂产的酒都叫“泸州老窖”，每瓶酒就卖十几元钱，上市公司泸州老窖的酒总是卖不上档次。为了突围，上市公司泸州老窖借道自家老酒窖被国家命名为文物的机会，打造高端品牌。“公元 1572 年万历皇帝登基，为了庆贺新皇帝上位，泸州当地的酒厂进奉的酒叫作‘国窖’。”泸州老窖借助这个故事，化“老窖”为“国窖 1573”。

2006 年 11 月 10 日，泸州老窖采取非公开发行股票的方式向山东国窖酒业销售有限公司（该公司已于 2017 年注销）等 10 名特定投资者发行了 3000 万股股票，12.22 元/股，其中 8 名是经销商。增发股票锁定期为 1 年。通过这样的方式，经销商与泸州老窖的利益得到深度绑定。

经过泸州老窖大型经销商的带动，全国 2000 多家经销商自愿宣传国窖 1573，甚至向购买茅台、五粮液的消费者提出买 10 件国窖 1573，送 2 箱茅台或五粮液的优惠，让国窖 1573 成功实现“出圈”。与此同时，这些增发的股票于 2017 年 12

月10日解禁，当时的股价较增发价涨幅高达424%，泸州老窖与经销商实现了双赢。泸州老窖在实现业绩增长的同时，也顺利由“平凡酒”晋升为“国窖”!

截至2022年5月13日收盘，泸州老窖每股价格204.55元，总市值3010亿元。泸州老窖的股权激励让参与者赚得盆满钵满。

3.6.3 限制性股票（摸得着的利益）

限制性股票按照预先确定的条件授予激励对象一定数量的股票，激励对象只有在工作年限或业绩目标符合股权激励计划规定的条件后，才可出售限制性股票并从中获益。限制性股票锁定期不少于1年，通常解锁也会分批执行，且前后解锁期间隔不少于12个月。

如图3-3所示，限制性股票与股票期权有很多相似的地方，但又不完全相同，各有各的妙处。

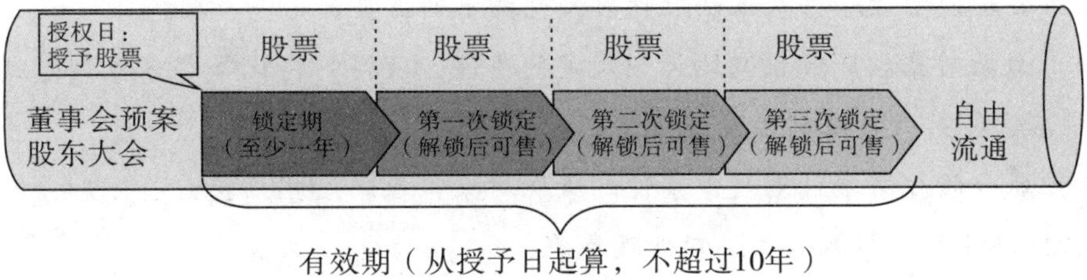

图3-3 限制性股票

首先，无论是股票期权还是限制性股票，第一年（最短时间12个月）都锁死了；其次，两者通常会分批次行权或解锁，其目的都是为了留住核心员工；最后，两者都是有条件的激励。

股票期权对被激励对象来说是零风险，但收入也可能是零。股票期权起初授权的不是股票，而是一种权利，**但授予限制性股票时，就是有价值的股票，因为股票价格不可能为零。通常限制性股票可能是由公司出钱购买后转赠员工，也可能是购买后以折扣价出售给员工。所以员工一旦取得限制性股票，它就是有价值的股票，是看得见摸得着的利益。**但是，如果员工花钱购买了限制性股票，在持股期间股票价格下跌，就可能给员工带来损失。所以，限制性股票也有风险，只不过风险很小，因为你的购买价格相当低。**高速成长期，或者在上市前获得的股票期权往往可能获得更大的利益，因为在那时股票增值空间很大。当企业处于成熟期时，限制性股票则更实在一些，拿**

到手上的就是钱，可以分红也可以转让、售出。所以，上市前以股票期权为主，上市后逐步引入限制性股票，是上市公司实施股权激励比较通用的做法。

限制性股票有一个回购问题，例如《上市公司股权激励管理办法》第二十六条规定："……激励对象未达到解除限售条件的，上市公司应当回购尚未解除限售的限制性股票……"但股票期权基本上不存在回购，更多的是放弃行权。

限制性股票的价格，如果由公司作价由员工购买，最高可以打五折。《上市公司股权激励管理办法》第二十三条规定：

"上市公司在授予激励对象限制性股票时，应当确定授予价格或授予价格的确定方法。授予价格不得低于股票票面金额，且原则上不得低于下列价格较高者：

（一）股权激励计划草案公布前 1 个交易日的公司股票交易均价的 50%；

（二）股权激励计划草案公布前 20 个交易日、60 个交易日或者 120 个交易日的公司股票交易均价之一的 50%。"

很多人弄不明白什么是第一类限制性股票，什么是第二类限制性股票。《科创板上市公司自律监管指南第 4 号——股权激励信息披露》第三条这样定义：

"上市公司授予激励对象限制性股票，包括下列类型：

（一）激励对象按照股权激励计划规定的条件，获得的转让等部分权利受到限制的本公司股票，即第一类限制性股票；

（二）符合股权激励计划授予条件的激励对象，在满足相应获益条件后分次获得并登记的本公司股票，即第二类限制性股票。"

这句话理解起来有点费劲。简单来说，第一类限制性股票是传统的、用得最多的，通常是在股东大会上通过和证监会备案、批准后，被激励对象（员工）就先出资购买股票，在等待期内，股票在法律上归属于员工；在授予被激励对象（员工）第二类限制性股票时，被激励对象（员工）不需要先出资购买股票，等到满足获益条件后，被激励对象（员工）再以授予价格购买公司向其增发的 A 股普通股股票。简言之，第一类是先一次性购买，再分批解锁；第二类是先不购买，等解锁期到了再分批次购买。

无论是股票期权还是限制性股票，规定好行权条件、解锁条件是重中之重。规则不清晰可能会导致日后纠纷，例如员工离职、考核不合格等。

3.6.4 业绩股票（业绩兑换股票）

如图 3-4 所示，业绩股票是股权激励的一种典型模式，指公司在年初确定一个较为合理的业绩目标，如果激励对象到年末时达到预定的业绩目标，公司就授予其一定数量的股票或提供一定的奖励基金购买公司股票。业绩股票的流通变现通常有时间和数量限制。员工在通过业绩考核后可以获准兑现规定比例的业绩股票，如果未能通过业绩考核或出现有损公司的行为、非正常离任等情况，则其未兑现部分的业绩、股票将被取消。业绩股票通常是免费赠予或低价购买，可以理解为用业绩兑换股票（对价支付）。

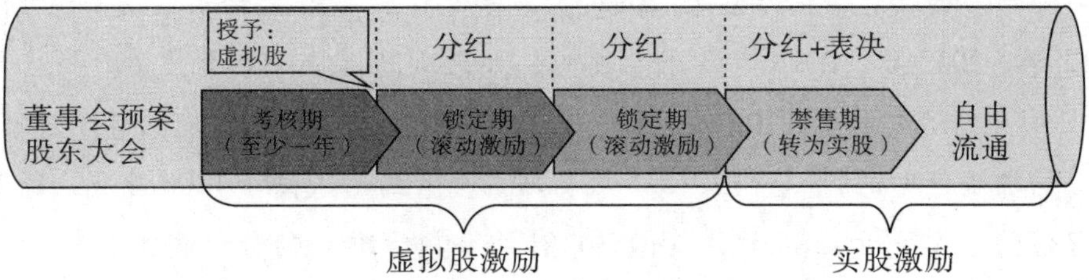

图 3-4　业绩股票

对被激励者来说，以业绩兑换股票的模式，减轻了其购买股票的资金压力。随着股价的增长，还可以放大这种激励效果。对公司而言，只需要制定严格的业绩考核目标，在员工达成目标的情况下才授予股票，这样既控制了风险，又真正激励了人力资本。

业绩股票模式理论上看起来非常不错，但无论哪种由“公司买单”的路径都会影响公司的利润，进而对市值管理造成影响。此外，如果公司目标制定与考核要求较高（较低）或难以量化，就容易产生矛盾，这个度很难把握。华扬资本发布的《2020 年上市公司股权激励研究报告》提示：2020 年共有 481 家上市公司发布了股权激励公告，但没有一家采用业绩股票。

但是，对于非上市企业，业绩股票提供了一种虚拟股转实股的组合激励模式，值得探索。**“公司买单”对上市公司来说非常敏感，但对有限责任公司，尤其是私营公司来说，反而很好解决。私营公司多数情况一股独大，老板说了算，不存在利益输送、影响股价等问题。**

对非上市公司来说，把业绩股票模式修改一个字（把“业绩股票”改为“业绩股份”），就可以实践操作，没有任何法律障碍。但对于考核目标、考核办法，锁定期、禁售期、离职处理、回购等设计，要科学、合理，这方面需要专业人士和咨询机构参与，出谋划策。深圳某公司的业绩股份激励事件可作为案例参考：

深圳某公司是一家有限责任公司，主要从事 IC 代理和销售，老板张先生拥有公司 100%的股份。2012 年，张先生打算对经理人和核心骨干员工实施股权激励。

整体思路：张先生计划将其持有的公司股份的25%～30%用于股权激励，分三期进行，每一期持续时间为3年，计划用10年时间完成整个公司的股权激励计划。第一期从2012年1月1日开始，由张先生将其持有的公司股权的10%用于股权激励；第二期由张先生将其持有的公司股权的8%～10%用于股权激励；第三期由张先生将其持有的公司股权的8%～10%用于股权激励。

业绩股的转让与赠予：在2012年1月1日实施的业绩股份方案中约定，在2012年、2013年、2014年3个年度内，如果激励对象每年1月1日到当年12月31日的业绩达到要求的100%，张先生要在第二年6月30日前向激励对象以上年度公司净资产1%的价格（2012年公司净资产大约为人民币1200万元，每1%的公司股份约为人民币12万元，具体以审计的金额为准）转让公司1%的股份，同时免费赠予激励对象1%的公司股份；如果业绩达到要求的90%，张先生要在第二年6月30日前向激励对象以上年度公司净资产1%的价格转让公司0.9%的股份，同时免费赠予激励对象0.9%的公司股份；如果业绩达到要求的80%，张先生要在第二年6月30日前向激励对象以上年度公司净资产1%的转让价格转让公司0.8%的股份，同时免费赠予激励对象0.8%的公司股份；如果业绩达到要求的70%，张先生要在第二年6月30日前向激励对象以上年度公司净资产1%的价格转让公司0.7%的股份，同时免费赠予激励对象0.7%的公司股份。如果业绩低于要求的70%，张先生不向激励对象转让股份，也不免费赠予股份。

行权期：激励对象的业绩达到上述转让或免费赠予的前提下，在半年内有权行权或放弃行权。激励对象决定行权的，张先生与激励对象双方签署股份转让协议，激励对象向张先生支付相应的款项。双方要在2015年6月30日前到工商行政管理部门共同对转让或免费赠予的股份办理登记，激励对象依法称为公司的股东。

业绩股份的锁定期：受让或受赠后，激励对象持有的业绩股份在2016年12月31日前不得以任何形式转让、出售、交换、计账、抵押、担保偿还债务等。在办理股权工商登记前，如果激励对象违反本约定，张先生可解除股份转让协议，股份转让款原价退回激励对象，不予办理工商登记；在办理股份工商登记后，如果激励对象违反本约定，激励对象须按照股份相应净资产的2倍向张先生支付违约金。

主动退出机制：在2016年12月31日以后，激励对象可将业绩股份转让、赠予，但张先生有优先受让权。

被动退出机制：在2016年12月31日以后，如果激励对象离开公司，其所获得的业绩股份根据公司是否上市进行处理，如果公司已经上市，那么激励对象可以自行处置；如果公司没有上市，则由张先生按当时的净资产价格进行回购。

3.6.5 非主流激励模式：虚拟股票

虚拟股票模式是指公司授予激励对象一种虚拟的股票，激励对象可以据此拥有分红权和享受股价升值带来的收益。如果实现公司的业绩目标，则被授予者可以据此享受一定数量股票的分红，但没有所有权和表决权，不能转让和出售，在离开公司时自动失效。

虚拟股票除了分红或增值收益，其他权利基本上都没有。虚拟股票的概念本质上更接近奖金，属非主流激励模式。

拟上市公司受限于《首次公开发行股票并上市管理办法》的规定，应尽力避免采用这种模式，若拟上市企业在上市前实施了虚拟股票激励，一般需在申报材料前回购兑现或在股权分置改革前进行虚拟股转实股。

据 Wind 数据统计，2020 年，446 家 A 股上市公司共发布了 455 个股权激励计划；2021 年，818 家 A 股上市公司共发布了 834 个股权激励计划。在选择激励工具方面，在 834 个股权激励计划中，有 314 个计划选择第一类限制性股票作为激励工具，282 个计划选择第二类限制性股票作为激励工具，142 个计划选择股票期权作为激励工具，96 个计划选择复合工具作为激励工具。

由此可见，限制性股票与期权股票仍然是上市公司股权激励的主流模式，是上市公司的“标配”，其他并不是主流模式。

3.7 非上市公司股权激励的基本流程及要点

3.7.1 建立信任文化是前提

上市公司的股票，有一个公开市场定价，其价值、增值情况以及市场流通都不存在障碍。相比上市公司，非上市公司的股权激励有一个最大的特点（也是难点）——非上市公司的股份价值没有公允、公开的价格，且不能自由流通，股权增值空间有限（有资本运作和上市计划的除外）。这是所有非上市公司做股权激励时要注意的一个实际问题。除此之外，非上市公司（尤其是中小型企业）还普遍存在财务不透明、管理不规范、公司治理结构不完善的特点。这些特点对股权激励的最大影响是：被激励对象对未来股权收益具有不确定性的感觉被强化。

在这样的前提下，对中小型企业来说，虚拟股多少有一点“虚上加虚”的感觉。如果老板只想给员工发点钱，可以发资金发红包；如果不想让员工拥有投票权，可以采用有限合伙架构；如果是要限制股权转让，设置锁定期与禁售期的思路足够解决问题。“虚”过头了并不可取。**虚拟股要求公司有一定的利润，否则就等于给员工开一张空头支票。**

很多企业老板也不是不愿意分钱，他们最担心的问题有两个：一是股份给出去了，没有取得预期的效果；二是被激励人员离职会带来各种麻烦。基于这样的考虑，他们找到两个解决方案：一是弄个虚拟股，可“随时”收回；二是严格考核，外加多个限制条款。事实上这两个解决方案都不是最佳选择。虚拟股给员工带来的是心里不踏实、股权不完整、公司不可靠的感觉。过于严格的考核，直接导致了员工“难达标”“不达标”的结果。因此，多数员工不仅享受不到真正的股权利益，甚至还纠纷不断，得不偿失。

实际上，**中小型企业在做股权激励的时候，首先要解决的是一个信任问题。这才是真正推动股权激励实施的基础**。没有这个基础，就好比在沙滩上建房子，根基不稳房子就不可能建成。加强信任可以从以下几个方面着手：

第一，建立信任文化。企业可以借股权激励的契机，进一步完善组织结构、岗位职责、管理制度、工作流程，尤其是财务管理制度，要尽可能做到规范，相对透明。考核制度、企业文化要双管齐下；有关规章制度要公开、透明，该公示的要公示；要梳理出清晰的企业发展战略与计划，以培训或会议的形式宣讲企业发展战略及股权激励，让员工对企业发展的规划有更深入的理解。股权激励计划会议有必要公开最近三年的财务数据，以及明确要达成的可量化的财务目标，并对公司的未来，以及股权激励的目的、意义、步骤做出相应的说明。

第二，评估股份价格。有限责任公司的股份不能上市流通，因此股份的价格只能内部制定。公司在导入股权激励前，有必要委托专业的评估机构，根据公司的各项财务指标并结合行业和公司的实际情况，最终做出一个合理的定价，同时对目标达成之后的行权价给出参考意见（行权价要结合实际情况最后综合定价）。

第三，资本股份化。有限责任公司在进行工商注册时只登记资本金额，未划分股份，也不发行股票，没有明确的股份价格和数量。在股份价格评估之后，可以将公司的资本划分为若干个虚拟股份，对公司的资本进行“股份化”，并由有限责任公司签发股东持股证明，与普通股票类似，形成自己的虚拟股票，从而使公司顺利实行股权激励计划。此外，大部分非上市公司在股权架构设计上，通常都没有预留“期权池”，也不能从市场回购股票。因此，公司启动股权激励前要召开股东会，解决股票来源问题：一是内部转让，二是增资、增发。召开股东会这一程序一定不能省略。

第四，搭建持股平台。职工持股会没有法人资格，不能成为上市公司的股东。从长远角度来考虑，职工持股会模式可以不考虑；将员工持股的职能委托给信托机构行使，由信托机构按委托人的意愿进行管理或处置，从成本、规模等各个方面来说，多数企业也可能不太适合。近年来，合伙企业作为员工持股平台在各类公司得到了很好的实践，例如创业板、主板、境外上市公司和非上市公司。

但是，针对新三板公司证监会有一项规定需要特别注意。2021 年 2 月 7 日，证监会公布的《监管规则适用指引——非上市公众公司类第 1 号（2023 年 2 月修订）》文件规定：“根据《非上市公众公司监督管理办法》相关规定，为保障股权清晰、防范融资风险，单纯以认购股份为目的而设立的公司法人、合伙企业等持股平台，不具有实际经营业务的，不符合投资者适当性管理要求，不得参与非上市公众公司的股份发行。”

这个规定阻断了有限合伙企业参与挂牌公司定向增发的途径。因此，有限合伙企业对已挂牌的新三板公司来说，无法增发股票。新三板公司员工持股可以直接以自然人身份持股，或者通过委托信托、证券投资基金等合格投资者身份实现。

3.7.2 非上市公司股权激励的基本流程

定人

定人就是确定股权激励的范围、对象、人数，包括入围考核标准。

定人有两个要点：一是人数的考虑。有限责任公司的股东上限是 50 人，股份有限公司的发起人上限是 200 人。在这方面，要根据具体情况选择股权激励的入股方式，人数较少可以直接采取自然人方式入股，人数较多可以考虑搭建合伙平台。二是对于入围对象的选择，要制定一个基本的标准。既不能简单地从总经理到部门经理，按职位大小划分股份比例，也不能搞得过于复杂，将很多人拒之门外。要多方面考虑，并结合目标管理和个人意愿。中小型企业股权激励要逐步进行，先从管理层开始，不宜第一次就把范围做得很大，搞员工持股计划。入围标准可参考岗位价值、个人能力、业绩水平、突出贡献、工作年限等指标。

定量

定量就是确定用于本次股权激励的股份比例。上市前，互联网相关企业做股权激励的股份比例一般在 20%～30%；传统企业一般在 10%～20%。当然也有极端例子，例如北京奇虎科技有限公司（又称“360 公司”）超过 60%，华为则超过 90%。参考上市公司 10%、科创板 20%、新三板 30%的规定，有限责任公司和非上市公司可以依据公司的实际情况而定，建议控制在 10%～30%的范围内。定量要考虑几个因素：一是发展性，即股权激励不是一次完成的，可能有两次、三次或是多次；二是表决权的控制，员工持股将带来公司股权结构（股份比例）的变化，这方面要注意创始股东的股权比例，可以通过搭建有限合伙平台实现表决权的控制。股权激励的股份比例设计得太小，对员工可能没有吸引力，设计得太大可能又“吃不消”。定量的度，关键要从战略方面来考虑。

定价

有限责任公司行权时的股价不能通过市价确定。在设计股权激励方案时就应当确定股价的定价方式。在一股独大的私营企业，老板有充分的决策权，甚至可以将股份无偿赠予被激励对象。但即使是这种情况，同样有必要定价。起码被激励对象要知道自己的股份现在值多少钱。这个定价，不能老板自己说值 100 万元或 1000 万元就值

100 万元或 1000 万元，没有依据就没有可信度。要让被激励对象建立信任感，就有必要在设计股权激励方案时考虑到每一个步骤的严肃性、公正性，有据可依。常见的企业估值、股份定价有三大类，共十几种方法。

第一大类：收益法。用资产预期产生的收益的现值来评估企业资产的价值，通过估算企业的未来预期收益并折算成现值，从而确定企业股权价值。比较常用的是自由现金流法。

第二大类：市场法。以价格乘数为基础评估资产的价值，是通过比较企业与最近售出类似股权的异同，并将类似的市场价格进行调整，从而确定企业股权价值的一类评估方法。主要有可比公司法，比如我们常提到的市盈率法（PE）、市净率法（PB）、市销率法（PS），另有可比交易法、前期交易法等。

第三大类：资产法。是以企业的现有资产为依据，对企业的股权价值进行测算和评估的方法。常用的方法有净资产法、资产重置法等。

以上几种企业估值和股权定价的方法，各有适用的场景。若企业还处于发展初级阶段，或行业和企业的业绩预期一般的，可以以企业净资产法、资产重置成本法等方法进行估值。当企业身处朝阳行业且正处于高速发展期，可主要采用收益法来进行估值；当企业处于稳定发展或成熟期，可主要采用市场法来进行估值。

企业在进行股权激励定价时常会选择上述 2 ～ 3 种合适的估值方法结合在一起使用，并会对运用各种方法得到的企业估值进行加权平均处理，在得到比较公允的企业估值后才进行股权定价。由第三方机构做出评估的可信度更高一些。当然，最终定价可以再依据实际情况做出调整。内部激励毕竟不同于风险投资，员工购买力、预期收入也是要考虑的因素。

一般来说，作为一种投资行为，员工购买公司股票，如果不考虑股权增值的情况，预期年收益率应大于 20%，在 20%～ 50%之间比较合理。如果员工投资 100 万元，1 年预期只可以赚 1 万元，所有的员工都不会买公司的股票。

定模式

定模式就是确定用什么方法实行股权激励计划。我们前面谈到了股票期权、限制性股票、业绩股票、虚拟股票这四种基本的模式。这几种模式并非完全割裂，可以综合运用。尤其是非上市公司，没有太多法律法规的限制。如果非上市公司进行首次股权激励，我不建议采取纯粹的虚拟股票方式。因为股权激励的目的就是要调动核心团队的积极性与激发其潜力，虚拟股票的效果更弱一些。公司首先要把核心团队的能量集中起来，吸引和稳定人才，进一步提升公司业绩。然后通过核心团队的股权激励起到示范作用，为更大范围的股权激励奠定基础。

针对员工是否愿意出钱购买股权激励的股票，公司首先应秉承“买为上策、借为中策、送为下策”的原则，但不绝对。对于特别优秀、为公司做出突出贡献、对公司具有战略性价值的人才等，可以区别对待，但整体上要兼顾公平原则。对于员工购买股权的资金来源，自筹、业绩、期权、奖励基金、公司借支等方法可以灵活运用。

需要注意的是，员工股权激励涉及股权、股份来源，有限责任公司需要召开股东大会并做出决议，要注意原始股东是否有优先购买权、是否有公司章程限制等问题，以免发生纠纷。

定时间

股权激励机制中涉及的重要时间点包括授予日、可行权日、失效日等。公司应当在股权激励协议中明确上述时间点，员工也应当注意权利行使的时间。

定条件

定条件是股权激励中最重要的事项。定条件包括制定筛选激励对象的基本条件，即第一点中提到的入围标准。入围标准不能紧，要松，要做到80%～90%的适应对象有权参与。

行权条件是重中之重。行权条件包含四个主要内容：一是绩效指标；二是个人考核；三是行权限制及权利取消；四是行权方式。

绩效指标应围绕公司战略目标、财务指标进行细化和量化。可以包括公司目标、部门目标和个人目标，要突出重点，例如营业额、营收增长率、利润、利润率、净资产收益率等。

个人考核可以参考人力资源考核指标，通常采用关键绩效指标（KPI）考核方式，但对于股权激励考核，尽量采用量化指标。非量化指标不宜过多，避免人为主观因素影响考核的公平性。

行权限制及权利取消条款，包括递延行权、取消行权和部分取消行权。此类条件应表达清晰、准确，不仅要列入协议，还要公示。如果涉及引用公司行政管理等相关制度，需要一并公示。例如“严重违反公司规章制度可递延或取消行权资格”等类似的模糊条款，必定造成考核的困难，甚至引发纠纷。什么是严重违反公司规章制度？在激励协议签订后修订的规章制度条款是否有效？规章制度是否公示？被激励对象是否知晓？类似的问题不够明确就是自己给自己挖坑。再比如，员工离职有自动离职，也有被公司辞退等情况，这也是最容易引起纠纷的地方之一。员工离职后是否取消行权，已经行权的股份如何处理，如果员工拒绝回购又怎么办？对于量化的指标，也有类似的情形。公司有三个量化指标，两个指标达成了，一个指标差两个百分点，这种情况如何处理？如何行权？正常行权的股份是否可以继承？员工行权后，如何退出？什么情况下公司可以强制回购？等等。总之，定条件是一项非常细致的工作，而且至关重要。条件不科学、不严谨往往容易导致各种矛盾和纠纷。

定方式

条件满足了，员工如何行权？是现金购买还是从公司借款购买抑或是以业绩奖金兑换？行权日期失效后是否一律视为放弃行权或者可以递延行权？

股权激励要让80%左右的入围对象能够做到符合条件行权。如果通过考核，多数人不能行权，不仅起不到激励作用，反而会滋生各种负面情绪。前面提到的“七定”都有必要公开，不能暗箱操作，但对于考核结果和最终行权结果可以采取保密措施。

3.7.3 搭建合伙企业持股平台

前面我们在“2.6合伙企业架构分析”中对合伙企业做了详细介绍。本节我们再简单总结一下合伙企业作为员工持股平台的优点和注意事项。

相较于代持而言，设立合伙企业持股平台可以保证股权归属更加清晰简单，避免了产生股权归属争议的可能。相较于员工直接持股而言，设立持股平台可以避免由目标公司股东增减导致的工商登记频繁变动，以及股东众多导致议决程序低效等问题，同时可以使表决权集中在GP手上（参见“2.6.2合伙企业的重要特征”）。相较于有限责任公司持股平台，合伙企业的员工在转让股权时不会产生双重税收（参见图2-6自然人股权转让与法人股权转让纳税、“2.6.3合伙企业的主流实践”）综上所述，搭**建合伙企业持股平台的优势可以简单概括为：股权归属清晰、转让税负适中、强化控制权**。

此外，合伙企业没有企业所得税，而且是采用“先分后税”的原则，赚的钱可以直接分配给合伙人。若是有限责任公司作为持股平台，分配利润时要提取10%的法定公积金。

有限合伙企业没有企业所得税，分红按利息、股息、红利所得这类应税项目按20%的税率计算缴纳个人所得税。这方面与自然人持股或通过有限责任公司持股是一致的。

合伙企业有一点风险，那就是在股权转让时，可能各个地方的政策有点不一样，转让的个人所得税税率可能是20%，也可能是5%～35%。因此，在设立合伙企业前需要到当地税务机关核实一下本地政策。（参见“2.6.4 有限合伙企业的优缺点分析”）合伙企业税务政策目前不是非常统一和稳定，不排除将来股权转让的税率向5%～35%靠齐的可能性。在股权转让时如果按5%～35%的税率缴纳个人所得税，税负可能会高于自然人持股。

另外，若采用合伙企业持股的模式，有关员工在取得股权激励时，目前也无法享受递延纳税的政策。但影响不大，递延不是减免。

2016年9月20日，财政部、国家税务总局发布的《关于完善股权激励和技术入股有关所得税政策的通知》（财税〔2016〕101号）规定：“员工在取得股权激励时可暂不纳税，递延至转让该股权时纳税；股权转让时，按照股权转让收入减除股权取得成本以及合理税费后的差额，适用‘财产转让所得’项目，按照20%的税率计算缴纳个人所得税。”

上述文件中对于享受递延纳税政策的非上市公司股权激励条件中有一条：“激励标的应为境内居民企业的本公司股权”。因有限合伙企业作为股权激励持股模式不符合“本公司股权”。《财政部税政司 国家税务总局所得税司有关负责人就完善股权激励和技术入股税收政策答记者问》中对“激励股权标的”做出了解释，“为体现激励对象与公司的利益相关性，激发员工的创业热情，规定激励股权标的应为本公司的股权，授予关联公司股权的不纳入优惠范围”。

上述解释的意思是：税收递延政策排除了有限合伙企业作为股权激励持股平台的情形。但是，各地税务机关对现有递延纳税政策适用口径并不一致，有的税务机关认为拟上市的非上市公司持股平台适用递延纳税政策，给予递延纳税备案。例如广东利元亨智能装备股份有限公司（证券代码：688499）、百奥泰生物制药股份有限公司（证券代码：688177）、浙江润阳新材料科技股份有限公司（证券代码：300920）等。

概括来说，经过综合考量，在个人税收方面，个人自然人持股的税负最低；有限责任公司持股的税负最高；合伙企业相对较低，但存在不确定因素。

合伙企业持股平台的搭建，通常是由公司员工与公司的创始人共同出资组成，由创始人担任普通合伙人，被激励的员工为有限合伙人。老板注重公司控制权，员工注重分红收益，各取所需。合伙企业持股平台设立后，并不经营实际业务，而是认购目标公司发行的新股（增资方式），或由创始股东受让部分股权给该持股平台（股权转让），从而实现员工间接持股目标公司。

已经挂牌的新三板公司需要注意：有限合伙持股平台目前无法通过增资认购，需要注意政策变化。

由于《合伙企业法》规定合伙人可以不按出资比例进行利润分配，有些合伙企业的普通合伙人得到的利润会高于其出资比例。但在股权激励模式下，采用该种方式，相当于有限合伙人即被激励的员工让渡了一部分利益给创始股东。显然这实际上与股权激励的目的背道而驰，会伤害被激励对象的利益，打击其积极性。因此，在有限合伙平台的股权激励模式下，普通合伙人应以货币出资，且以实际出资比例分配合伙企业利益，或者通过协议平衡利益。

《合伙企业法》第三十三条规定："合伙企业的利润分配、亏损分担，按照合伙协议的约定办理；合伙协议未约定或者约定不明确的，由合伙人协商决定；协商不成的，由合伙人按照实缴出资比例分配、分担；无法确定出资比例的，由合伙人平均分配、分担。"

第六十条又规定："有限合伙企业及其合伙人适用本章规定；本章未做规定的，适用本法第二章第一节至第五节关于普通合伙企业及其合伙人的规定。"

结合上述两条规定，有限合伙企业可以完全实现合理的利益分配。（基金型有限合伙企业，GP 通常可以分到 2%～3%的年度管理费和盈利 20%的管理分红）

3.7.4 股权激励的退出机制

随着公司的发展，有的员工会离开公司，也有新的员工进入公司。这是很正常的现象。但员工的流动对非上市公司来说有个矛盾，因为上市公司的股票持股员工随时可以卖掉，但非上市公司的股票没有自由流通的市场机制，不可以随时卖掉。这是非上市公司必须考虑的一个问题。

非上市公司一般都以有限责任公司的形式出现。根据《公司法》有关规定，股东向股东以外的人转让股权，应当经其他股东过半数同意。股东应就其股权转让事项书面通知其他股东征求同意，其他股东自接到书面通知之日起满三十日未答复的，视为同意转让。因此，非上市公司的股东退出以及新股东的进入，操作起来比上市公司还更复杂一些。"征求同意"可以通过章程来解决，但更麻烦的是：谁来买？有没有人买？所以，做股权设计还要解决这个流动性的问题，要有一个回购机制。

约定股权回购事项，回购价格要明确

有限责任公司在进行股权激励时，通常会在股权激励相关协议中对如何进行股权激励、股权回购做出约定。当约定激励对象离职或出现其他违反股权激励限制性条件

的情形时，由公司回购其股权。现实中也有公司直接在公司章程中对股权回购做出约定。但不论是在股权激励相关文件还是在章程中对股权回购做出约定，均需让相应主体在上述文件中签字、盖章确认。

股权回购的约定应当包含回购情形、回购价格、付款时间等内容，以便在发生股权回购情形时，股权回购约定具备可执行性。

当激励对象出现股权回购情形时，如果激励对象与公司能够就股权回购达成一致，最好通过与激励对象签订股权回购协议的形式进行确认，并按照约定的回购价格和时间及时回购其股权。

现实中也会出现激励对象不配合，不愿意与公司签订股权回购协议的情形。在这种情形下，公司可以尝试直接基于章程或股权激励相关协议中关于股权回购条款的约定起诉对方，要求其退还股权。如果回购条款中有明确的关于股权回购情形、股权回购价格及付款时间的具体约定，法院可能会基于制度文件中股权条款的约定，判令向对方履行回购义务；如果股权回购约定中没有具体的回购价格的约定，在之后又无法达成股权会议协议，此时股权回购不具备可执行性。

强制股权转让的合法性

《公司法》侧重于保护公司自由自治的权利，尊重股东之间的内部约定。对于股权转让事项，《公司法》第七十一条规定，“公司章程对股权转让另有规定的，从其规定”，即允许股东之间对股权转让自行做出约定。但是该约定不能禁止股东进行股权转让。在公司章程中约定股东离职必须将股权转让给其他股东，只是对股权转让进行了限制，而非禁止或变相禁止，不违反法律规定。

在合伙人通过有限合伙企业间接持股的情形中，激励对象持有的是有限合伙持股平台中的财产份额，其权利义务均在合伙协议当中进行约定。《合伙企业法》第四十九条规定：“合伙人有下列情形之一的，经其他合伙人一致同意，可以决议将其除名：……（四）发生合伙协议约定的事由。对合伙人的除名决议应当书面通知被除名人，被除名人接到除名通知之日，除名生效，被除名人退伙。”

因此，全体合伙人可以在合伙协议或补充协议中约定，激励对象离职时应当将财产份额转让给特定主体，同时将激励对象离职但不转让股权约定为除名情形。在激励对象出现上述情形时，经其他合伙人一致同意，可以将激励对象除名，并按照约定的价格支付财产份额转让款。

综上所述，不论是在有限责任公司还是有限合伙企业进行股权激励，都可以做出强制股权或财产份额转让的约定。

股权强制转让的程序

强制转让的约定，需要在公司章程、股权激励协议中对激励对象离职等特殊情形需强制转让股权做出约定。如果是通过有限合伙持股平台持股，合伙协议中也应对激励对象离职时的财产份额强制转让及除名程序做出约定。**强制转让必须约定价格和转让程序，章程、股权激励协议、合伙协议要保持一致。未明确约定具体的程序和价格，可能导致股权及财产份额强制转让无法实际履行。**

谨慎使用公司回购

《公司法》仅规定股份有限公司股份回购后的程序，对有限责任公司回购股东股权后多长时间需将股权转让或注销没有做出明确规定。公司一般情况下不能自持股权，因此有限责任公司回购股权后应当及时将回购股权转让或办理减资程序。

公司回购离职股东的股权后，应当及时将股权转让或办理减资程序。公司减资会导致债权人有权要求公司清偿债务或者提供相应的担保，还要履行复杂的减资程序，比如编制资产负债表及财产清单、通知债权人、发布公告等。因此，有限责任公司在设计强制退出机制时应当优先考虑股权或财产份额强制转让的退出方式，最好不要由公司回购，由大股东回购比较好操作。

强制股权退出（回购）样本

员工激励股权的退出，分为强制退出、允许退出、选择退出，相关情形要界定好。下面简单列举两段退出说明，仅供参考：

过错性强制退出：在退出事件发生之前，任何一方出现下述任何过错行为之一的，经公司董事会决议通过，股权回购方有权以人民币 1 元的价格（如法律就股权转让的最低价格另有强制性规定的，从其规定）回购该方的全部股权（包括已经成熟的股权及授予的预留股东激励股权），且该方于此无条件且不可撤销地同意该等回购。自公司董事会决议通过之日起，该方对标的股权不再享有任何权利。该等过错行为包括：

（1）严重违反公司的规章制度；

（2）严重失职，营私舞弊，给公司造成重大损失；

（3）泄露公司商业秘密；

（4）被依法追究刑事责任，并对公司造成严重损失；

（5）违反竞业禁止义务；

（6）捏造事实严重损害公司声誉；

（7）由任何一方其他过错导致公司出现重大损失的行为。

2007年7月31日，阿里巴巴获得 Alibaba. com Corporation 的授权委托，出具《Alibaba. com Corporation 2007年股份激励计划股票期权授予通知》给徐羽。该通知中载明：本通知应成为授权协议的一部分，按该计划和本奖励协议中条款和条件，徐羽被授予购买本公司普通股股票的权利，授予限制股单位总数20000股。

2011年2月21日，阿里巴巴书面通知徐羽，该通知中载明：徐羽离职后，公司发现其在职期间存在营私舞弊行为，严重违反了阿里巴巴商业行为准则及公司的价值观，现公司正式通知其，对其的离职行为，公司内部将参照因特定事由被公司解雇处理。

公司受 Alibaba Group Holding Limited 的委托特别提醒其注意以下事项：阿里巴巴集团将按其原始行权价回购徐羽目前持有的，由阿里巴巴集团根据其2007年股权激励计划授予股份期权而获得的52469股阿里巴巴集团的股份。另外，对于其申请转让给张忱的阿里巴巴集团的股份，阿里巴巴集团将不予办理转让手续。

法院认为：徐羽作为阿里巴巴的员工，在任职期间与他人投资成立公司并与阿里巴巴集团关联的公司签订合同但未向公司披露，严重违反了其签订的劳动合同中约定的规章制度，即本案所涉的《阿里巴巴集团商业行为准则》中的关于利益冲突的规定，构成特定事由中的有关规定，即“严重违反‘参加人’与‘公司’及其任何‘子公司’之间任何协议或合意”，以及“就与其担任或受聘于‘服务提供者’有关的任何重大事实作虚假陈述或遗漏任何该等重大事实，阿里巴巴集团有理由据此主张不予办理相关股权登记等转让手续”，故对徐羽的诉请本院不予支持。

3.7.5 股权激励要让员工获得真正的利益

华为是一家生产和销售通信设备的民营通信科技公司。截至2020年，华为共有超过12万名员工持股，任正非的持股比例仅为0.75%。按照19.7万名雇员计算，2020年华为持股员工人数占到了全员人数的61.56%。华为自1990年创立至今，已实施了5次大型的股权激励计划。

1990年，华为第一次提出员工持股、内部融资的概念，参股价格为每股10

元，以税后利润的15%作为股权分红。此时，华为员工的薪酬由工资、奖金和股票分红组成，这三部分的数量几乎相当。股票需员工进入公司1年后，依据员工的职位、绩效、任职资格状况等因素派发，一般用员工的年度奖金购买。如果员工的年度奖金数额不足以购买派发的股票，公司将帮助员工获得银行贷款来购买。华为采取这种融资方式，一方面减少了公司的现金流风险，另一方面增强了员工的归属感，稳住了创业团队。也就是在这个阶段，华为完成了“农村包围城市”的战略任务。1995年，华为的销售收益达到15亿元。1998年，华为将市场拓展到中国的主要城市。2000年，华为在瑞典首都斯德哥尔摩设立研发中心，海外市场销售额达到1亿美元。

2001年，华为开始实行名为“虚拟受限股”的期权改革。虚拟股票是指公司授予激励对象一种虚拟的股票，激励对象可以据此享受一定数量股票的分红权和股价升值权，但是没有所有权、表决权，不能转让和出售，在离开企业时自动失效。虚拟股票的发行维护了华为管理层对企业的控制力，不至于导致一系列的管理问题。华为还实施了一系列新的股权激励政策：

- 新员工不再派发长期不变的1元/股的股票；
- 老员工的股票也逐渐转化为期股；
- 以后员工从期权中获得收益的大头不再是固定的分红，而是期股所对应的公司净资产的增值部分。

期权比股票的方式更为合理，华为规定，根据公司的评价体系，员工可获得一定额度的期权，期权的行使期限为4年，每年的兑现额度为1/4。假设某人在2001年获得100万股期权，当年股价为1元/股，其在2002年后逐年可选择4种方式行使期权：

- 兑现差价（假设2002年股价涨幅为2元，则持股员工可获利25万元）；
- 以1元/股的价格购买股票；
- 留滞以后兑现；
- 放弃。

从固定股票分红向虚拟受限股的改革是华为激励机制从普惠原则向重点激励的转变。

2003年，受到出口市场萎靡以及与思科之间的产权官司影响，华为提出了新的股权激励形式——配股。华为内部号召公司中层以上的员工自愿提交“降薪申请”，同时进一步实施管理层收购，稳住员工队伍，共同渡过难关。通过本次“降薪运动”，骨干员工获得配股的额度大大超过普通员工。此次配股规定了一个3年的锁定期，3年内不允许兑现，如果员工在3年内离开公司，其所配的股票无效。华为同时也为员工购买虚拟股权出台了一些配套措施，如“员工本人只需要拿出所需资金的15%，其余部分由公司出面，以银行贷款的方式解决”。自此改革之后，华为实现了销售业绩和净利润的突飞猛涨。

2008年，美国次贷危机引发全球经济危机，给世界经济发展造成了重大损失。面对本次经济危机的冲击和经济形势的恶化，华为在2008年12月又推出新一轮的股权激励措施。华为发布配股公告称：此次配股的股票价格为4.04元/股，年利率逾6%，涉及范围包括了几乎所有在华为工作1年以上的员工。

这次配股属于“饱和配股”，即规定员工的配股上限，每个级别达到上限后，就不再参与新的配股，比如级别为13级的员工，持股上限为2万股，级别为14级的员工，持股为5万股。这一规定限制了已获得大量股票的老员工，为新员工持股留下了空间。这次的配股方式与以往类似，如果员工没有足够的资金实力直接用现金向公司购买股票，华为将以公司的名义向银行提供担保，帮助员工购买公司股份。相关数据显示，华为当年的虚拟受限股执行价为4.04元/股，员工的年收益率达到了25%～30%。

2013年，为了解决外籍员工和基层员工的激励问题，华为推出了“时间单位计划”，每年根据员工岗位级别、绩效等，给员工配置一定数量的期权，期权不需要员工购买，每5年为一个结算周期。这一计划也解决了股权过于集中、基层员工无法分享公司红利的问题。

华为的员工持股比例超过90%，国内没有任何一家公司可以超越。或许正是因为任正非这种思维与格局，成就了这么一家伟大的公司。华为刚刚成立时，注册资本只有2万元，截至目前，华为的注册资本约404.4亿元。华为最新披露的2021年度报告显示，2021年华为共实现营收6368亿元，同比下滑28.6%，但净利润同比增长75.9%，为1137亿元。

纵观华为的历次员工持股计划，我们似乎也看到了一些基本的规律：从实股到虚股，从高管到员工，按照净资产估价；员工离职，也按当年净资产价格评估回购；员工分红收益率一般都在50%以上（少的时候也有20%左右）……

笔者一直以为，“道”比“术”重要。对于员工股权激励来说更是如此。股权激励不是空谈股权，“道”就是要让员工获得真正的利益，这才是关键。问题在于，大多数企业没有华为任老先生这种分钱的格局——这才是差距的根源。

无须列举更多的股权激励案例，非凡的企业自有非凡的格局，不在于你创造了多少新概念。华为的企业文化、管理制度、考核机制等，网络上基本上都能找到，问题是拿到你的企业里来，完全不起作用，因为你的企业“土质”不一样。

还是《天龙八部》中扫地僧那句话总结得到位：“须知佛法在求渡世，武功在于杀生，两者背道而驰，相互克制。只有佛法越高，慈悲之念越盛，武功绝技才能练得越多。”对于企业经营来说，什么是佛法，什么是绝技，还是留给读者去思考吧。

第四章

股权融资，借船出海

在《百万英镑》中，自始至终，亨利没有把那张百万大钞花出去。他最大的一笔开销也是通过借贷而来。但是，亨利实实在在地变成了百万富翁。那张“小纸片”，不过是他实现“空手套白狼”的一个工具，一份“借来的”资本信用背书。

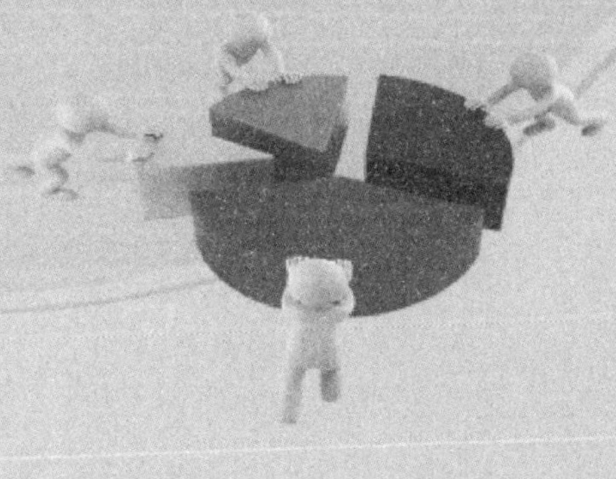

4.1 资本的力量

4.1.1 重温《百万英镑》的启发

1850年，有个叫亨利的美国年轻人，因为一次意外的出海事故流落到伦敦。他举目无亲，身无分文，已经好几天没有吃饭了。

正当亨利准备捡起路边被小孩丢弃的半只苹果充饥时，却被一对富豪兄弟莫名其妙地请进了家中，兄弟俩给了他一只神秘的信封，信封内是一张一百万英镑的钞票和一封信。信中约定：如果亨利能够在一个月之后将钞票还给他们，富豪兄弟将为其提供一个非常体面的工作机会。

饥肠辘辘的亨利来不及多想，找了一家廉价的饭馆准备好好吃上一顿。起初，餐厅的老板怀疑这个衣着褴褛的流浪汉付不起餐费，不停地催促亨利付钱。酒足饭饱之后，亨利拿出了信封里的钞票，这时老板才发现，这居然是一张一百万英镑的大钞，餐厅根本找不开。老板经过再三确认后得知，这是伦敦银行开出的，全球仅有两张的百万英镑大钞之一。

聪明的老板很快改变了态度，一再道歉并免了亨利的餐费，老板还表示随时欢迎他再次光临，全部免单。

消息很快传开了，人们对这位突然到来的美国富翁无比尊敬，各行各业的富商、公爵等社会名流都希望能够攀上这位低调的美国年轻人。吃饭、住宿、买衣服，统统记账。加上媒体的推波助澜，亨利很快就跻身伦敦商界名流和上层社会。后经朋友的一番资本运作（只是用了亨利的名字“托盘”），亨利变成了真正的百万富翁并娶到了一位美丽的妻子。

富豪给亨利一百万英镑，源于兄弟俩的一场争执，哥哥认为一张百万英镑的钞票对一个穷人毫无价值，最终他还是会穷困潦倒，而弟弟则认为他会因为这张钞票摆脱困境过上富足的生活。为了验证他们各自的观点，兄弟俩设下了这个赌局。此前，他们已经确认没有任何企业可以给这张钞票找零。

这是电影《百万英镑》讲述的一个故事，影片根据1893年马克·吐温发表的同名小说改编。事实上，这部小说源于马克· 吐温真实的生活写照。

马克·吐温生于美国一个贫穷的律师家庭，家里有7个孩子，收入微薄。年幼的他很小就开始打工扶持家庭，尝尽人间冷暖。1861年，长大后的马克·吐温在弗吉尼亚当起了一名记者。当时，美国多所城市发现并开始开采黄金，部分城市几乎所有的企业停业，士兵离开了营房，仆人离开了主人，农民典押田宅，工人扔下工具，通通涌向金矿发源地。随着美国"淘金热"的盛行，当地金矿的股价疯狂上涨。马克·吐温也不能免俗，他盯上了一只"白银股票"，并将自己所有的积蓄投入其中。眼看着股票飞速上涨，他辞去了工作，搬到旧金山过起了有钱人的生活。

没过几年，随着"淘金热"的退去，股票大跌，整个市场快速崩裂，马克·吐温破产了，负债累累。迫于生计，他只能重操旧业，再次开始写作，直至1898年，63岁的马克·吐温才还清债务。《百万英镑》发表于1893年，彼时正是他债台高筑的时候。

重温马克·吐温100多年前的作品，我惊讶地发现，通过资本取得信用背书，利用公益、慈善提升个人形象然后混迹于上层社会，最后在资本市场收割"韭菜"的套路，资本主义国家早在100多年前就玩得炉火纯青。

起初，亨利白吃了一顿午餐，并获得了小餐厅的无限期免单优惠。他立刻意识到这张"小纸片"（百万英镑）虽然花不出去，但是这笔意外之财却无意中给自己贴上了一个"有钱人"的标签。他如法炮制，穿上了高级礼服，服装店老板又为他推荐了豪华宾馆。而这一切，都是免费或无限期记账的。后来，亨利参加了一个慈善拍卖会，一个错误的手势使他不得不捐出5000英镑买下一只破罐子。但正是这个误会，亨利再次登上"热搜"，各大媒体争相报道，他的名气自此无人不知，在上层社会混得顺风顺水。尽管亨利并没有坐庄股市，但聪明的投机商仅仅利用了亨利的名字和名声，就拉升了一只股票，盘活了一家企业……

莎士比亚说过："金钱能使黑的变成白的，丑的变成美的，懦夫变成勇士。"这句话在《百万英镑》里就得到了很好的展现。

《百万英镑》虽然是一个虚构的故事。但其表层虚构，深层内容却无比真实。它展现了当年资本主义社会"金钱至上"的观念与社会风气的阴涩。100多年前马克·吐温描绘的情景与当今社会的某些现象和资本运作的手法竟然如此相似。看完《百万英镑》，现实生活中那些花钱买荣誉的名人影子一个个浮现在我的脑海中。这很搞笑，但我笑不出来。

我们不讨论人性和社会现象。我关注的是——

自始至终，亨利没有把那张百万大钞花出去。他最大的一笔开销（公益竞拍）也是通过借贷而来。但是，亨利实实在在地变成了百万富翁。那张"小纸片"，不过是他

实现“空手套白狼”的一个工具，一份“借来的”资本信用背书。

4.1.2 企业为什么要股权融资

如果你还不能完全理解“资本信用背书”这几个字，我再举个例子。假如你开了一家公司，公司只是一个养猪场，你需要大量的资金购买饲料，确保公司正常运营，但是公司没有钱，银行也不贷款给你，你无计可施。这时候有人给你出了一个主意：假设刘强东是你的远房亲戚，你将公司10%的股份送给刘强东。于是，后面的风险投资排着队来了，他们不要你的利息，亏了也不要你还钱。信用背书大概就是这么回事。你无需向刘强东借钱，只需要请他给你“站个台”就好了。用专业词语来说，后面的风险投资叫作“跟投”。用通俗一点的话来说，就是人们认为：刘强东都投资了你的企业，那还有错吗？赶紧投点钱进去。实际上，《百万英镑》故事中亨利的钱也就是这么来的。因为亨利的名气实在是太大了，聪明的投机商只需要借用亨利的名字买下某只股票，股民们便不淡定了，蜂拥而上，跟着亨利把钱砸到这只股票上，股价就涨了。而亨利呢，没有投资一分钱，只需要跟着投机商分钱就好了。在股票市场中，很多散户跟着机构投资买股票就是这么一个简单的逻辑。

国家统计局官网2019年12月18日发布的文章《中小微企业成为推动经济发展的重要力量——第四次全国经济普查系列报告之十二》显示：2018年末，我国共有中小微企业法人单位1807万家，比2013年末增加了966.4万家，占全部规模企业法人单位的99.8%。近年来，中小型企业融资难的现象一直备受关注，国家也出台了一个又一个支持政策，但事实上呢，**除了抵押和担保，信用贷款的机会对大部分中小型企业而言少得可怜**。

因为公司无法融资，我见过拖欠工资一年的，见过借高利贷的，见过夫妻老板抱头痛哭的，见过想要自杀的。王健林在讲自己创业的经历时也曾谈到，因为需要一笔贷款，他前前后后找银行行长50多次，事情仍然没有办成，因为贷不到款，他曾九天九夜没有睡着觉，服用安眠药、打针都无济于事。

在很多大型国有企业根本不需要资金的时候，有些银行总是热脸贴冷屁股，天天去跟人讲“你跟我借点钱吧！我的利息可以压得很低很低，你让我保个本就可以了”。

而对于那些真正需要资金的中小型企业，他们跟银行行长说：“我可以给你更高的利息，甚至高过一倍都可以！”

但是银行行长说：“对不起，我不能借钱给你这种中小型企业。”

这种现象其实也很好理解，你若是银行行长，可能也会这么做。因为行长必须承担贷款风险。借给中小型企业，一旦出了问题，行长也无法承担相应的后果。所以，正常情况下，那些中小型企业想获得银行贷款是一件非常困难的事情。

从长远来看，银行贷款通常也只能解决企业短期资金问题，利用股权融资才是更好的选择。有一部分企业在经营状况良好的时候暂时没有融资的需要，因此忽略了股权融资，忽略了资本市场的存在。但是股权融资的好处比你想象的更多。

首先，贷款要支付利息，而股权融资不仅没有利息，即使企业亏损了，股权融资融来的钱也不需要偿还，亏了就是亏了。这是最直接的好处。

其次，你的企业一旦引入了股权融资，相当于你的企业“一只脚”已经跨进了资本的圈子，企业没钱了，风险投资有的是钱，他们还会帮你介绍更多的投资基金，你只要集中精力把企业的经营搞好，有关资金问题他们帮你顶着，他们的办法比你更多。对于很多中小型企业来说，别说多少亿元，有时候一千万元甚至几百万元，就把你难倒了。但是对于风险投资来说，这点钱还真不是事。国际咨询机构普雷钦研究公司公布的数据显示，2021 年有 1289.2 亿美元的风险投资资本投资于 5300 多家中国初创企业，这一金额超出 2018 年创下的 1150 亿美元的高点。

风险投资对公司的认可，从某种意义上来说相当于《百万英镑》小说中，有人给了你一张一百万英镑的钞票，你不一定要把钞票花掉，但很多资源会向你靠拢。比如客户资源、政府资源、人脉人才资源等。这些资源的价值，可能超过风险投资本身的价值。

不仅如此，风险投资的引入，同时能够帮助企业以最快的速度提升管理水平。风险投资一旦介入你的企业，他们会促使你以最快的速度完善公司法人治理结构，股东会、董事会、监事会一个都不能少。企业有钱了，也有能力聘请更高级的管理人才，建立完善的公司治理结构，从而降低企业的经营风险。

4.1.3 绝大多数人都死在明天晚上

当然，股权融资没有你想象的那么容易。

赚钱的时候不想融资，不赚钱的时候又得不到融资。正如我们前面谈到的西贝莜面村就是这样一个例子。那些暂时“活得不错”，觉得不需要融资的企业，不妨体会一下马云曾经说过的那句话：“**今天很残酷，明天更残酷，后天会很美好，但绝大多数人都死在明天晚上**。”

阿里巴巴曾被 30 多家风险投资（VC）拒绝投资。

1999年2月21日，马云和“十八罗汉”凑了50万元创办了阿里巴巴。当时，马云希望阿里巴巴能坚持10个月，期望10个月之后就能吸引到投资。尽管马云处处节省，但阿里巴巴维持到七八个月的时候，50万元已经花得一干二净了。

阿里巴巴的第一笔融资（500万美元）来自高盛集团，当时高盛集团有一个叫林夏如的合伙人，是“十八罗汉”之一的蔡崇信以前的同事，哈佛大学毕业，时任高盛集团私募部门亚洲区主管。没有蔡崇信与林夏如的这一层关系，阿里巴巴的这次融资不会这么顺利。这笔融资由高盛集团领投，林夏如还联合了富达投资、新加坡政府科技发展基金、银瑞达跟投。银瑞达正是蔡崇信的“老东家”。

蔡崇信何许人也？蔡崇信是耶鲁大学法学院法学博士，1995年至1999年出任北欧地区最大的工业控股公司银瑞达投资公司的附属公司银瑞达创业投资（亚洲）有限公司副总裁及高级投资经理，负责该公司的亚洲私募股本业务。在阿里巴巴的合伙人制度中，只有两个是永久合伙人，一个是马云，另一个就是蔡崇信。蔡崇信是阿里巴巴的隐形将军，是阿里巴巴19号员工，也是唯一一个“空降兵”。

当时的阿里巴巴已经发不出工资了，这一笔融资解决了阿里巴巴的燃眉之急，也是阿里巴巴的第一次股权融资。在此之前，在股权融资这件事上，马云曾做过无数次努力，但都以失败而告终。据彭蕾的回忆，马云每次从外边回来，都会对大家说“我又拒绝了一家VC”。实际上是马云又一次被VC拒绝了。那段时间，马云前前后后被拒绝了37次。

这是马云在纽约IPO路演现场说的，15年前，他为融资200万美元来到纽约，被30家VC拒绝，失败而归；15年后，他再次来到纽约，这一次，他要拿多点钱回去。

类似的故事同样发生在腾讯公司。

1998年，马化腾、张志东、曾李青、许晨晔、陈一丹五人凑了50万元注册成立了腾讯。

1999年末，腾讯公司主打产品QQ（当时还叫OICQ）发展迅猛，上线9个月用户就达到了100万人。但是，如此庞大的用户数据让腾讯的服务器不堪重负，而服务器造价昂贵，腾讯根本拿不出钱来添置新设备。资金捉襟见肘，马化腾也曾求助于银行，但是没有一家银行愿意贷款给他，腾讯公司当时的固定资产只是几台折旧的服务器。山穷水尽之时，马化腾也曾想把公司卖掉，但一连谈了4家，出价最高的仅仅60万元，当时马化腾预期想卖300万元。最后公司没有卖成。

弹尽粮绝，几个创始人不得不觍着脸四处借钱，认识的人都被他们借了个遍。还好当时还是有几个朋友愿意借钱，但当马化腾提出能否用腾讯的股票还债时，他们都委婉地表示拒绝，有一位甚至慷慨地说："你真的没钱了，不还也可以。不过我不要你的股票。"

QQ 当时最大的问题是用户量增长很快，但是全世界没有一个人知道它怎么挣钱，马化腾自己也不知道。

向朋友借来的钱毕竟撑不了很久，而且当时的腾讯只花钱，几乎不赚钱。万般无奈之下，腾讯合伙人之一的曾李青建议马化腾去找风险投资。这也是当时唯一可能再去试一试的办法了。在曾李青的帮助下，腾讯找到了风险投资机构——美国国际数据集团（简称"IDG"）。IDG 在美国属于中小型投资公司，于 1991 年进入中国开展业务。1996 年，IDG 委派王树到深圳寻找项目，先后投资了中国科健股份有限公司、金蝶国际软件集团有限公司等企业。为了融资，马化腾写了 20 多页的商业计划书，但到了盈利预测这一段，马化腾却怎么也写不出来。王树一边翻看商业计划书，一边问马化腾："你怎么看你们公司的未来?"马化腾沉默良久，最后直言："我也不知道。"

但让人意外的是，马化腾的坦诚感动了王树，项目被报到了 IDG 北京总部。IDG 北京总部的高级合伙人王功权后来带队考察腾讯，逼着马化腾说明白这个东西到底怎么赚钱。拷问了一个晚上，马化腾还是那句话，只知道这个东西大家很喜欢，但不知道向谁收钱。多年后，据王树回忆，正是马化腾这个回答让他对马化腾另眼相看。他判断，这是一个很实在的领导者，值得信赖和合作，因为大家确实都看不出来 QQ 到底要怎么挣钱。

幸运的是，最终 IDG 决定向腾讯投资 220 万美元，占股 20%。这次协议，王树也提出了对赌条款：协议签订后，先投一半资金，QQ 在一年内必须达到一定的用户数量，否则另一半资金就不给了，而他们仍占 20% 的股份。不久后，香港电讯盈科也以 220 万美元投资腾讯，占股 20%。这才让濒临倒闭的腾讯起死回生。

IDG 和香港电讯盈科的资金缓解了腾讯的资金压力。但随着 QQ 注册用户的持续疯长，两笔钱很快又"烧"掉了。用户数急剧增加，但盈利仍然遥遥无期，QQ 找不到有效的变现模式。2000 年底，腾讯再次出现资金危机，希望 IDG 能追加投资。后经 IDG 牵线，腾讯分别与搜狐、新浪、雅虎中国、联想沟通，希望获得投资，但均被拒绝。IDG 也萌生了退出腾讯的想法。走投无路之际，南非 MIH 中国业务部副总裁网大为的出现拯救了腾讯。

MIH 是一家总部在南非的投资集团公司，是南非最大的付费电视运营商。网大为每到一个中国的城市，就去当地的网吧考察，他惊奇地发现，几乎所有网吧的电脑桌面上都挂着 QQ。网大为认为，拥有这个产品的公司一定是一家伟大的互联网公司。当时的 QQ，每天新增用户约有 50 万人。

2001 年 1 月，网大为找到腾讯，对腾讯估值 6000 万美元，IDG 把 12.8%的腾讯股份出售给 MIH，保留 7.2%的股份。香港电讯盈科将 20%的腾讯股份全部出售给 MIH，套现 1260 万美元。MIH 成为腾讯第二大股东，占股 32.8%，腾讯从此摆脱了资金短缺的困扰。

腾讯拿到这笔钱后快马加鞭，不断尝试新的变现路径，终于靠短信、彩铃等增值服务取得了进展，后来又靠 QQ 秀迅速变现。2001 年底，腾讯实现了人民币 1022 万元的纯利润；2002 年 3 月，QQ 注册用户破亿；2004 年 6 月，腾讯在香港主板上市。

4.2 天使投资的发展动向

4.2.1 什么是天使投资

如前文所述，如果阿里巴巴没有高盛集团，如果腾讯没有IDG，这两家互联网巨头的命运可能是胎死腹中。

天使投资是公司创业初期外来的权益性投资。这个早期可以早到公司创始人还仅仅有一个构思、一个想法。天使投资对企业没有太多的硬性要求，只要投资者相信你，愿意投资就行。

1998年，美国硅谷两位还没毕业的穷学生去向SUN公司的共同创始人David Cheriton讲述他们的创业梦想，后者对他们说："我听不懂你们的商业模式，先给你们一张20万美元的支票，半年之后告诉我你们在做什么。"靠着20万美元支票起家，这两个学生一步步打造出了今天的谷歌，David Cheriton成为谷歌的首位个人天使投资人。数据表明，谷歌于2004年成功上市后，David Cheriton持有的股票市值达到3亿美元，而当时谷歌每股价格才85美元。2022年5月27日，谷歌每股价格已经高达2165.920美元。这就是天使投资的经典实例。

美国天使投资起步较早，发展历史较长，个人是最重要的天使投资参与者。目前，美国天使投资市场约有30万名个人天使投资人，投资总规模是机构投资者的3～5倍，新罕布什尔大学风投研究中心发布的《美国天使投资市场研究报告》显示，2020年美国天使投资总额为253亿美元，全年共有6.4万家企业获得了天使投资资金。天使投资是美国创业企业融资的重要来源。

中国天使投资行业起步于20世纪八九十年代，21世纪后开始步入快速发展阶段。自2012年开始，中国市场上诞生了一大批个人天使投资人，最具代表性的就是杨宁、周鸿祎和蔡文胜等。同时，以徐小平的真格基金、雷军的顺为资本为代表，天使投资逐渐走向机构化。此外，VC/PE也开始加速成立天使基金。天使投资是一种民间投融资的方式，它是一种大众化的、分散的、小型的权益性资本投资。

与银行贷款不同，天使投资的资金主要来源于富豪的个人闲置资本。当然，他们进行天使投资的一个主要目的同样是使资本增值。虽然投资期限会比较长，失败率也非常高，但只要天使投资功成身退，它所带来的回报就会相当高。

对于天使投资的回报，业内人士表示：1%**的天使投资人拿走了** 80%**的回报，**5%**的天使投资人拿走了其余** 20%**的回报，而其他** 94%**的天使投资人有可能是颗粒无收。而从成功率来看，在** 100 **个天使投资案例中，如果有** 20 **个成功案例就非常了不起了。**

关于天使投资的“神操作”，也有很多经典案例。例如 2012 年王刚离开阿里巴巴后，投资了 70 万元给滴滴，成为滴滴最早的投资人，6 年后，回报超过 35 亿元。

4.2.2 天使投资的退出方式

天使投资在跟企业谈判时，最关心的一个问题是能不能收回投资和收益，时机成熟时如何功成身退。

IPO 方式是天使投资家梦寐以求的退出方式，因为公司首次公开发行股票会使天使投资人的那部分投资增值 N 倍。

能够发展到 IPO 的企业毕竟少之又少，而有些企业会在发展到一定阶段后被另一家企业并购，此时也是天使投资家退出的好时机。

还有一种退出方式是企业管理层回购，这种方式既有利于天使投资家去寻找下一个投资项目，同时又使公司原来握在天使投资人手里的股权回到管理者手中，更能激励管理者努力工作。

也有少部分天使投资通过长期持有公司股权，以分享企业利润的方式来回收资本。

4.2.3 天使投资成为国家战略

2021 年，国家“十四五”规划中首次提出“鼓励发展天使投资”，这意味着发展天使投资已经成为国家战略。目前，苏州、常州、广州、深圳等地市也设立了超过百亿元规模的天使母基金。

在 2021 年中国（深圳）天使投资峰会上，深圳天使母基金董事长姚小雄指出，目前深圳天使母基金投资的子基金已投资 450 多个项目，全部属于战略性新兴产业和未来产业或市政府鼓励发展产业的早期阶段项目，其中深圳项目占比 70%，已产生一个估值超 10 亿美元的独角兽项目，54 个估值超 1 亿美元的潜在独角兽企业。

天使母基金一般不会直接针对企业进行投资，而是与社会资本共同设立子基金，由子基金针对当地扶持的重点产业企业去做天使投资。根据 IT 桔子数据，截至 2022 年 5 月中旬，国有资本直接参与了 551 家企业的天使投资。在天使投资事件中，国有资本直接投资的渗透率仅为 2.26%，属于极少数事件。

成都高新区天使投资引导基金以本区“3+3”产业领域为主要投资方向或研究培育方向。有行业或者产业经验背景的投资人管理的天使子基金，子基金主要投资于成都高新区扶持和鼓励发展的产业方向，包括电子信息、生物医药、新经济等三大主导产业，以及先进制造业、现代服务业、未来产业等（“3+3”产业）。子基金重点专注以下细分领域：集成电路、新型显示、创新药、高性能医疗器械、高端软件、人工智能、大数据、网络信息安全、XR扩展现实、数字文创、消费电子、航空经济、节能环保等。除此之外，对于天使类项目也有一些具体的要求。

国有资本、政府引导基金参与天使投资是一个新的发展动向。这一举措加大了天使投资的资金来源，也必定会让一部分中小型企业受益。截至2022年5月，国有资本机构在天使轮投资①进入且已经实现IPO上市的有23家国内企业。其中，医疗健康行业企业最多，有7家，包括嘉事堂药业、透景生命科技、康众医疗、奥精医疗、键凯科技、爱博诺德、迪哲医药。

4.2.4 投人还是投项目

无论是风险投资还是天使投资，你需要了解的一件非常重要的事情是——投资者究竟是投人还是在投项目。尽管这两个方面都非常重要，但是，对于天使投资来说，人的因素可能大于项目的因素。

著名的天使投资人徐小平直接给出了这个问题的答案：“投人胜过投项目。”徐小平认为，他能阅读人的心灵，在谈项目的时候看出创业者是不是真想做这件事，是不是真喜欢做这件事。**如果和对方谈完，心里想起的都是那个人，就决定投；如果想起的不是人，而是项目，那就不投。**

创业者出身的雷军，其投资风格是只投熟悉的人或者熟悉的朋友推荐的人。“我投的项目80%是我非常熟悉的人，剩下的都是我非常熟悉的朋友推荐的靠谱的人。”雷军列举他的投资项目：凡客诚品的CEO陈年，曾经和雷军一起创业过；优视科技的俞永福，2005年就认识，是联想投资的前副总裁等。

对于天使投资，我给你的建议是——从身边的朋友、朋友圈开始。你不一定要找到一个知名的投资人或者投资机构，因为完全陌生的投资人对你没有任何信用背书，仅仅凭一个想法就给你投资的机会不大。当然，有两种情况例外：一是项目的确很好，你有一定的优势资源或竞争能力；二是项目运营与团队有一定的基础，有数据支撑。

---

① 企业在创业早期的天使投资一般称为“天使轮投资”。

4.2.5 引入天使投资的注意事项

天使投资一般发生在项目发展的初期。在业绩增长势头较好的时候引入天使投资更容易获得较高估值，在融资金额一样的情况下，出让的股票份额就更低一些，可以更好地保持创业老板对公司的控制权。创业公司引入天使投资时，要注意出让的份额不能太大，一般在10%左右比较合适，过多出让份额可能会导致创业者较早失去对公司的控制权。

4.3 VC与PE有什么区别

4.3.1 定义与区隔

风险投资（Venture Capital）简称VC。广义的风险投资指一切具有高风险、高潜在收益的投资，狭义的风险投资指向初创企业提供资金支持的一种股权投资形式。VC业务的对象一般是处于成立早期或者成长期的企业，为企业长线发展做准备，与天使投资一样具有高风险特征。风险投资的投资期限一般在3～5年，通常占被投资企业30%左右的股权。风险投资一般不要求控股权，也不需要任何担保或抵押。

私募股权投资（Private Equity）简称PE，即通过私募基金对非上市公司进行的权益性投资。PE机构的业务对象通常是扩张期、成熟期的企业，投资是为了长期战略式的产业资源整合，还会投入一些相关的指导或者技术资源等方面的支持。PE投资机构面对的往往是相对成熟的、有一定规模的公司，或者是拟上市公司，相对VC机构的投资风险更低一些。

相比条件宽松、感性的天使投资，VC对投资对象的要求更高一点，而PE对投资对象的要求比VC又更高一些。**从选择企业发展的阶段上来说，VC在前，PE在后。VC向天使投资方向靠，PE向公司上市方向靠。一部分PE就是奔着公司上市来的。**从利润方面来说，VC可能在企业还没有利润的时候就来投资了，而PE可能要等到公司利润比较稳定和显著增长的时候才会来投资。

上述概念是为了方便大家对VC、PE的投资阶段、投资风险有一个大概的区分，如图4-1所示，我们可以清晰地看出VC、PE的投资阶段与风险系数。事实上，VC和PE两者的边界是模糊的，这种模糊来源于两个方面：一是企业所处的阶段划分本身是模糊的，没有明确的边界；二是风险投资机构的业务范围本身也很模糊，很多投资机构并不是只做VC不做PE，或者只做PE不做VC。许多传统的VC机构现在也介入PE业务，而许多传统上被认为专做PE业务的机构也参与了VC项目。比如著名的PE机构凯雷投资集团也涉及VC业务，其对携程网、聚众传媒等进行的便是VC形式的投资。资本追求利润，有利润的投资他们都做，就是这么个道理。

我们前面谈到阿里巴巴的第一笔融资是高盛集团领投的500万美元。这次融资，你可以定义为天使投资，也可以定义为风险投资，不必纠结要做严格的区分，因为本

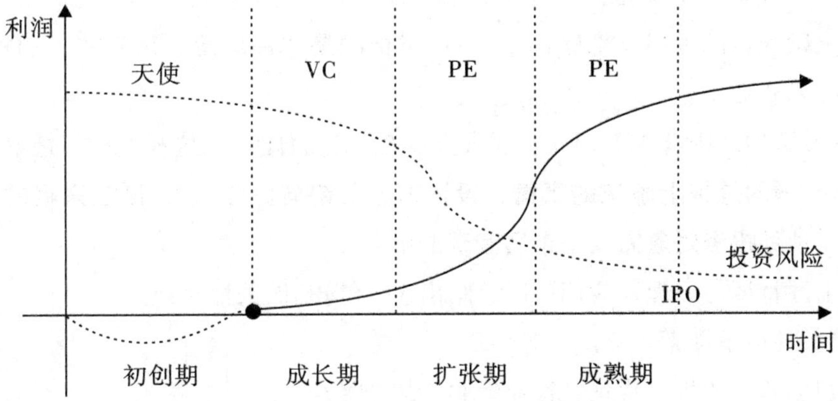

图 4-1　VC、PE 的投资阶段与风险系数

身就没有严格的定义区隔。

广义的 PE 包括了企业所有阶段的投资，天使投资和风险投资通常都是 PE。

广义的 VC 也可以包括天使投资和 PE，因为无论是天使投资、VC 还是 PE，都是高风险投资。所以，有时候我们看到的风险投资其概念也包括 VC 和 PE。

前文中两个"广义"的界定形式不同，前者是以投资形式（都是股权投资）来界定的，后者是以风险特征（都是高风险投资）来界定的。风险投资有时候也叫"创业投资"，之所以有两种翻译，就是因为前者从风险角度来定义，后者从企业发展阶段来定义。实际上，"风险"与"企业发展阶段"这两个维度同时存在，但翻译时并没有找到能够综合两个维度的词语，因此就产生了两种翻译。

PE 在概念上没有直接定义为"股权投资"，是因为在投资形式上，还有一种叫"债券型投资方式"，此外，有少部分 PE 机构也会投资已上市的公司。

对于想要拿到投资的企业来说，**没有必要去纠结这些定义、概念，了解** VC、PE **的基本特征即可，更重要的是要了解这些风险投资机构的投资理念和运作方式，这样才能更好地拿到风险投资。**

4.3.2　关注重点

因为 VC 与 PE 的投资阶段不同、风险系数不同，所以 VC 与 PE 的投资理念和关注的重点也有所不同。

如图 4-1 所示，投资越早，风险系数越大。所以，VC 在选择项目时更注重项目公司的发展空间、赔率和分散风险的能力，VC 可以不要求公司现在一定要盈利，或者盈利水平达到多少，只要公司有足够的发展空间和潜力，VC 就会感兴趣。换句话说，VC

不喜欢有“天花板”的项目。因为VC可以做“死”九个项目，但要求一个项目成功，要把九个失败项目的亏损全部赚回来。VC **秉持的是“高风险、高收益”的投资理念，偏爱高新技术企业**。

PE的投资理念则有所不同。它要求企业有一定的规模、盈利基础，最好具备上市的潜质。PE **做的是锦上添花的事情，投资理念更趋向保守**。PE **最感兴趣的是准备上市的公司，协助投资对象完成上市后套现退出**。

基于上述特征与原理，我们可以总结出VC和PE的关注重点。

VC更关注以下因素：

- 公司创始人的教育背景、行业经验、从业经历；
- 公司项目团队成员的结构、技能、整体实操作战能力；
- 公司市场需求与发展空间，行业发展趋势；
- 公司竞争能力；
- 公司业务模式的可复制性。

PE更关注以下因素：

- 公司目前的财务数据，如盈利水平，公司未来的发展空间；
- 在未来两三年内上市的可能性；
- 公司股权架构与公司架构；
- 公司财务管理是否规范；
- 公司是否属于朝阳产业、国家鼓励行业；
- 公司主营业务是否清晰；
- 公司市场占有率与竞争力；
- 公司规模与现金流。

4.3.3 不要和VC机构谈天长地久

PE与VC都是通过私募形式对非上市企业进行的权益性投资，无论成功与否，退出都是必然选择。风险投资（包括PE、VC）的目的不是控股，而是赚由资本升值带来的差价。退出方式包括并购、管理层回购和清算。

有限责任公司对于原始股东的退出通常有各种要求和限制，这种限制是为了保证企业前期发展的资金需求，但对于天使投资和VC来说，企业应设置更宽松的退出条件。VC **的角色定位是“扶你上马，送你一程”“见好就收”，他们没有打算和你“白头到老”。所以，别和VC机构谈什么天长地久的事**。

我们前面谈到，腾讯第一次融资引入了IDG和香港电讯盈科，分别投了220万美元、占股20%（公司估值1100万美元）。当MIH决定投资时，IDG把12.8%的腾讯股份出售给MIH，香港电讯盈科则将持有的20%的腾讯股份全部出售给了MIH，套现1260万美元全身而退。

从2000年4月到2001年1月，实际上不到一年的时间，香港电讯盈科投资了220万美元，收回了1260万美元，妥妥赚了1000多万美元。从这里你可以看出天使投资、VC有多赚钱。

实际上，这次退出对香港电讯盈科来说是一个非常大的错误。新京报发布的《腾讯上市近十年股价飙升百倍》指出，2004年，腾讯上市，市值高达70多亿港元，李泽楷（香港电讯盈科掌门人，李嘉诚次子）持有的20%的腾讯股份价值14亿港元。2017年腾讯市值突破3万亿港元的时候，李泽楷无数次表达退出是一个巨大的错误。网评这是李泽楷做过“最愚蠢的一件事”。

话又说回来，在当时看来，腾讯不仅不知道怎么赚钱，而且花钱如流水，440万美元不到一年就烧完了，好不容易来了个“笨蛋”愿意接盘，而且出高价接盘。一转手，200万美元投资就赚1000多万美元，真金白银，换作别人也未必能够把握得了的。当然，IDG也是追悔莫及。

MIH当年给腾讯的估值是6000万美元，开门见山地提出希望成为第一大股东。MIH先后一共花了3200万美元买下腾讯46.4%的股份，其中香港电讯盈科以1260万美元的价格将持有的腾讯20%的股份全部转让给MIH。

天使投资过早退出的事情同样发生在了阿里巴巴。阿里巴巴的第一个个人天使投资人其实是我们前面提到的林夏如。当时，阿里巴巴的第一笔融资500万美元，林夏如个人也持有了一部分股份，后来卖给了孙正义。再后来，高盛集团也以2200万美元的价格抛售了阿里巴巴的股份。

谈到这里，我们会有一个问题，这些亏钱的公司怎么就能在一次次的融资中不断溢价呢？这就是资本的游戏。我们稍后再谈估值问题。

接下来谈谈风险投资机构的组织特点和投资流程。了解这些内容将有助于你和投资机构打交道，更好地实现股权融资。

4.3.4 VC机构的组织特征

话说某投资机构到A公司考察，会议室来了一堆人，王老板毕恭毕敬地到会议室接待。王老板接过一张名片，得知对方为副总裁，心想：“官职不小，对方还是很重视我们这个投资项目的。”不一会，王老板又接过一张名片，对方为董事总经理，王老板差点想敬礼了，这是头啊。又过了一会，王老板接过第三张名片，对方为合伙人，王老板又想：“我的妈呀，这才是老板呢。”接着，王老板又接了一张名片，对方为管理合伙人，王老板心里犯起了嘀咕：“晕！他们公司还有管老板的？”王老板还没有反应过来，又有人递了一张名片，对方为创始合伙人，王老板好像恍然大悟：“哦，这个跟俺一样，这才是真正的大老板。”这时，进来一个年纪稍大一点的人，递来名片，对方为首席合伙人，王老板一脸懵，泪流满面：“爷爷们，你们到底谁是老大啊？”

这个段子有一点夸张，但它反映了 VC 机构的组织特征的确与传统企业有所不同。段子中的职位名称也是在这些机构中常见的。各种各样的合伙人的确让人摸不着头脑。

私募股权投资机构，主要有有限合伙企业、信托和公司三种形式。目前采用得较多的还是有限合伙企业的形式。

我们前面已经介绍过了有限合伙企业的组织形式，有 GP、LP。GP 就是运作基金的普通合伙人，其他都是 LP，即投资人。我们在前面谈到的有限合伙企业作为持股平台，通常是一个空壳公司。但是在投融界，VC 合伙企业通常不是空壳公司，它是投资基金运作的实体机构。GP 负责运营，一般出资很少，在 1%左右。但是 GP 可以拿到一笔管理费用和投资收益的分红，大约 20%。

在有限合伙企业中，出资人一般不叫“股东”，叫“合伙人”。从人员人数方面来看，这些 VC 机构、PE 机构的人数都不多，一般二三十人，50 人以上的就是大规模的投资机构了。例如深圳市创新投资集团有限公司（简称“深创投”）、红杉资本、IDG 等。2017 年，深创投华北总部有员工 40 人，管理基金 18 只，资金总额逾 130 亿元。不过，别看人家公司“小”，手里通常管着几亿元、几十亿元、上百亿元的资金。

合伙人制的投资机构，因为业务单一，不像传统企业那样有非常多的部门和非常复杂的工作流程，所以组织结构比较简单，扁平化，一般不会有 CEO、总经理之类的头衔。他们喜欢“合伙人”这个称呼。这与“合伙企业”也是相呼应的。合伙企业也没有董事会、监事会，由投资人大会或有限合伙人会议解决重大决策、事项，有关投资事项由投资决策委员会解决。有的合伙企业只负责募集资金，然后将运营委托给某某基金管理公司去打理。

VC 的组织层级可以简单划分为合伙人层级、高级投资管理层级、基础投资管理层级。

VC 机构的合伙人层级主要负责基金的资金募集（特别是创始合伙人）、品牌建设、日常管理、投资决策委员会决策、投后资源匹配等事务。合伙人需要满足几个条件：第一，拥有一个或几个行业的人脉和资源；第二，过往投资案例能够获得认可，曾给 LP 带来超额回报（起码 10 倍以上）；第三，拥有比较强的资金募集能力。一家 VC 机构会拥有好几只基金，投资团队需要不停地进行行业投资和布局，所以非常考验合伙人找钱的能力。当然，如果前面两点做得足够好的话，无论个人 LP 还是机构 LP 都会主动找上门来的。合伙人是 VC 机构的最高领导人，可以享受项目投资最后的收益分红。根据职能的差异，合伙人又分为主管合伙人、创始合伙人和合伙人。

主管合伙人、创始合伙人是合伙企业的主要管理者，通常负责发起合伙企业、VC 基金募集、项目运营管理和退出，以及决定基金内部的重大事项，是投决会的成员。

合伙人是项目投资的主要负责人，要维持 VC 基金正常运转，负责一个或几个细分领域，寻找及评估项目，做出投资决定，并代表 VC 基金在被投资企业中占据董事席位，参与被投资企业的投资管理。

高级投资管理层级一般有董事总经理、执行董事、董事、副总裁。董事总经理负责投资业务的某个细分行业，因此，一家 VC 可能有多个董事总经理，这些职级可以通过业绩晋升。比如如果你能给基金赚到 5 亿美元，就可以直接升为合伙人。有些 VC 机构还设置了投资总监、副总监、投资主管这样的职级序列，他们负责找项目、与创业者会面、筛选项目。

基础投资管理层级主要包括投资经理、分析员或投资助理。投资经理有两个任务，一是找项目，二是执行拟投资的项目。例如尽职调查，准备投资文件，协调审计事务所、律师事务所。项目投资后，还要负责这个项目的日常管理工作。分析员或投资助理就是给投资经理打下手的。

风险投资的运作包括融资、投资、管理、退出四个阶段。

融资阶段解决“钱从哪儿来”的问题。通常，提供风险资本的包括养老基金、保险公司、商业银行、投资银行、大公司、大学捐赠基金、富有的个人及家族等。在融资阶段，最重要的问题是解决投资者和管理人的权利、义务分配及利益分配问题。

投资阶段解决“钱往哪儿去”的问题。专业的风险投资机构通过项目初步筛选、尽职调查、估值、谈判、条款设计、投资结构安排等一系列程序，把风险资本投向那些具有巨大增长潜力的创业企业。

管理阶段解决“价值增值”的问题。风险投资机构主要通过监管和服务实现价值增值。监管的主要手段包括参与被投资企业董事会，在被投资企业业绩达不到预期目标时更换管理团队成员；服务的主要手段包括帮助被投资企业完善商业计划、公司治理结构以及获得后续融资。价值增值型的管理是风险投资区别于其他投资的重要方面。

退出阶段解决“收益如何实现”的问题。风险投资机构主要通过IPO、兼并与收购、股权转让和破产清算这四种方式退出所投资的企业，获得投资收益。退出完成后，风险投资机构还需要将投资收益分配给提供风险资本的投资者。公开上市和产权转让是主要的正常退出渠道。

4.3.5 VC机构的投资流程

前面谈到VC是高风险投资，允许失败，有20%的成功率就算不错了。但是，这并不意味着VC机构喜欢风险。相反，VC机构非常厌恶风险，它们的本意是希望投资100%获得成功的。80%的投资项目失败，从另一个侧面反映了现代企业生存和发展困难。

根据公开数据，中国集团企业的平均寿命只有7～8年，中国中小企业的平均寿命只有2.5年，欧美企业有40年，日本企业有58年。“中国企业平均寿命短的原因是什么?”是一个说不清楚的问题，但可以肯定的是，其中相当一部分企业倒闭的原因都与资金实力有关。当民营企业无法在金融机构获得贷款支持时，要么发展不起来，要么就直接因资金链断裂而倒闭。

想要获得VC的支持，你还要了解一点——**每家风险投资机构都有自己的特点，都有自己关注和感兴趣的行业领域，没有一家投资机构什么领域都投**。比如智能产业发展基金主要专注于人工智能、物联网、大数据等领域的投资。

此外，每家投资机构也都有自己的投资规模和阶段。有投种子期的，有投早期的，也有投成长期的。一般来讲，关注不同阶段的投资机构单个项目的投资规模差异很大。当你缺钱的时候，你不能随便“抓到”一个VC就大谈特谈你的商业计划。当初盛大网络需要5000万美元融资，找到联想投资后，联想投资表示“联想投资管理的资金总规模只有3000万美元，全部给盛大网络也不够”。如果你只要200万元的融资，你去找红杉资本，红杉资本一期基金的规模动辄10亿元以上，可它要把10亿元拆成500个项目，根本没有那么多人来管理，所以这个融资规模不对等，你基本上也是没有机会的。因为你要“杀鸡”，而它是一把“宰牛刀”。

所以，在找VC之前，你有必要对VC有一个大概的了解，如VC投过一些什么样的企业，一般投资的规模是多少，它喜欢投资什么类型的公司。这些基础的功课是有必要做的。

VC要投资一个项目，有着严格的流程，并不像你想象的那么简单。下面，我们简要梳理一下 VC 投资的流程。

第一步是寻找投资项目。项目来源多种多样，其中主要是受邀参加各种投资大赛或投资大会被投递获得的项目，有长期合作的投资咨询公司推荐的项目，有高校研究所、商会协会、园区管委会等推荐的项目，还有项目方自荐投寄邮箱的项目。每家机构都大同小异。

第二步是接收并查看商业计划书。从众多商业计划书中筛选出最合适的，并进行下一步沟通。

第三步是投资人约创业者面对面沟通。这一步主要是对于商业计划书中不够清晰的部分进行深入交流，可能会多次沟通。当你的项目打动了创业投资机构中的任意一人，就有机会在投资机构内部系统里被推荐，这个人可能就是和你面谈的合伙人或投资经理。

第四步是内部会议讨论。如果和你面谈的这个合伙人或投资经理被你的项目打动，那么他们会在投资机构内部定期举行的项目评审会上推荐这个项目，让大家讨论和排序。

第五步是初步尽职调查工作。如果这个项目能够被投资机构内部看好，并进入潜在投资项目排名榜的前列，那么投资人就会针对这个项目做一些初步的尽职调查。

第六步是尽职调查和签投资意向书。投资机构的尽职调查人员对项目进行调查后，会对机构的情况做验证和核实，如果发现项目确实不错，那么投资机构会安排和项目方进行谈判沟通，签订项目投资意向书。

第七步是二次深入尽职调查阶段。因为投资意向条款清单并不是最终的投资协议，所以投资机构随后要对项目进行详细的、深入的尽职调查，甚至会聘请外部的第三方专业机构对公司的业务、财务、法务、团队等进行全方位的了解，以及对信息数据进行核实。

第八步是投资决策委员会决策。如果对深入尽职调查结果非常满意，那么这个项目将会进入投资机构的最高决策机构——投资决策委员会，进行最后的审批决策。

第九步是签订投资协议。项目一旦通过投资决策，投资机构就会根据投资协议条款清单的内容，起草和签署一系列的正式投资相关法律文件。

第十步是投资转账。股权类投资机构会将投资基金里的投资款按照约定的批次和时间汇到创业公司的账户，逐步完成首次投资和后续投资。

第十一步是股权变更与管理。完成首次投资后，投资机构会派项目经理担任公司的董事或者是监事，督促创业公司进行工商注册变更。投资机构的项目经理会适度参与公司的后期发展，提供一系列力所能及的投资后的服务。

第十二步是投资机构根据约定或寻找合适的时机，出售其所持有的创业公司的股份，套现退出。

各个 VC 机构的投资决策机制不尽相同，也会因不同的投资规模各有差异。通常来说，大概有以下几种：全票通过、多数通过、分级通过、打分制等。

4.4 借船出海，你准备好了吗

清科研究中心发布的2022年前三季度VC/PE市场报告显示，前三季度，上市市场整体VC/PE渗透率为70.2%，其中，科创板VC/PE渗透率攀升至93.7%，创业板也从上半年的66.2%上升至73.3%。2022年前三季度，共247家上市中企获得VC/PE支持。

由此可见，资本对于中小企业的助推作用还是非常大的。也正是因此，无数的企业都希望能搭上资本的快轮，借船出海。当然，除了融资之外，每家企业都很明白一件事情：资本的引入，是公司通向上市的高速公路。这是很多企业梦寐以求的目标。

尽管如此，在准备引入VC之前，有些关于VC的真相，以及VC引入将会带来的改变，你需要有一个充分的准备。

4.4.1 雷军被训湿了衬衣

很多民营企业的老板，习惯了一股独大，在公司他是名副其实的老大，只有老板训别人（员工）的份，从来没有人敢训老板。不过，**一旦你引入了VC，别人投资你的企业，你至高无上的权力可能从此就结束了，也可能会被投资人训**。

2018年7月9日，小米上市，小米是港交所第一家同股不同权的公司，也是全球第三大科技股IPO。为了欢迎这个巨头，港交所专门花30万港元定制了一面大锣。

几乎每个创业者都希望把发行价定得高一些，但是小米最后还是选择了一个比较厚道的价格——17港元。发行前，所有人都期待小米上市暴涨。然而事与愿违，谁也没有想到，小米一开盘就破发了！破发就是股价低于发行价，这意味着IPO投资者全部亏了。对于IPO来说，这是一件非常难堪的事。

小米发行价每股17港元，一开盘就下跌到16.6港元。因为尴尬，雷军和小米的联合创始人林斌躲到港交所的一个杂物间里，不敢见人。可即便这样，在当天晚上的内部答谢会上，雷军还是信心满满地表示："今天破发，我对不住大家了。我们会努力工作，一定要让IPO投资者至少赚一倍！"

可事与愿违，此后，中美贸易摩擦升级，小米股票开始了一路"跌跌不休"。就这样，跌了一年多，到了2019年9月，小米股票一路跌到8.28港元。所有人的信心都几近崩盘，甚至还有人认为会跌到4港元。

当初投资雷军的人坐不住了，要讨说法，雷军也是能躲就躲。但还是有人找到了雷军，把他堵在会议室里训了一顿“你们小米让我亏了这么多钱，真的不知道你们是怎么干的”。接着，从战略到产品再到管理，把雷军当小学生一样数落了一个多小时。雷军被骂得“衬衣都湿了”，在会议室坐了很长时间，内心绝望。之后，经董事会同意，小米掏了36亿港元，按均价9.35港元回购了大量的小米股票。

这个经历是雷军本人亲自讲述的。别以为投资人的钱那么好拿。

4.4.2 股份稀释与潜在稀释

挨点骂是小事情。一旦企业决定走进资本市场，创始人一股独大的局面必将结束。我们前面谈到了腾讯，腾讯第一次融资就释放了40%的股份。根据2020年的年报，截至2020年12月31日，MIH持股30.87%，为大股东；腾讯CEO马化腾持股8.39%，为二股东。虽然马化腾的股份很少，但以当时腾讯市值5.9万亿港元计算（目前市值3.29万亿港元），马化腾身价为4950亿港元。而在此之前，马化腾通过减持套现的金额也是以亿为单位计算的。这就是公司上市的好处：股份小了，盘子做大了，所以实际得到的更多。

问题是我们所谈的腾讯是成功上市，而且是国内顶尖的互联网上市公司之一。马云在引入风投之前说：“万一我们成功了呢？”在这里我要提醒你反过来想：“万一上市失败了呢？”

下面我们以一个相对合理的融资步骤，来计算一下企业通过几次融资之后，股份的变化情况。

假设某公司在创立时有两个股东，甲股东持股70%，乙股东持股30%，在引入天使投资时出让10%的股份，后来又在A轮融资时出让20%的股份，B轮融资时出让15%的股份，C轮融资时出让10%的股份，D轮融资时出让10%的股份。这是一个比较折中的步骤，不算高也不算低，算是比较合理的。请问在D轮融资后，甲股东还有多少股份呢？如表4-1所示，甲股东还有34.7%的股份。

以股权转让的方式等比稀释股权，股份比例的计算公式很简单，转让后的股份比例=转让前的股份比例×（1-X），X为本次股份出让的比例。

从表4-1可以看出，经过五轮融资，甲股东的股份从70%减少到了34.7%。勉强保留了一票否决权。在上述演算过程中，还有几个问题：

第一，引入风险投资时，原始股东是否还有70%的股份？

第二，公司经过5轮融资后是否可以达成上市目标？

第三，风险投资者进来时，通常会要求公司预留10%～15%的期权池。这个期权池的股份要从原始股东的股份里让出来，所以原始股东即使有70%的股份，也要先“打个八五折”。

基于上述原因，我们看到，很多上市公司的创始人股份最后不足20%就是这么来的。也正是这个原因，如果公司股份在创业初期过于平均化，风险投资者可能就对你的公司不感兴趣。

表4-1　股份稀释模拟

公司股东	融资前股权比	天使投资后股权比	A轮后股权比	B轮后股权比	C轮后股权比	D轮后股权比
甲股东	70.00%	63.00%	50.40%	42.84%	38.56%	34.70%
乙股东	30.00%	27.00%	21.60%	18.36%	16.52%	14.87%
天使投资	—	10.00%	8.00%	6.80%	6.12%	5.51%
A轮投资	—	—	20.00%	17.00%	15.30%	13.77%
B轮投资	—	—	—	15.00%	13.50	12.15%
C轮投资	—	—	—	—	10.00%	9.00%
D轮投资	—	—	—	—	—	10.00%
总计	100.00%	100.00%	100.00%	100.00%	100.00%	100.00%

是的，我们在“1.4掌握公司控制权的6种途径”中讲过，有很多方法可以实现在股份被稀释后仍然可以拥有公司的控制权，实现对公司的控制。但是，你控制的只是表决权，不是分红权，而且同股不同权只适应于有限责任公司和在境外、创业板、新三板上市的公司。这是你需要了解的。

总是拿自己的公司和阿里巴巴、腾讯、华为这类公司做比较，是很多创业者最容易犯的一个错误。这些公司可以在亏损期得到数千万元的融资，你的公司未必可以。你的公司与阿里巴巴、腾讯毫无关联。要想获得资本，你必须放弃一部分控制权，这是必然的。即使前期你仍然占有51%的股份和表决权，你的“一言堂”局面必定会逐步结束。通常风险投资者进来时，会要求占有董事会席位，也可能会要求安排他们的财务人员进驻公司，风险投资者还会通过“优先股东”等协议条款获得一些特殊的权利。总之，风险投资者一旦进来，你就会发现，有人管着你，你再也不能“为所欲为”了。

财务方面的规范是你非常不习惯但必须忍受的第二个地方。创立初期，很多中小型企业在这方面是非常欠缺的，甚至会经常干点“小偷小摸”的事情，风险投资者却不会。该缴的缴，该补的补，他们不想因为“避税”给自己惹来大麻烦。**你以前可能只是请个兼职会计，现在不行了。每个季度，甚至每个月，你的财务报表都要交到风险投资者手上。年底还要做下一个年度的预算。超过预算，或者超过一定额度的开支，你可能需要经过风险投资者的同意。他要清清楚楚地知道公司每一笔钱是怎么花的，每一笔钱是怎么赚的。**风险投资者的份额可能也很小，但这个风险投资者可不是你公司之前那个占股10%的小股东，不能什么事情都由你说了算。这是你需要做好的心理准备。

企业缺钱，风险投资者有钱，股权融资就是用企业创始人的股份去获取资金。风险投资者之所以愿意投资，当然是对公司有一个良好的预期。万一这种预期没有实现呢？作为投资人，风险投资者有这种顾虑是很自然的事情。这时候如果你急于获得资金，你可能会迫不及待地做出某种承诺。那么风险投资者就会要求加上对赌协议，如果你没有实现承诺的目标，你的股份将进一步被稀释，或者像IDG投资腾讯一样，先给你付一半的投资款，如果一年之内，QQ的用户量没有达到某个数量，另一半钱就不投了，但股份不变，IDG还是占股20%。对赌协议是在引入风险投资过程中需要特别注意的。

所以，股权融资要选择一个好的时机，也要注意融资的节奏。往往当你亏得快要顶不住的时候，你已经失去在谈判桌上的主动权。这时候如果有个投资人愿意跟你谈判，你就会像抓到一根救命稻草一样。

前面我们谈到，在马云的第一次融资中，蔡崇信的人脉起了关键性作用。接下来我们再来说说在马云的第二次融资中有关蔡崇信的故事。

> 2000年1月，孙正义找到马云，表示想用4000万美元的投资换取阿里巴巴49%的股权。那个时候阿里巴巴正赶上资金紧缺，有2500万美元的缺口，这4000万美元的到来好比雪中送炭。
>
> 就在马云喜滋滋地准备答应时，一直不吭声的蔡崇信忽然发声，表示强烈拒绝，蔡崇信表示：“阿里巴巴不接受这么多融资。”
>
> 孙正义急了，只好反复表示自己是真心想投资，可蔡崇信就是一个劲地摇头。马云也不吭声了，他相信蔡崇信的判断。
>
> 经过反复磋商，马云和蔡崇信总算答应孙正义以3000万美元入股。
>
> 可等他们回到国内和团队商量，大家伙都“炸”了，觉得这个股权分出去太多，弄不好最后全是给资本家打工了。

蔡崇信再次估算后，劝说马云必须给未来融资及股权激励留出足够的空间。随后，马云给孙正义助理打电话，表示投资额要改为2000万美元。助理接了电话后很生气，觉得中国人做事出尔反尔，不肯转达给孙正义。

马云也不啰嗦，挂了电话就给孙正义发邮件，大意是：咱就接受2000万美元的投资，反正爱投不投。

孙正义回复很快，就俩词："Go ahead!（干吧!）"

就这样，阿里巴巴的第二次融资最终调整到2000万美元，让出了30%的股份，避免了股份的过度稀释。如果没有蔡崇信，阿里巴巴或许也能成功，但要付出惨重的代价，因为马云当时太缺钱了，人一缺钱就容易冲动。

股权融资并不是拿到的钱越多越好，你明白了吗?

4.4.3 中途没有出口的高速公路

VC是一个神秘中透着高大上的行业，外界知道的都是十倍数以上的投资回报。

千万别以为你成功引进了一笔天使投资或者VC你就成功了。VC失败的例子多如牛毛。任何一家VC都会把自己包装得很厉害，吹捧自己的基金有多么的雄厚，做过哪些成功的投资，帮助哪些企业成功上市了。这的确很重要。不过，我要告诉你的是，**几乎所有VC投资失败的案例都远比成功的多得多，只不过，在这个信息极不对称的行业，一旦他们有一点点成绩就会被无限放大，而那些失败的投资却总是被隐藏、被遗忘。资金固然是企业发展的第一个要素，但资金解决不了企业所有的问题**。

资金解决不了市场竞争问题

2002年，方兴东创建博客中国（博客网的前身），之后3年，网站始终保持每月超过30%的用户增长，并于2004年获得了盛大网络创始人陈天桥和赛富投资基金合伙人羊东的50万美元天使投资。2005年9月，方兴东又从著名风险投资公司纪源资本（Granite Global Ventures）、Mobius Venture Capital、赛富投资基金和Bessemer Venture Partner那里共获得融资1000万美元，引发了中国Web2.0的投资热潮。

随后，博客中国更名为"博客网"，并宣称要做博客式门户，号称"全球最大中文博客网站"，还喊出了"一年超新浪，两年上市"的口号。于是，在短短半年的时间内，博客网的员工就从40多人扩张至400多人，据称，公司60%～70%的资金都用在员工工资上。同时，博客网还在视频、游戏、购物、社交等众多项目上大把"烧钱"，

1000 万美元很快就被挥霍殆尽。博客网至此拉开了持续 3 年的人事剧烈动荡，高层几乎整体流失，而方兴东本人的 CEO 职务也被一个决策小组取代。到 2006 年底，博客网的员工已经缩减到融资当初的 40 多人。

博客网不仅面临资金链断裂、经营难以为继的问题，同时业务上也不断萎缩，用户大量流失。为摆脱困境，2008 年，博客网酝酿将旗下的博客中国和 bokee 拆分为两个独立的公司，而拆分之后的业务范围分别转向高端媒体和 SNS（social network services）。同年 10 月，博客网又卷入裁员关闭的危机之中，公司宣布所有员工可以自由离职，也可以留下，但均没有工资，此举被认为与博客网直接宣布解散没有任何区别。

其实，早在博客网融资后不久，新浪就高调推出其博客公测版，到 2006 年末，以新浪为代表的门户网站的博客力量已完全超越了博客网等新兴垂直网站。随后，**博客几乎成为任何一个门户网站的标准配置，门户网站轻而易举地复制了“方兴东们”辛辛苦苦摸索和开辟出来的道路**。再后来，Facebook、校内、51 等 SNS 社交网站开始大出风头，对博客形成了不可低估的冲击。网民和资本市场也开始冷落博客。

另外，无论是方兴东自己还是熟悉他的人，都一致认为他是个学者、文人，而绝非熟谙管理和战略之道的商业领袖，没有掌控几百人团队和千万美元级资金的能力。博客作为 Web2.0 时代的一个产品，无疑是互联网发展过程中的一大跨越。从引领互联网进入自媒体时代这一方面来说，博客是成功的。但对于博客网而言，是它让投资人的大把美元化为乌有，从引领 Web2.0 的先驱到成为无人问津的弃儿，这无疑是失败中的失败。

资本无罪人有罪

批批吉（PPG），2005 年 10 月成立，业务模式是通过互联网售卖衬衫。PPG 以轻资产、减少流通环节的概念，加上狂轰滥炸的电视、户外广告，迅速建立起市场领导者的地位，满世界都是“Yes! PPG”的广告语和吴彦祖自信的微笑。

2006 年第三季度，PPG 获得了 TDF Ventures 和集富亚洲（JAFCO Asia）第一轮 600 万美元的联合投资。2007 年 4 月，PPG 获得了第二轮千万美元的投资，除了第一轮的 TDF Verture& 和集富亚洲追加投资之外，还引入了 Kleiner Perkins Caufield&Byers，[中文简称“凯鹏华盈”（KPCB）]，凯鹏华盈是美国最大的风险投资基金，与红杉资本齐名。

2007 年底，PPG 开始被媒体披露出一些问题，比如拖欠货款、接到货品质量投诉等，但 PPG 仍然受到了数家风险投资机构的追捧，三山投资公司击退其他竞争对手，向 PPG 投了超过 3000 万美元的资金。三山投资公司宣称“选择 PPG 是因为很看好其市场、模式及团队"，并透露 PPG 已计划于 2009 年初去美国纳斯达克上市。

2008 年，PPG 模式出现了凡客诚品、优衫网、CARRIS 等几十家模仿者，PPG 不但丢掉了行业老大的地位，而且官司缠身、高管流散，更传出"创始人李亮卷款潜逃"的谣言。

2009 年末，一度被誉为"服装业的戴尔""轻公司的样板"的商业神话最终还是像肥皂泡那样破碎了。PPG 总部早已人去楼空，一片狼藉，贴在墙上的法院执行裁定书显示着 PPG 已经关门大吉，不少消费者付款后拿不到货物，愤怒地将 PPG 称为"骗骗哥"。

PPG 从上述多家知名 VC 处累计获得了 5000 万美元左右的投资，彻底关门也意味着投资者们的 5000 万美元血本无归。搜狐 IT 曾在 2009 年互联网大会上评选出 5 年来投资最失败的网站，PPG 名列榜首，成为中国互联网最大的投资笑话。

事后，有人透露了 PPG 失败的真正原因：**创始人李亮表面上让公司做电子商务，但配套的物流、仓储都是自己的公司，或间接与他有关，他不停地向这些公司打钱，投资人的钱作为费用变相进入他自己的名下**。钱转移光了，李亮也没了。他从一开始就是有预谋、有准备地圈钱，他很聪明、勤奋，执行力也够，但就是出发点不纯。实际上，PPG 模式的生命力是不容置疑的。PPG 的失败，错的是人而非商业模式。

2022 年 5 月，在抖音阵地上，陈年带着他的凡客诚品重回大众视野。陈年不仅在李国庆的直播间高调亮相，还化身带货主播，亲力亲为地在自己的直播间里为凡客诚品打 call①。很少有人注意，曾经红极一时的凡客诚品，如今已走过 15 个年头。尽管凡客诚品的发展之路并不顺利，但起码凡客诚品还活着，而且看起来还活得不错。

过高估价，无人买单

2022 年前 4 个月，老虎环球基金（TIGER GLOBAL MANAGEMENT）已经亏损 170 亿美元，这是老虎环球基金史上最糟糕的一页。

无独有偶，软件银行集团的孙正义也酿成了风险投资史上最大的窟窿——截至 2022 年 3 月 31 日，软件银行集团净亏损人民币 900 亿元，其中罪魁祸首是愿景基金。

资料显示，2010 年，老虎环球基金曾大手笔地投给京东 2.5 亿美元，2014 年京东上市，老虎环球基金的最终回报高达 70 多亿美元。此后，老虎环球基金一直活跃在创投圈，出手凌厉且激进。

---

① 打 call：网络用词，一种在表演时台下响应台上的互动方式，其含义多引申为"支持""加油""助威"等。

老虎环球基金为了夺取市场，不仅出手快且狠，还敢于高估价。2021 年，老虎环球基金四处出击，常常在 24 小时之内完成尽职调查，大手一挥，迅速投资。几乎每两天便能宣布一项新的投资，而此时的对手都还没有回过神来。

老虎环球基金拥有自己的一套估值逻辑，敢于用大量的资金对还在犹豫采用何种估值模型的 VC、PE 进行碾压。一位投资人讲述了一个细节：

“当时一家独角兽公司正和几个头部基金谈融资，结果老虎环球基金一上来就给出了比大家高 25%的估值。该公司的 CEO 有点不敢相信，反馈说内部要先考虑一下，老虎环球基金团队马上反问需要多少价格才行？CEO 说要不加 1 亿美元，老虎环球基金立即同意了。”

不止如此。2020 年，老虎环球基金自曝在过去 21 个月购买了字节跳动的股权，不断增加对字节跳动的投资比例，彼时字节跳动估值是 1800 亿美元。但令人没有想到的是，2021 年，老虎环球基金又以 4600 亿美元的估值给字节跳动投了 11 亿美元。4600 亿美元，已经明显高出了字节跳动在一、二级市场的估值。

软件银行集团和老虎环球基金的风格具有相同的关键词：强势、高估值、碾压式。

最明显的例子是孙正义强势投资滴滴。当年谈判时，孙正义留下一句为创投圈津津乐道的话：“要么接受我的投资，要么我去投资你的竞争对手。”

此次软件银行集团的愿景基金最大亏损来自对 We Work 的投资，这次投资更是孙正义风格的真实写照。从 2017 年开始，外界普遍质疑共享办公是个伪命题，孙正义不顾一切重仓 We Work 并成为其最大的外部持股方。当年，We Work 创始人亚当·诺伊曼（Adam Neumann）对外介绍：“当孙正义第一次选择投资我时，他只用了 28 分钟。”此后很长一段时间里，这甚至成为一个风投神话——一笔不顾估值数字，只需相信直觉的投资。

后来，顶着 470 亿美元估值上市的 We Work 于 2019 年 IPO 失败。直到 2021 年 10 月，We Work 才通过特殊目的收购公司（SPAC），艰难在纽交所上市，市值大打折扣。以高估值投资 104 亿美元的软件银行集团亏损严重，**如今 We Work 整体市值只有几十亿美元，还不及软件银行集团对其的总体投资额。**

这样“以高估值进入，上市后表现却令人大跌眼镜”的案例不胜枚举。受二级市场的影响，老虎环球基金和软件银行集团押注的大批一级市场公司的估值也陆续下调，这些成为他们亏损的重要原因。

自 2022 年以来，一级市场正面临严峻的募资与退出之困，无论是 A 股还是港股，破发现象层出不穷，让背后一众 VC、PE 难掩失落，一、二级估值倒挂上演，投资人甚至都亏到了 B 轮了。

我们列举的例子跟被投资企业有关系吗？当然！通过博客网、PPG的例子，我想告诉你的是，资金不能解决企业的所有问题。尤其是作为创业者，你需要建立正确的经营与管理理念。如果创业者只是想借助资本的力量上市圈钱，必定走不长远。

高估价对被投资者又有什么不利的影响呢？说简单一点，前期的过高估价对于后期的资本进入会造成很大的障碍。因为前期的投资人必须赚到足够的利润才会出手，才允许后来者进入。若前期投资估值过高，后面无人接盘，麻烦就会随之而来。一旦资金链断裂，就会非常被动，因为企业越大，死得越快。

没有人告诉你在经过风险投资之后必须上市。但是，你接受了风险投资，你的公司出路就是被收购、上市或破产。因为，资本的游戏就是让企业在一轮又一轮的融资过程中估值被越抬越高，最终在公司上市后由股民掏钱，把前期投资者手中的股票“消化”掉，从而实现VC与PE的成功退出。这是最好的路径，也是最终的路径。基于这个路径，有人形容：“引入风投，实际上你就驶入了一条只有终点（IPO或并购）而中途没有出口的高速公路。创业者只有在这条路上铆足了劲，一直往前开，要么顺利地开到底，要么人仰马翻冲破护栏（破产清算），想中途停车让VC下车，或者带着VC在高速公路上慢悠悠地一直开下去，这是不可能的。”公司不上市，意味着最后的那个VC将要长期持有你的股份，除非把你清算掉。

4.5 股权融资的协议陷阱

4.5.1 对赌条款风险

即便是最老练的创业者，在其创业生涯中也很难有超过 10 次 VC 融资经验。相反，一个普通的 VC，每天差不多要看 10 个项目计划书，每年都会直接或间接做 5 ～ 10 个项目的投资。因此，创业者在跟 VC 进行投资协议谈判的时候，VC 是有压倒性优势的。这种不平等的地位，最常见的结果就是 VC 会对一系列的投资条款进行精心设计。而投资者对这些条款非常陌生，加上迫切地想获得融资，一不小心就会掉进 VC 设下的陷阱里。

对于投资协议，VC 说得最多的话就是："这个协议是标准的，没什么好谈的。" 真的是标准协议吗？当然不是，只不过欺侮你不懂罢了。

前面提到的业绩对赌协议就是 VC 设下的陷阱之一，信心满满的创业者如果经营上没有达到预期，可能又要被 VC 搜刮一部分股权，最狠的结果是"净身出户"。

如果"优先清算权"是要求要有一定倍数的投资回报保底的话，创业者就要小心了。比如 VC 投资了 1000 万元，要求优先拿走 3 倍回报，而最后公司以 2000 万元的价格被卖了，只能将收益全部都给 VC，创业人就两手空空了。

如果公司在四五年之后还没有退出，VC 通常会通过回购权让创业者回购其手上的股份。回购价一般是 VC 投资价格的某个倍数，很少有创业者能够拿得出钱回购的，一旦拿不出钱，那就任人宰割吧。

VC 如果想把自己的股权出让给第三方，通常会拉着创业者一起卖，因为 VC 的股份一般比较少，第三方是没有兴趣的，这个时候 VC 就会通过强售权捎上创业者。有些 VC 为了早点变现，可能会强迫创业者出售公司，也有 VC 会通过这个条款，将一家有前途的公司低价卖给自己控制的另外一家公司。

还有很多条款，背后都有潜在的风险，创业者只有真正掉进陷阱才会发现，但为时已晚。

太子奶集团为实现上市计划，于 2006 年引入英联投资、高盛集团、摩根士丹利等三大投行对赌，借款 7300 万美元给太子奶的创始人李途纯，之后又介绍花旗集团、新加坡星展银行等6家国际银行，为太子奶集团提供了人民币5亿元的无抵押、无担保、低利息的3年期信用贷款。

根据这份对赌协议，在收到7300万美元注资后的前3年，如果太子奶集团业绩增长超过50%，就可调整股权；如果完不成30%的业绩增长，李途纯将会失去对公司的控股权。彼时太子奶集团连续10年的复合增长率超过100%，这给了李途纯很大的底气。

借助这些资金，李途纯开始疯狂扩张。由于高速扩张，2008年8月，太子奶集团开始陆续被曝资金链断裂，随后陷入了严重的债务危机。三大投资机构拟再注资4.5亿元的承诺让李途纯交出其所持的61.6%的股份。2009年1月，湖南株洲政府注资1亿元，由高科奶业托管太子奶集团，并从三大投行手中要回61.6%的股份，交回李途纯手里，然后抵押给高科奶业代为行权。然而，这些举措并未救活负债累累的太子奶集团。德勤审计的结果显示，太子奶集团负债高达26亿元左右。

在资金链趋于断裂，销售业绩急剧下降的双重压力下，李途纯签订的那份对赌协议被迫提前履行，他不得不将自己持有的股权全部出让。

类似的融资对赌案例非常多。由于企业急于得到融资，老板为企业制定了不切实际的经营目标，结果给自己埋下了巨大隐患，甚至因此出局。张兰与鼎晖对赌，输掉俏江南，陈晓与摩根士丹利对赌，输掉永乐电器等，这些都是对赌失败的样板。

对赌失败，最直接的原因有两个：一个是企业资金缺口太大，为了获得更高估值、更多融资，非理性承诺业绩目标；二是部分创业者对于VC投资中的协议条款，特别是某些专业词语和法律用语，根本不知所云，因此无法权衡对赌的利弊。

企业估值通常与业绩有关。要获得高估值就要有高业绩。而这些高业绩一旦写入对赌条款，风险就随时可能到来。这些对赌条款不限于参考净利润等财务指标，还包括上市时间等非财务指标，这是要特别注意的。

虽然双赢是对赌双方追求的理想目标，但毕竟投融资双方的性质不同，最终诉求还是有差异。融资方考虑的是目标公司的长期发展，而投资机构一般考虑的是短期套现退出。投资方从保护己方利益角度出发，一般会根据对目标公司的尽调结果，在投资对赌协议中设置一系列的保护性条款。比如一票否决权、优先认购权、优先购买权、共同出售权、反稀释权、知情权、领售权、回购权、优先权清算、在董事会和股东会的特别权利等。这些条款往往会给目标公司带来潜在风险，因此目标公司要注意根据企业自身情况，对投资机构设计的条款进行分析判断、调整和修改，化解相关风险。接下来，我们通过拆解几个常见的投资协议条款、概念和对策来一探究竟。

4.5.2 优先清算权

优先清算权是指私募投资人有权在初创股东之前按照事先约定的价格获得企业清算价值的部分或全部的权利。可以简单理解为“**在清算的时候，某人的级别要比其他人的高**”。**因为这个级别很高，所以在公司清算时，具有优先清算权的投资人可以先拿走他全部的投资，甚至要求一定倍数（2～3 倍都是比较合理的）的投资回报**。

凭什么 VC 可以先拿回投资成本，并且要求一定倍数的收益，然后其他股东才能享有再分配的权利呢？这是很多人不能理解的一件事情。我们举一个简单的例子，你就能够明白其中的原理和合理性。

> 某互联网公司出让 20%的股份，从 VC 获得 1000 万美元投资。3 个月后，该公司经股东会表决通过，决定解散公司。这家公司基本上没有固定资产，公司账户上剩余资金为 800 万美元。如果 VC 按照 20%的股份分配公司剩余财产，那么 VC 可以拿回的资金为 160 万美元（800 万美元×20%）。
>
> 本例中剩余的 840 万美元相当于被这家公司骗走了，你觉得合理吗？理解了这个例子，你就能理解优先清算权。

优先清算权有如下细分：

无参与权的优先清算权

即投资人仅按约定优先分配，不参与后续分配。举例：如果私募投资人投资 100 万元，获得 30%的股权，优先清算权条款规定回报率为 1 倍，那么当公司清算价值低于 100 万元时，投资人就可以行使优先清算权获取**所有清算价值，其他股东一分钱也拿不到**；如果公司清算价值高于 100 万元但低于 333.3 万元时，投资人就可以行使优先清算权获取 100 万元投资，剩余的钱由其他股东再分配；如果公司清算价值高于 333.3 万元时，投资人就会放弃行权，直接按股份比例分配，因为按股份比例分配高于 100 万元的投资总额。

在条款表述方面，无参与权的优先清算权可以表述为：“首先支付投资人原始购买价 1 倍的金额，加上孳生股息、宣告而未支付的股息，剩余收益再分配给普通股股东”。

有参与权的优先清算权

即投资人在获得优先分配后，还可以根据其持股比例和其他股东参与后续分配的权利。按照上述举例来说明，假设公司清算价值为 1100 万元，投资人就可以在优先获取 100 万元分配后，再参与后续 1000 万元的分配，可再获得 300 万元，合计获得清算收入 400 万元。

有参与权的优先清算权可表述为：“首先支付投资人原始购买价 1 倍的金额，加上孳生股息、宣告而未支付的股息。然后，任何剩余的可供股东分配的公司资金和资产将按持股比例在所有股东（包括投资人以及普通股股东）之间进行分配。”

有限参与权的优先清算权

即上述两者的折中，投资人回报达到一定上限后，停止参与分配。还是按照上述举例，回报率定为 1 倍，回报上限定为 4 倍（注意：这里已经包括了执行优先清算权第一步所优先分配给投资人的 1 倍回报率），当公司清算价值为 1400 万元时，投资人就可在优先获取 100 万元分配后，再参与后续 1300 万元的分配，但至多获得 300 万元，合计获得清算收入 400 万元。在实践中，回报上限一般定在私募投资人原始购买股权价格的 2～4 倍。有限参与权的优先清算权可以表述为：“首先支付投资人原始购买价 1 倍的金额，加上孳生股息、宣告而未支付的股息。然后，投资人在视同转换的基础上与普通股股东共同参与分配，但一旦投资人获得的回报达到 X 倍，投资款将停止参与分配，剩余的资产将由其他股东按比例分配。”

需要注意的是，优先清算权在股权投资协议中是一个非常重要的条款。一般的优先清算权是在目标公司关闭、清算的时候触发的条款，**但近年来优先清算权已经由一个狭义的概念转变为一个较为广义的概念，目前在触发事件中一般还包括公司合并、被收购、出售控股股权，以及出售主要资产等情况**。由于存在优先清算权的条款，股东在公司经营不佳时将会优先获得补偿，同时，股东也会参与到公司的收购良机中，成为“分钱利器”。

优先清算权条款的效力是否违反法律强制性规定一直是学界争议的焦点之一，但在司法实务中，法院通常以《公司法》第一百八十六条为法理支撑，认定优先清算权条款合法有效。因为，企业融资具有“债务”属性，先还债再分钱。

《公司法》第一百八十六条规定：“清算组在清理公司财产、编制资产负债表和财产清单后，应当制定清算方案，并报股东会、股东大会或者人民法院确认。

公司财产在分别支付清算费用、职工的工资、社会保险费用和法定补偿金，缴纳所欠税款，清偿公司债务后的剩余财产，有限责任公司按照股东的出资比例分配，股份有限公司按照股东持有的股份比例分配。

清算期间，公司存续，但不得开展与清算无关的经营活动。公司财产在未依照前款规定清偿前，不得分配给股东。”

除此之外，《公司法》第三十四条规定了“全体股东约定不按照出资比例分取红利或者不按照出资比例优先认缴出资的除外”，该条文给优先清算权的股东参与约定分红提供了法律依据，故在法定清算程序启动之前，股东协议约定以分红的方式将根据优先清算权应获得的回报预先发放给投资人也是可行的。

在操作层面，根据《公司法》第三十四条的规定，在公司清算事件发生后，经全体股东一致同意以定向分红的方式向投资人先行支付其享有并行使的优先清算权是可行的。但是，定向分红适用范围有限，在公司在被并购模式下待分配公司资产进入公司账户且公司赢利的情况下可行，但是在创始股东对外转让股权的情况下不可行。所以，为了实现优先清算权，一般常用的方式是两次分配，即“为了满足法律规定和投资协议约定，各方同意可分配资产将按照如下机制与程序进行分配调整：首先将可分配资产按照股东的出资比例分配给公司各股东，这是初次分配；初次分配完成后，公司各股东间应通过无偿转移或受让的方式再次调整其从初次分配中获得的资产数额，使得公司各股东最终获得的可分配资产的数额达到优先清算权规定的分配方案下相同或类似的效果，这是二次分配”。按照上述举例，如果投资人持股比例是30%，两位创始股东各持股35%，当公司清算价值为100万元时，投资人行使优先清算权应当获得全部100万元。初次分配后投资人得款30万元，两位创始股东各得35万元，二次分配由两位创始股东无偿转让共70万元给投资人，以使投资人最终获得100万元的回报。

需要注意的是，触发优先清算权条款的条件不仅仅是指常规的清算事件（清算、解散），还包括“视同清算事件”，一般包括除了IPO之外的一切导致公司控制权变更的重大资产或股权的变动情况，如公司投票权转移，公司被兼并、合并，公司全部或全部实质性资产的出售、租赁、转让，其他处分行为。对此的条款一般表述为：“除法定清算事由之外，因合并、收购、出售控股股权、出售主要或全部资产，公司现有股东持有续存公司已发行股份的比例不高于50%的，该类事件被视为清算事件。”

理解了优先清算权的基本原理与概念后，你就很容易理解什么样的条款是有利于投资方的，什么样的条款是有利于融资方的，什么样的条款是比较合理的。通常来说：

- 要求倍数优先清算权，附带无上限的参与分配权，是有利于投资方的，这说明投资方比较贪婪。他拿走了很多倍的投资收益，还要求按股份比例分配剩余财产。

• 要求倍数优先清算权，倍数为 1 ～ 2 倍，但参与分配权有上限，上限为 2 ～ 3 倍。这是比较合理的优先清算权，双方都比较容易接受。

• 只有 1 倍清算权，无参与分配权，这种情况是最有利于创业者的。因为投资方只有两个选择，要么原价拿走自己的投资，要么按股份比例分配，两种方式都是合理的，很容易被创始人接受。但是，要实现这样的条款，需要具有绝对的优势，令投资方觉得非投不可。通常这个条款比较难实现。

• 如果经你调查，某 VC 前期的几个项目投资都比较成功，这时候你可能在 VC 优先清算权中的倍数要求方面“捡到”一点便宜。前期项目的成功，VC 可能会因此稍微降低要求。

• 优先清算权，实际上包括两个方面：一是优先权，二是参与分配权。前者是债权，后者是权益。两个属性都有。

4.5.3 防稀释条款

防稀释条款是指在目标公司进行后续融资或者定向增发过程中，投资人为避免自己的股份贬值、份额被过度稀释而采取的保护性措施条款，也称“反股权摊薄条款”。可以简单理解为这是“**防止投资人股份贬值和过度稀释的条款**”。

众所周知，任何一家企业的每一次股权融资，无论公司采取的是股份让渡或是增资扩股的方式，原股东的股份都会变得更少，专业词叫“股份等比稀释”。

正常情况下，企业在进行股权融资时估值会一轮比一轮高，股份稀释对于原投资人来说并不会产生很大的不利影响，因为虽然股份比例减少了，但是股份价值增加了。这种比前次融资估值提升的融资称为“溢价融资”。

这种理想的情况在实际中并不能一直成立，出于各方面原因，公司新一轮的融资估值可能会低于前轮融资的估值。这种相比前次融资估值降低的融资称为“折价融资”。

如果没有相应的保护措施，折价融资将会带来一系列的问题。举个简单的例子：

假设某公司 A 轮融资后估值 1 亿元，VC 投资机构 X 投资了 2000 万元，获得目标公司 20%的股份，股份定价为 5 元/股，A 轮融资后，公司原股东拥有股份为 1600 万股（8000 万股÷5），X 拥有 400 万股（2000 万股÷5），公司总股份为 2000 万股。一年后，公司需要通过增发股份继续 B 轮融资 2000 万元，但 VC 投资机构 Y 只接受公司 5000 万元的融资前估值。在这种情况下，公司如果向 Y 机构融资

2000 万元，需要让渡 28.57%（2000 万股÷7000 万股）的股份给 Y，此时股份价格为 2.5 元/股，Y 获得 800 万股。这种情形一旦发生，意味着：

①公司 B 轮融资前估值 5000 万元，X 占有 20%的股份，价值为 1000 万元。而一年前 X 的投资额为 2000 万元。因此，X 的股份价值直接损失（贬值）了 50%。

②X 持有目标公司股份在 B 轮融资前价值为 1000 万元，融资后目标公司的估值为 7000 万元（5000 万元+2000 万元），X 的股份将被调整为 14.29%（1000 万股÷7000 万股），B 轮融资后 X 股份价值还是 1000 万元。

③经过 B 轮融资，X 的股份价值缩水 50%，X 机构的投资经理将无法面对基金投资人，基金投资人将会质疑该公司的前期（A 轮）估值"严重偏离"实际价值。

④X 与 Y 同样花了 2000 万元投资，在 B 轮融资后，X 持有目标公司的股份为 14.29%，Y 持有的股份为 28.57%。

⑤通过前面计算可以推理，如果公司再来几轮类似的"折价融资"，X 的 2000 万元投资基本上就没有了。价值没有了，股份也基本上没有了，因为每轮融资 X 的股份都会被稀释，而且不断贬值。

如果能预知上述情形，显然 X 机构不会同意这种折价融资。

公司在 A 轮融资时估值 1 亿元，B 轮融资的估值只有大于 A 轮估值，A 轮投资人的股份价值才不会贬值。

假设在 B 轮融资时公司融资前估值为 2 亿元，向 Y 融资 2000 万元，情况是怎样的呢？计算如下：

Y 的股份 = 2000 万元÷（20000 万元+2000 万元）= 9.09%（融资后估值为 22000 万元）

X 的股份 = 4000 万元÷（20000 万元+2000 万元）= 18.18%（20000 万元×20% = 4000 万元）

此时，虽然 X 的股份相对减少了一点，但其股份价值增加了。换句话说，如果 Y 要从 X 手中买走 18.18%的股份的话，Y 需要支付 4000 万元给 X，那么 X 当初投资就获得了投资额外的 2000 万元的利润。

从上述事例来看，我们好像找到了解决问题的办法——只要确保后面的融资估值大于前面融资的估值即可。

但这只是一种理想化的模式。在实际中，由于前轮融资估值过高、后期公司经营不善，或者受整个大经济环境的影响等因素，后一轮融资估值低于前一轮融资估值的情况时有发生。

一个更实际的问题是，此时如果没有后续融资，目标公司可能因资金链断裂而破产。那么X机构的投资可能就全部打了水漂。所以，有时候X机构也不得已要接受一点损失，以期后续融资能够让目标公司继续正常运转。但是，这个损失不能全部由X机构自己承担，公司和创始人需要承担更多的责任。这就是防稀释条款的意义。

在境外风险投资项目中，投资人一般采取认购公司发行的可转换优先股的方式，而该优先股可在一定条件下以约定的价格转换为普通股。这句话翻译一下就是：

VC购买的是优先股，优先股与普通股的定价是不同的，当优先股需要转换为普通股时，以优先股的价值来计算可以兑换多少普通股。

当公司以低于该优先股的转换价格进行后续融资时，只要调低优先股的转换价格，即可起到反稀释的效果。按照业界习惯的做法，优先股的转换价格在反稀释条款的情形下可有以下两种条款来进行调整：

完全棘轮条款

如果公司后续发行的股份价格低于前轮投资人适用的转换价格，那么，前轮投资人适用的实际转换价格将调整为新的股份发行价格。在完全棘轮条款下，即使公司以低于前一轮融资的价格发行少量股份，前轮投资人也有权要求按照新的股份发行价格调整优先股的转换价格，并且不考虑发行股份的数量。

完全棘轮条款可以简单地理解为，**要么目标公司原股东补偿前期投资人的全部亏损，要么以第二次估值调整A轮投资人的股份权益**。

假设A轮融资200万元，按每股优先股1元的初始价格共发行200万股A系列优先股。由于公司发展不如预想中那么好，在B轮融资时，B系列优先股的发行价跌为每股0.5元，则根据完全棘轮条款的规定，A系列优先股的转换价格也调整为0.5元/股，A轮投资人的200万元优先股可以转换为400万股普通股，而不再是原来的200万股。

我们再用前面的例子来说明，目标公司解决问题的办法有两个：一是直接补偿X公司损失的1000万元（也可以外加一定比例的收益）；二是按B轮融资的估值调整X公司的持股比例。按第二方案，公司B轮融资后估值为7000万元，那么X公司与Y公司的持股比例都是28.57%（2000万股÷7000万股）；剩余的42.86%（100%-28.57%-28.57%）股份才是公司原始股东的全部股份。这相当于，所有损失由目标公司原始股东全部承担。下面再看一个实例。

卡联科技集团股份有限公司（简称“卡联科技”）于 2012 年 7 月 12 日挂牌新三板（证券代码：430130），主营业务为提供具有自主知识产权的电子金融、移动支付和线下受理服务网点网络运营管理与解决方案。在其公开转让说明书中对其与天津淳信股权投资基金合伙企业（有限合伙）签订的《投资协议》内容进行披露：

2011 年 12 月 25 日，股东李兵、张捷和卡联科技共同与天津淳信股权投资基金合伙企业（有限合伙）签署了《投资协议》，约定天津淳信股权投资基金合伙企业（有限合伙）出资人民币 1500 万元认购公司新增股本 99.988 万股，每股增资价格约为人民币 15 元，股本溢价共 1400.012 万元，计入资本公积。公司注册资本由 500 万元增至 599.988 万元。该《投资协议》里设置了反稀释条款，反稀释条款的主要内容如下：

1. 增资完成后，如果公司再次增加注册资本，认缴新增注册资本的新股东认缴新增注册资本之前对公司的估值不应低于本次投资完成后公司的投资后估值，以确保天津淳信股权投资基金合伙企业（有限合伙）在公司的权益价值不被稀释。

2. 如果公司再次增加注册资本，认缴新增注册资本的新股东认缴新增注册资本之前对公司的估值低于公司投资后估值的，天津淳信股权投资基金合伙企业（有限合伙）有权调整其在公司的权益比例，以保证其在公司的权益价值不被稀释。如果公司以低于本次投资后的估值再次增加注册资本的，则李兵和张捷将向天津淳信股权投资基金合伙企业（有限合伙）补偿以认缴新增注册资本的新股东支付的对价调整后天津淳信股权投资基金合伙企业（有限合伙）应获得的股权与其通过本次投资已经取得的公司股权之间差额的 120%所对应股份的等值现金。

上述案例《投资协议》内容，第一条规定了原则上不允许后面的融资估值低于前次的融资估值；第二条则规定了如果违反了第一条，投资人有权根据后面的估价调整权益比例，同时公司原股东要补偿天津淳信股权投资基金合伙企业（有限合伙）股权差额的 120%等值现金。

加权平均条款

很显然，在完全棘轮条款机制下，折价融资的全部损失都将由公司原股东承担，这种机制利于投资人而不利于公司。

加权平均条款实际上是一个公式。它是一种对投资人与公司都较为公平的防稀释方式。通过对投资人的原始投资进行价格调整，每股价格同样会调整至一个更低的数字，但会综合考虑到当前融资中发行的股票数量，用加权平均的方式进行计算。这样可以避免全部责任由公司原股东承担。目前，这种加权平均条款较为常见。计算公式如下：

$P2=P1\times(A+B)\div(A+C)$

上述公式中：$P2$ 为调整后的转换价格；$P1$ 为调整前的转换价格；A 为后续融资前完全稀释的股份数量或已发行优先股转换后的股份数量；B 为后续融资时按调整前的转换价格可购得的股份数（也就是如果没有降价融资买家能买到的股份数）；C 为后续融资时实际新发行的股份数（买家实际买到的数量）。

广义的加权平均条款是按完全稀释方式定义的，即包括已发行的普通股，优先股可转换成的普通股，可以通过执行期权、认股权、有价证券等获得的普通股数量，计算时将后续融资前所有发行在外的普通股，在完全稀释时认为是按当时转换价格发行。

狭义的加权平均条款只计算已发行的可转换优先股能够转换的普通股数量，而不计算普通股和其他可转换证券。

假设公司的创始人持有公司 150 万股普通股股份，核心员工持有公司 50 万股普通股股份。在 A 系列融资中，公司以 5 美元/股的价格发行了 100 万股可转换优先股，可转换优先股与普通股的转换比例为 1：1（即转换价格为 5 美元/股），公司取得融资款 500 万美元。在 B 系列融资中，公司以 3 美元/股的价格发行了 100 万股可转换优先股，公司取得融资款 300 万美元。

由于发行 B 系列融资时公司的可转换优先股价格低于 A 系列融资的价格，触发了 A 系列投资人与公司约定的反稀释条款，A 系列投资人可行使反稀释条款约定的权利，对其持有的优先股的转换价格进行调整：

（1）如果适用完全棘轮条款，那么 A 系列投资人调整后的转换价格为 B 系列可转换优先股的发行价格，即 3 美元/股；此时，公司或创始人要以现金方式补偿投资人因公司折价融资被稀释的股权价值或补偿相应价值的股份。

（2）如果适用狭义加权平均条款，则 A 系列投资人调整后的转换价格为：5 美元/股×（100 万股+60 万股）÷（100 万股+100 万股）= 4 美元/股。

（3）如果适用广义加权平均条款，则 A 系列投资人调整后的转换价格为：5 美元/股×（150 万股+50 万股+100 万股+60 万股）÷（150 万股+50 万股+100 万股+100 万股）= 4. 5 美元/股。

上述三种情况，我们计算的是可转换价格，A 轮投资人投资了 500 万元，500 万元分别除以调整后的可转换价格：3 元、4 元、4. 5 元，就可以求得 A 轮投资人实际可转换的股票数量，分别为 166.67 万股、125 万股、111.11 万股，因此，公司创始人要补偿给 A 轮投资的股份数量分别为 66.66 万股、25 万股、11.11 万股。

接下来我们回到本节第一个例子，某公司 A 轮融资后，公司总股份为 2000 万股，5 元/股。X 机构拥有公司股份 400 万股，公司原股东拥有股份为 1600 万股。一年后，公司定价 2.5 元/股，向 Y 增发了 800 万股，获得 2000 万元投资。看看三种计算方式如何计算：

（1）如果适用完全棘轮条款，则 X 机构调整后的转换价格与 Y 机构相同，即 2.5 元/股；X 机构投资了 2000 万元，可转换成 800 万股（2000 万元÷2.5 元/股）。所以，原股东需要补偿 400 万元股份或补偿 1000 万元现金给 X 机构，这样 X 机构就没有任何损失了。损失由原股东全部承担。

（2）如果适用狭义加权平均条款，则 X 机构调整后的转换价格为：5 元/股×（400 万股+400 万股）÷（400 万股+800 万股）= 3.33 元/股，这是新的转换价格。根据这个价格，X 机构投资了 2000 万元，X 机构的可转换股份数量为 600.6 万股（2000 万股÷3.33 元/股）。所以，公司原股东要补偿 200 万股给 X 机构。X 机构就有了 600 万股，融资后实际的股份价格仍然是 2.5 元/股，X 机构的股份价值为 1500 万元（600 万股×2.5 元/股），所以损失就小了一点，原因是这个 1000 万元的损失，由公司原股东与 X 机构共同承担了。

（3）如果适用广义加权平均条款，则 X 机构调整后的转换价格为：5 元/股×（1600 万股+400 万股+400 万股）÷（1600 万股+400 万股+800 万股）= 4.28 元/股，广义的加权平均计算，把公司原始股东手上的股份加进来了。广义的加权平均，X 机构优先股转换价格是 4.28 元/股，2000 万元投资可以转换为 467 万股（2000 万股÷4.28 元/股），所以，公司补偿给 X 机构 67 万股。从这个计算中可以看出，狭义加权平均条款相对广义加权平均条款更有利于投资者。

通过上述两个例子，应该不难理解加权平均条款的作用，它是通过重新界定可转换股份价格来调节投资人的股份价值，避免投资人在折价融资时过度贬值。

对于投资人而言，完全棘轮条款最有利，其次是狭义加权平均条款，最后是广义加权平均条款。对融资方而言，则反之。

结构性防稀释条款

风险投资人对某公司进行投资时，通常是购买公司某类可转换优先股（A、B、C……系列），这些可转换优先股在一定条件下可以按照约定的转换价格转换成普通股。为了防止其手中的股权可转换贬值，投资人一般会在条款清单中加入防稀释条款。这个条款其实就是为了给可转换优先股确定一个新的转换价格，并不是指增发更多的优先股。因此，防稀释条款也可表述为“导致转换价格调整”。

前面我们介绍的是可以防止股权价值被稀释的防稀释条款。实际上，防稀释条款还有一种类型叫“结构性防稀释条款”，它包括两个条款：转换权和优先购买权。

转换权：这个条款是指在公司股权发生送股、股权分拆、股权合并等股权重组情况时，转换价格做相应调整。这个条款是很普通且合理的条款，也完全公平，通常企业家都能够接受。条款清单中的表述方式为：“A 系列可转换优先股股东可以在任何时候将其股权转换成普通股，初始转换比例为 1：1，此比例在发生分配股票股利、股权拆分、股权合并等类似事件以及‘防稀释条款’中规定的情况时做相应调整。”

举例来说：如果优先股按照 2 元/股的价格发行给投资人，初始转换价格为 2 元/股。后来公司决定按照每一股拆分为四股的方式进行股权拆分，则新的转换价格调整成 0.5 元/股，对应每一股优先股可以转为四股普通股。

优先购买权：这个条款要求公司在进行 B 轮融资时，目前的 A 轮投资人有权选择继续投资获得至少与其当前股权比例相应数量的新股，以使 A 轮投资人在公司中的股权比例不会因为 B 轮融资的新股发行而降低。

另外，优先购买权也可能包括当前股东的股权转让，投资人拥有按比例优先受让的权利。这也是一个很常见且合理的条款，条款清单中的表述方式通常为：“投资人有权在公司新一轮股权融资中（发行‘期权池’股权及其他惯例情况除外）按其完全稀释后的股权比例购买相应数量的股份。”

防稀释条款要求企业家及管理团队对商业计划负责，并承担由执行不力导致的后果，能够激励公司以更高的价格进行后续融资。大部分创业者接受这个条款，如果因为他们对公司的管理不善而使后续融资价格低于本轮融资，那么他们的股权会被稀释，所以在有些情况下，企业家可能会放弃较低价格的后续融资。

投资人如果没有防稀释条款保护，可能会被淘汰出局。比如，如果没有防稀释条款，企业家可以进行一轮淘汰融资，使当前的投资人因严重稀释而出局，然后给管理团队授予新期权以拿回公司控制权。

采用完全棘轮条款是对优先股投资人最有利的方式，这样可以使公司经营不利的风险很大程度上由创始人来承担，这会对普通股股东有重大的稀释影响。这种完全棘轮条款创业者不应接受。

对于其他有利于投资人的防稀释条款保护，创业者可以考虑按以下要求与投资人进行谈判，以取得更有利于公司方面的方案：

- 只在后续第一次融资（B 轮）才适用。

• 在本轮投资后的某个时间期限内（比如 1 年）融资时才适用。

• 采用部分棘轮的方式，比如半棘轮或者 2/3 棘轮。（这样的条款并不常见）

• 设置一个底价，只有在后续融资低于某个底价时才触发这一条款。

• 当公司达到一定的经营目标、资产、净利润时，反稀释条款不再适用。

• 争取采用加权平均条款，最好是广义的加权平均条款。

• 增加反稀释条款的例外情形，即例外情形不触发反稀释机制。例外情形可以是如下几种：①在投资人投资公司之前，已发行的或者经投资人同意后发行的可转换债权、认股权证、期权等金融工具实际转换、行权时发行的股份；②公司内部权力机构（如股东会、董事会等）批准的，以发行公司股份、股权方式，作为支付对价的公司合并、收购或类似的交易（即换股交易）；③公司内部权力机构（如股东会、董事会等）批准分配股票股利、股票拆分时发行的股份；④公司内部权力机构（如股东会、董事会等）批准股权激励计划时发行的股票期权、限制性股票、股票增值权；⑤根据公司内部权力机构（如股东会、董事会等）批准的债务融资、设备租赁或不动产租赁交易，向银行、设备出租方发行或拟发行的股份；⑥投资人考虑到公司的经营情况，为吸引新的投资人投资公司而主动放弃反稀释权利。

境外风险投资中的反稀释条款是基于适用法律允许的可转换优先股设置。主要通过调整可转换优先股转换价格来实现投资人的反稀释补偿目的，操作相对容易，一般仅需在后续融资中同步调整股东协议、公司章程中优先股的转换价格条款即可，而无实质的弥补股权价值的动作，通常也不会涉及创始人的直接补偿义务。但在国内风险投资中，由于缺少优先股的设置，且国内司法机构对于公司向股东进行股权、现金补偿的法律效力存在一定程度上的争议，反稀释的补偿更多要通过绑定创始人来予以保障和实现。

4.5.4 保护性条款

企业融资时，通常会控制出让的股份比例，VC 一般只能占 20%～40%的股份。因为 VC 投资机构股份相对很少，无论是在股东会还是董事会上，VC 的决策权都无法左右被投资企业的决策。所以，为了保护投资人的利益，他们在投资前一般会提出一些特殊的条件，并将这些特殊的条件列入投资协议条款。

公司收到一个收购意向，创始人及管理团队认为卖掉公司对股东有利，董事会批准了。但 VC 投资人认为公司可通过 IPO 获得更多的利益，可能不愿意出售公司。此时，VC 就会通过行使保护性条款否决出售。

保护性条款就是投资人为了保护自己的利益而设置的条款，这个条款要求公司在执行某些可能损害投资人利益的事件之前，要获得投资人的批准。保护性条款可以理解为“**投资人对公司某些特定事件的一票否决权**”。

这些保护性条款的数量有多有少，少则三四条，多则二十多条。典型的保护性条款一般这样行文：

只要有任何优先股仍发行在外流通，以下事件或类似事件，无论是直接的或通过兼并、资产重组，需要经优先股股东同意：

（1）修订、改变、废除公司注册证明或公司章程中的任何条款对A类优先股产生不利影响；

（2）变更法定普通股或优先股股本；

（3）设立或批准设立任何拥有高于或等同于A类优先股的权利、优先权或特许权的其他股份；

（4）批准任何合并、资产出售或其他公司重组或收购；

（5）回购或赎回公司任何普通股（不包括董事会批准的根据股份限制协议，在顾问、董事或员工终止服务时的回购）；

（6）宣布或支付普通股或优先股股利；

（7）增加或减少公司董事会额定董事数量；

（8）发行超过××万元以上金额的债务；

（9）公司与关联方超过××万元的交易；

（10）公司对外提供担保或提供贷款；

（11）主动申请破产，对债权人的收益进行分配，签署任何关于产品或知识产品的独家授权、租赁、销售、分销或其他处置；

（12）公司的上市计划，包括中介机构的聘用，上市时间、地点、价格等；

（13）公司新的融资计划。

创业者当然希望类似的保护性条款越少越好，最好没有；而VC刚好相反，希望对公司的一系列事件拥有否决权级别的控制。保护性条款的法律依据通常是《公司法》中规定的可以“自由约定”的事项。（参考本书“1.5 有限责任公司的章程自治”）对VC来说，有没有这个权利非常重要，但行不行使是另外一回事。

创业者要获得VC的投资，不要试图取消这种保护性条款，而是要尽量减少其数量。在与VC谈判时，可以考虑采取以下办法争取更有利于公司方面：

- 公司可以要求在外流通的优先股达到一个最低数量或比例（25%以上）时，保护性条款才能生效。
- 当公司运营达到阶段性里程碑之后，去除某些保护性条款。
- 把投资人要求的某些保护性条款变成“董事会级别”，由董事会决议。
- 保护性条款约定之前，需获得持有多数或超过 50%或 2/3 优先股的股东同意。这样可以保证多数投资人的利益，也有利于条款趋于合理性。
- 新的投资人会要求单独的投票权，根据他们的定价、风险等因素，其利益跟前期投资人可能不一致。但是，很多有经验的投资人会同意创业者的要求，放弃单独投票权。如果是 A 轮投资人继续投资 B 轮，则更容易达成协议。

4.5.5 股份回购

股份回购是一种约束机制，也是退出机制。公司引入 VC 资金，要的是投资，VC 追求的是回报。投资方为了更大限度地避免投资风险，在投资协议中往往会设置有利于己方的股份回购条款。即当目标公司在约定期限内不能成功上市或达成预期业绩，目标公司及其实际控制人应当以约定价格，回购投资人所持有的目标公司股权。可简单理解为“**如果不能上市或赚到钱，你自己把股份买回去**”。回购权，实为一方当事人请求对方当事人履行特定义务的权利，属于法律上的请求权。股份回购条款，通常被认为是对风险投资方有利、对创业者不利的条款。

被投资企业能够产生一定的收入，但是却无法成长到让其他企业有收购的兴趣或是上市。这种情况下，通过股份回购权，投资人可以获得一条有保障的退出渠道。此外，VC 基金一般有一个投资周期，为 10 年左右，当然，VC 的希望是投资周期越短越好，他们通常希望投资后 5～7 年可以变现。

VC 给出的股份回购权条款通常如下：如果大多数 A 类优先股股东同意，企业应从第 5 年起，分 3 年回购已发行在外的 A 类优先股，回购价等于原始购买价加上已宣布但尚未支付的红利。

如果投资方觉得有利可图，他们就保留股权，待公司上市去赚更多的钱；如果投资方发现公司上市有困难，投资有风险，就会要求被投资方回购股权。这相当于你将股权质押给对方，当这种条款只有一个期限限制时，股权融资就相当于向投资方借款，形成了“名股实债”。但从法律的角度来看，包含股权回购条款的对赌协议，并不能以其实际上可能是质押借款合同而主张合同无效。

新浪财经发布的《从 IDG 退休后，他创立了自己的 VC！章苏阳：谈优先股反稀释……》指出，目前境内架构 86.72%是有回购权的，境外架构也差不多，是 88.58%。通常，VC 不但要求公司回购，还要求创始人回购，如果创始人不承担回购义务，VC 就不会投资。这种方式在国内占了六成以上。

风险投资的退出渠道一般有五种：IPO、企业并购、股份出售、股份回购、企业清算。

IPO 当然是皆大欢喜的情况，VC 可以在公开市场出售股份，实现资本套现退出。企业并购、股份出售及企业清算都应该算作是变现事件，在这些情况下，VC 通过优先清算权条款来约定退出回报方式。

如果企业发展得“波澜不惊”，没有发生变现事件，那么 VC 如何实现退出？这就需要股份回购条款了。所以，股份回购权实际上是 VC 保障自己退出的一种手段，创业者应该给予理解，但要尽量提高行使股份回购权的门槛，降低对企业经营的影响。可以考虑以下建议：

- 回购时间限制：谈判之前要了解基金的成立时间及到期时间。如果 10 年期的基金，投资者在第 6 年的时候才投资，就不可能要求 5 年后行使股份回购权；如果是新成立的基金，则可以要求更长的期限。大部分的股份回购权要求投资者至少融资 5 年之后才行使。对于被投资方来说，当然期限越长越好。
- 回购价格限制：回购价格通常是初始购买价格加上未支付的股利、股息，如果 VC 比较强势，可能会要求一定的投资回报率，比如 10%的年回报率，或者是初始购买价格的 1～2 倍。回购价格没有什么行规，全靠谈判、协议约定。
- 回购程序限制：可以要求由多数股东同意或董事会决议通过才允许实施，尽量不要启动自动生效条款（例如到某个约定时间自动生效）。
- 先公司后个人：约定先由公司回购，如果公司因法律或者资金不足等无法完成回购的，再由创始股东进行回购。
- 避免条款规定含糊不清：“如果企业的前景、业务或财务状况发生重大不利变化，在经过多数 A 类优先股股东同意后，有权要求企业立刻回购已发行在外的 A 类优先股，回购价等于原始购买价格加上已宣布但尚未支付的红利。”类似条款，回购前提（重大不利变化）就非常含糊，一定不能接受。
- 免除回购义务：创始人染上重病，或者遇到火灾、地震等一些特殊情况的发生，免除回购义务。
- 防止责任扩大：当创始人是回购义务人时，你只能接受以创始人所持有的被投公司股份的价值为限。如果投资人要求创始人将其持有的特定不动产或其他资产作担保，请谨慎对待，你的风险可能会被放大。

• 回购条件约束：如果融资方足够强势和强大，你也可以约束 VC 不得投资竞争性公司，否则回购条款不能成立。

4.5.6 领售权

领售权又称为“强制随售权”，也称为“拖售权”、“强制出售权”，是风险投资中的常见条款之一，即领售权人决定整体出售公司的权利。可简单理解为**“我卖你也必须卖”**。

领售权是大股东为了防止小股东阻挠交易而设计出的条款，后来在风险投资领域中加以细化及改变，成了优先股股东（通常是少数股东）要求普通股股东（通常为多数股东）一起出售公司的机制。

在私募投资领域的对赌协议中，领售权频繁出现的原因是基金存续时间有限。因此，投资方通常会设置领售权这一条款来保障自己退出时的利益。通常来说，公司创始人对自己的公司有着极深的感情，最不情愿的就是把公司卖掉。但对于 VC 来说，公司仅是投资项目之一，并没有什么感情。资本追求的是投资回报，而基金本身存续期的有限性也使得投资方面临着退出时间的压力。所以，VC 并不想与“你白头到老”，真正与公司共同成长。当目标公司上市机会渺茫时，投资方仅转让自身持有的部分股权对收购方来说并没有吸引力。所以投资方会要求在投资时就约定领售权这一条款，为整体出售目标公司获取投资回报，实现退出提供保障。而结合前文提到优先清算权条款，投资方更能得到稳定且高额的投资收益。

“领售权+优先清算权”很可能导致创业者“净身出户”，这是公司创始人最需要注意的地方，不得不防。

俏江南从鼎晖融资之后，由于后续发展陷入不利形势，双方签署的投资协议条款被多米诺式恶性触发：上市夭折触发了股份回购条款，无钱回购导致鼎晖启动领售权条款，公司的出售成为清算事件又触发了优先清算权条款。日益陷入被动的张兰最终被迫“净身出户”。领售权条款正是导致张兰完败的关键一击。

在投资者比较强势的情况下，比较常见的情况是超过 50%或者超过 2/3 的投资者同意即可发起。请注意，这里指的不是表决权而是人数。关于领售权的风险规避，公司方可以考虑采用以下方式：

• 触发条款：需要大多数投资者与创始人同意方可发起，也可以要求必须由代表 2/3 表决权的股东通过。

• 时间标准：约定领售权仅在自本轮融资交割起若干年后方可行使。

- 估值标准：设定出售价格不低于最低公司整体估值的金额，或出售价格超过了本轮投后估值的若干倍数。

- 转让对象：限定未来出售事件中的买方不得是投资者的关联方，以防止 VC 投资者滥用该条款，强迫其他股东向其关联方低价出售公司。

- 程序通知：领售权人需要按照协议规定的时间和程序将该收购要约及条件等通知给其他股东。

- 优先购买：设置相比领售权更优先适用的优先购买权。当投资者要求出售股份，创始人在同等条件下可以优先购买该待售股权。不过本条需要投资人有相当的资金实力，因为届时股份可能会变得很贵，你不一定买得起。

推荐阅读

一本书读懂汪滔和他的大疆！

书名：汪滔：让梦想飞得更高
作者：高林
书号：978-7-5454-8527-1
定价：55 元
出版日期：2023 年 1 月
出版社：广东经济出版社

一本书读懂段永平的创富神话！

书名：段永平：步步为“赢”
作者：许洪焱　杨金利
书号：978-7-5454-8667-4
定价：55 元
出版日期：2023 年 3 月
出版社：广东经济出版社

一本书读懂王卫和他的顺丰！

书名：王卫：我是想做成一个平台
作者：徐培杰
书号：978-7-5454-8528-8
定价：55 元
出版日期：2023 年 3 月
出版社：广东经济出版社

完整系统解读董明珠和格力的实力之作！

书名：霸气女皇董明珠：
全球最大空调企业格力成长内幕
作者：魏昕　刘云菲
书号：978-7-5454-4588-6
定价：48 元
出版日期：2017 年 10 月
出版社：广东经济出版社

推荐阅读

扫码进入
股权架构设计
云端战略部
股权大讲堂
多维度透彻讲解股权设计
纯干货、能落地
企业管理课
精选视频课程
系统提升企业管理能力
阅读记录本
交流阅读心得
分享股权设计实战经验
知识拓展库
图文资讯梳理股权战略
激活组织潜能